M

Paul Friedl

Der Bräu von Hohenwarth

Paul Friedl

Der Bräu von Hohenwarth

Roman

rosenheimer

4. Auflage

Titelbild: Michael Wolf, München
Druck und Bindung: GGP Media, Pößneck
Printed in Germany

ISBN 3-475-53411-8

„Hohoho–huii!"

Dreimal kam dieser Ruf in der Morgenfrühe des Sonnwendtages von der Höhe des Reitenwaldes unterm Keitersberg und verklang, sich an den Hängen im Echo brechend, zwischen den Bäumen.

Der junge Jäger Florian Dachsberger stand wie gebannt auf dem Steig, der nach Hohenwarth hinunter führte, und lauschte. Der seltsame Schrei war verstummt, und die Finken sangen in den Buchen, und eine Amsel pfiff übermütig.

Kopfschüttelnd setzte der Jäger den Weg ins Tal fort. Der Wald knisterte in der schon seit Wochen anhaltenden Sommerhitze, und der stille Morgen hatte kein waldfremdes Geräusch.

Dieser sonderbare Ruf beschäftigte ihn schon lange, und er war überzeugt, daß es in irgendeiner Weise mit ihm zu tun hatte. Er war ihm schon oft nachgegangen und hatte doch nie herausgefunden, wer dieses Signal gab. Es konnte nur eine Warnung sein, die an jemanden gerichtet war, der sich auf Abwegen befand, die Nachricht, daß jemand im Wald war, der ihm gefährlich werden konnte.

Und diese Stimme! Sie gab ihm das größte Rätsel auf. War es ein Mädel oder ein halbwüchsiger Bub? Hell und weithallend war dieser Schrei, und doch hatte er noch nie den Standort des Rufers ausfindig machen können. Dieses „Hohoho" klang so weich und melodisch wie ein lockender Jodler, und das „Huii" war das betonte Ende, das ihm einmal spottend, ein andermal angstvoll und dann wieder so befreit in den Ohren geklungen hatte, als bedeutete es die Warnung vor Gefahr oder die Meldung, daß die Gefahr vorüber sei. So verglich er es mit dem warnenden, ängstlichen und alarmierenden Schrei einer Amselmutter.

Seit Mitternacht war er unterwegs, sah noch das Verglühen des Sonnwendfeuers drüben auf dem Hohenbogen und kurz nach dem Abenddämmern schon wieder das Morgengrauen der kürzesten Nacht des Jahres. Er traute dieser hellen Nacht nicht und hatte sich auch nicht getäuscht, denn während er gegen den

Frauenwald und den Mittagstein anstieg, knallte es im Hohenwarther Revier.

Mißmutig strich er sich über den fuchsroten Kinnbart, verhielt, wie er es bei seinen Gängen gewohnt war, und horchte. Tausendmal hatte er den Waldmorgen schon erlebt, und immer wieder suchten seine Augen das helle Grün der Buchen und das düstere Oliv der alten Tannen, das graue Moos an den Stämmen und die goldleuchtenden Sonnenflecken auf dem Waldboden. Ein Eichkatzl turnte im Geäst einer Eberesche, deren Beeren sich schon leicht färbten, und eine Drossel wippte auf dem Gipfel einer jungen Fichte.

Wäre alles so schön, wenn nicht das Ludern wäre, das verbotene Schießen und das hundsgemeine Schlingenlegen. Wenn man nur wüßte, auf welchen der vielen Häusler, Knechte und Kleinbauern in und um Hohenwarth man setzen konnte! Er brauchte erst einmal eine gute Fährte, die ihn zu einem der Luderer führte, dann — ! Ein Erbarmen würde der Florian Dachsberger nicht kennen, denn dann käme in ihm der ganze Zorn hoch über die verpaßten Nächte, die mühsamen Verfolgungen und die Enttäuschungen eines gefoppten Jägers.

Dieser Schrei! Er hatte ihn noch nie bei den Häusern gehört und würde ihn sofort erkennen, wenn ein Bub oder ein Mädel aus den Dörfern und Höfen ihn auch nur in ähnlicher Weise gebrauchte.

Es war um aus der Haut zu fahren!

Müde nach dem weiten Weg und dem fressenden Zorn in der Brust ging er weiter.

Sollte er dem Herrn berichten, daß im Hohenwarther Wald ein Schuß gefallen sei und er sich vergeblich nach dem Wildschützen umgesehen habe?

Ach was! Überall konnte ein Jäger auch nicht sein, und er brauchte ja den Schuß nicht gehört zu haben.

Wenn nicht der grüne Wald wäre und das freie Leben, dann wäre er lieber Oberknecht oder Mühlbursche, Holzhauer oder Fuhrmann geworden und hätte auf die besondere Gunst seines Herrn gepfiffen. So aber hatte er darum gebettelt, der Nachfolger seines Vaters, des alten Jägers Dachsberger, werden zu dürfen. Was ihn dazu getrieben hatte, das ging ja niemanden etwas an. Schreiber hätte er werden können beim Landrichter in Kötzting, er hatte aber lieber zur Flinte gegriffen und ließ sich nun von der Unruhe in den Wäldern herumtreiben.

Vielleicht war es unüberlegt gewesen, aber er hatte es nun einmal geschworen, und dabei blieb es.

Auf der Höhe über dem Dorf Hohenwarth verhielt er wieder. Dicht unter ihm war das bescheidene Dorfkirchlein, der Friedhof und das Schloß, wie die Bewohner das Herrschaftshaus nannten, und an der Berglehne häufelten sich die hölzernen Häuser der Söldner und lagen breit und behäbig die wenigen Höfe der von der Herrschaft unabhängigen Bauern. Auf den Wiesen waren schon seit Tagesanbruch die Mäher am Werk, und das Rauschen der streichenden Sensen und das Scharren der Wetzsteine hörte er bis hier herauf.

Die Morgensonne verdampfte den glitzernden Tau zu flirrender Luft. Dem Tal gegenüber stieg der breite Rücken des Hohenbogen an, und aus dem Talabschluß, über den Häusern und dem Zwiebelturm der Kirche von Lam, ragte der Osser mit zwei nackten Gipfeln auf.

Florian Dachsberger riß einen Zweig von einem Tännling und steckte ihn an den Hut. Dann stieg er nieder, umging das Kirchlein und öffnete das knarrende Eisengitter des Friedhoftores. Inmitten der zweiten Grabreihe kündete die verwitternde Tafelschrift an einem Holzkreuz, daß dort der Jäger Josef Dachsberger unter der Erde lag. Auf dem Grab steckten — ein ungewöhnlicher Schmuck — viele Tannenzweiglein, teils schon verdorrt.

Verstohlen sah sich der junge Mann um, nahm Hut und Zweiglein vom Kopf, steckte den grünen Waldgruß zu den anderen Ästchen in die Erde, bekreuzte sich und murmelte:

„Ist wieder einer droben gewesen, Vater, und ich habe ihn net erwischt. Aber wenn ich Tag und Nacht gehen muß — ich finde den, der dich auf dem Gewissen hat. Eher gebe ich keine Ruhe. Und wenn ich ihn habe, dann lege ich das Gewehr weg. Ich taug net zum Jäger, mich erbarmt jedes Stuck, das ich dem Herrn bringen muß. Mein letzter Schuß wird der sein, der dich rächt. Ich habe es geschworen, und ich halte meinen Schwur."

Er bekreuzte sich wieder und ging.

Im Kirchlein riß der Mesner-Girgl die Glocke zum Taganläuten. Das Dorf aber war längst erwacht. Auch in den Regenwiesen drunten am Bach standen die Mäher schon zwei Stunden in der Mahd, und das Zischeln der Wetzsteine kam aus allen Richtungen.

Unter einem dieser Schindeldächer da drunten hauste einer mit dem schlechten Gewissen eines Mörders. Der Teufel wußte es. Es konnte nur ein Hohenwarther gewesen sein, der seinen Vater angeschossen hatte, daß er droben im Wald liegen mußte, bis sie ihn endlich fanden. Zwei Tage und zwei Nächte hatte das halbe Dorf nach dem Dachsberger gesucht, und als sie ihn endlich gefunden hatten, war die Wunde schon brandig geworden, und niemand konnte mehr helfen. Es war furchtbar gewesen, das schreckliche Sterben des Vaters mit ansehen zu müssen, wie er sich mit den Zähnen in der eigenen Faust verbiß und dann im übermächtigen Schmerz doch aufbrüllte, wie sein Ächzen und Stöhnen leiser wurde und er nach einem halben Tag sich plötzlich streckte und das gelbe Gesicht totenstarr wurde.

Unter einem dieser Dächer mußte der hinterhältige Lump wohnen, der den alten Jäger rücklings angeschossen hatte.

Wenn es nicht doch einer aus Hudlach oder einem der andern Weiler unterm Keitersberg gewesen war. Der Teufel wußte es, und der Florian Dachsberger war bereit, dem Pferdefüßigen die eigene Seele zu verkaufen, wenn er ihn dafür zum Mörder seines Vaters führte.

Das wurmte und stach in der Brust des jungen Mannes, daß er oft meinte, es wäre eine Kränke am Züngl oder am Herzen.

Diesen bohrenden Herzwurm konnte auch der schönste Sommermorgen nicht zum Schweigen bringen.

Der junge Dachsberger sah nicht nach den kleinen Fenstern der alten Holzhäuser. Im Gehen wollte ihn der Schlaf anfallen, für den er kaum noch Zeit fand. Erst als seine Nagelschuhe auf den Steinen der Toreinfahrt zum Schloß klapperten, wischte er den trüben Schleier von den Augen. Im Geviert der alten Gebäude begann das Leben. Die Dirnen waren bei der Stallarbeit, und auf einem Holzstock vor der Wirtschaftsküche saß gebückt der greise Umgeher und Dorfarme Dirrigl, der im

Schloß die Armeleutesuppe bekam, und wartete, daß die Wirtschafterin ihn zur Morgensuppe rief.

„Guten Morgen, Jäger!" fistelte er, doch der junge Dachsberger achtete nicht auf ihn. Er ging mit schleppenden Schritten zu der ebenerdigen Tür im Seitenflügel und betrat die kleine Wohnung, die dem Herrschaftsjäger zugewiesen war. Der niedere Raum mit faulenden Bodenbrettern, bröckelnden Wänden, einem alten Tisch und einer rohen Bank, mit einem Bauernkasten und Rehgewichteln an den Wänden, wurde von der Morgensonne erhellt, und vom steinernen Herd brachte die eisgraue Jägermutter dem grußlos Eintretenden stumm die Schüssel mit der sauren Milchsuppe und legte ihm den schwarzen Brotlaib hin. Müde und verdrossen hängte der Florian das Gewehr an die Wand und darüber den verwitterten Filzhut, schob sich auf die Bank, schnitt einen Keil Brot vom Laib und begann zu löffeln.

Erst nach einer Weile brummte er: „Hat wieder einer geschossen — droben in unserm Wald. Bin auf der Reitenbergerseite gewesen. Wo nur die Burschen die Stutzen und die Munition hernehmen! Das muß ich noch herausbringen."

Die alte Dachsbergerin meinte: „Müßtest mehr unter die Leut gehen und gut hinhören. Rennst alleweil im Holz herum, da erfährst du nix."

„Kannst recht haben. Das Geschrei hab ich auch wieder gehört. Das geht mir net aus dem Kopf. Muß ein Aufpasser sein — ein Bub oder ein Dirndl — schreit wie ein junger Jochgeier. Wenn ich es höre, dann weiß ich, daß es mich angeht. Das muß ich noch herausbringen, wer — "

Der Löffel fiel klirrend auf den Tisch, und die Dachsbergerin, die am Herd stand, sah sich um. Ihr Sohn war eingeschlafen. Sein Kopf war auf die verschränkten Arme niedergesunken und hatte die Schüssel mit der Hälfte der Milchsuppe umgestoßen. Seufzend räumte die Mutter den Tisch ab und wischte die verschüttete Suppe weg.

„Lieber Gott, das hält er nimmer lang aus! Der wird noch närrisch! Wenn er sich nur einmal ein Weibsbild finden tät, das ihn ablenkt", flüsterte sie.

Einen Katzensprung über dem Schloßbau lag, in den Hang gedrückt, ein altes gezimmertes Haus mit weitem Dachvorschuß und einem kleinen Balkon an den wetterbraunen Balkenwänden. Kurz und bündig stand auf einer Holztafel über der niederen Haustür „Gendarmerie“, und die kleinen Fenster waren fast verdeckt von rotblühenden Blumenstöcken.

Als auf dem Weg draußen der Dachsberger vorbeiging, saßen sie drinnen in der von geschwärzten, mächtigen Balken getragenen Stube um die Milchschüssel: der dicke, gewichtige und rotgesichtige Gendarm Meier mit blauen, hellen Kinderaugen und aufgezwirbeltem Schnurrbart, seine blonde, ebenfalls rundliche Frau mit einem ewig heiteren Lächeln und, steif aufgerichtet, der Hilfsgendarm Alfons Loderer, jung und mit einem braunen Flaum auf der Oberlippe, dem mageren Anfang eines Respekt fordernden Schnurrbartes. Langsam und an das braune Bier im Schloßstübl denkend, löffelte der Gendarm Meier, etwas hurtiger sein Eheweib und gemessen und der Hauswirtin die größeren Brotbrocken überlassend, der Alfons Loderer. Geduldig wehrte er die Fliegen ab, die um die Milchschüssel surrten und fragte bescheiden an:

„Was ist heute zu tun, Meister?“

Der Gendarm Meier wischte sich gemächlich die Milchtropfen vom Bart, blitzte mit seinen Blauaugen den Gehilfen an und erklärte mit einem Baß, der gar nicht zu seinem Aussehen paßte:

„Am Vormittag gehst du nach Hudlach hinauf, dem Hinterberger seine Buben haben gestern beim Stadel ein Feuer gemacht. Kann das Zündeln absolut net leiden. Anzeigen! Am Nachmittag schaust du beim Glasschröder in Gotzendorf nach. Dem soll der Nachbar über das Mark gemäht haben. Sag ihm, daß wir uns mit solchen Kleinigkeiten net abgeben, und wenn ihm das net paßt, dann soll er sich halt quitt machen und dem Nachbarn einen Schübel Heu stehlen. Uns aber soll er gefälligst in Ruhe lassen.“

„Ist gut, Meister“, bestätigte Loderer die Aufträge.

„Und bleib von den Wirtshäusern weg!“

„Hab sowieso kein Geld“, grinste der Hilfsgendarm.

„Und in die Haselmühl?“ fragte die Meierin dazwischen.

„Da gehe ich hin", entschied der Gendarm. „Mit dem Mühlgirgl muß ich selber reden. Hoffentlich haben sie ihm den Bukkel richtig vollgedroschen, damit er eine Weile langt. Von einer Anzeige kann keine Rede sein. Da hätten wir viel zu tun, wenn wir mit jedem Raufer aufs Gericht müßten. Sollen raufen, aber dann sollen sie das Maul halten, sonst können sie mich einmal von einer anderen Seite kennenlernen!"

Er legte den Löffel hin und griff mit seiner Riesenfaust und den dicken Wurstfingern in die Luft, als gäbe es die Gurgel eines aufbegehrenden Burschen zu fassen. Dann ließ er die Faust auf den Tisch fallen, daß die Milchschüssel hüpfte, schmunzelte und meinte:

„Solche Pratzen mußt du dir noch anschaffen, Alfons. Und wenn die Leni von der Haselmühl dich noch weiter interessiert, dann brauchst du gute Fäuste, denn da sind drei dran, die keinen vierten leiden."

Der Loderer errötete und sagte, ein wenig gekränkt: „Ich fürcht mich net. Weiß schon, daß sie den Dachsberger gern hätte."

Über das Gesicht des Gendarmen Meier flog ein ärgerlicher Schatten: „Den Dachsberger? Der macht noch die ganze Gegend rebellisch. Um seinen Fuchsbart möchte ich wetten, daß er uns beim Landrichter ein Süpperl einbrocken will." Er zog die Tischschublade heraus und holte einen Brief hervor. Die Ellenbogen aufgestützt, las er den beiden vor:

„Betreffend die Wilddieberei im Hohenwarther Wald. Es muß angenommen werden, daß der Gendarmerieposten in Hohenwarth der dort grassierenden Wilddieberei zu wenig Augenmerk widmet, obwohl die Bekämpfung dieser gemeinen Gesetzesmißachtung auch zu den Aufgaben der Gendarmerie gehört. Dem Jäger Florian Dachsberger ist es allein nicht möglich, dem Unwesen zu steuern. Es ist nach hier zu berichten, was von der Gendarmerie in Hohenwarth zur Bekämpfung und Ermittlung der Wildfrevler getan werden kann und getan wird."

Mit grimmigen Blicken sah der Gendarm auf seinen Gehilfen und auf seine Frau und holte einen zweiten Bogen aus der Schublade:

„Hab die Antwort schon geschrieben und gebe sie heute der Bötin mit. Vom Dachsberger lassen wir uns net verkaufen! Edler Herr Landrichter, Euer Hochwohlgeboren! Zur Sache der Wilddieberei um Hohenwarth ist zu berichten, daß der Jäger Dachsberger sowieso Tag und Nacht hinter den Wildschützen herrennt. Er hat ja sonst nix zu tun und hat auch noch keinen erwischt. Während die Gendarmerie andere Arbeit genug hat. Wenn der Jäger uns einen Wilddieb namhaft machen kann, wird dieser sofort von uns verhaftet und dem Landgericht überstellt. Es ist aber nicht so, als wenn es hier viel oder lauter Wildschützen gäbe, denn bei mehreren wäre leichter einer zu fangen. In ergebenster Hochachtung — und so weiter."

Der Hilfsgendarm hielt sich die Hand vor den Mund und meinte, daß der Herr Landrichter sich dieses Schreiben wohl aufheben werde, während die Meierin anerkennend äußerte, dies sei eine gute und recht gescheite Antwort.

„Und von heut an gehen wir wieder mit Gewehr und Sabel, ganz nach Vorschrift, und mit der Kette, falls uns ein Wildschütz über den Weg rennt", feixte Meier.

„Den Jäger sollst net spotten, der hat es hart genug!" rügte seine Frau.

„Ich sag ja nix! Hoffentlich macht er keine Dummheit und pleddert einem Falschen eine Schrotladung in den Hintern."

Von dem Kleiderrechen an der Wand nahmen die Männer ihre Uniformröcke, und schnaufend und ächzend zwängte sich der Meier in die enge Uniform, nahm die Mütze vom Haken und fluchte:

„Ist das Schildl schon wieder abgerissen, Dunnerkeil!" Er warf sie seinem Hilfsgendarm zu und angelte sich dessen Mütze.

„Da — nimm du sie! Die Frau soll dir das Schildl anheften. Dir pressiert es ja net so arg."

Daß die Mütze des Loderer für seinen großen Kopf viel zu klein war, genierte ihn nicht. Er preßte sie auf den runden Schädel, daß die Naht krachte, gürtete den Säbel um, griff nach dem Gewehr und hatte es eilig, aus der Stube zu kommen. Außer Sichtweite des Hauses schlug er einen Bogen und schwenkte auf die Schloßstube ein.

„Weiß schon, warum es so pressiert!“ lachte die Meierin hinter ihm her, und der Alfons Loderer probierte die Mütze mit einem Gesicht, als hätte er Bauchweh. Sie rutschte ihm über die Ohren herunter.

„Aufsetzen kann ich die net, die trag ich lieber in der Hand“, mängelte er.

„Bist halt noch ein wenig akkurat“, schmunzelte die Meierin. „ich wollte, der Meinige wär es auch, aber das ist ja ein Schlamper.“

„Und viel zu gut für sein Amt“, sorgte sich der Loderer.

Indessen hatte der Gendarm Meier auf Umwegen die Bräustube im alten Schloß erreicht, wo die Hausmagd eben den Fußboden mit Besen und Wasser bearbeitete, um die Wirtschaft für den neuen Tag aufzufrischen. Der Gendarm stieg über den Eimer, betrat den mit Gewölben ausgebauten Raum und steuerte den Ofentisch an, der immer für die Honorationen des Bergdorfes, Expositus, Lehrer, den Schloßherrn selbst und die Gendarmen freigehalten war.

Mit gerunzelter Stirn blieb er stehen, als er einen auf der Wandbank schlafenden Mann bemerkte und wandte sich fragend an die Magd:

„Ist der noch von gestern da?“

„Glaub schon, Herr Gendarm. Es ist der Haderer. Hat gestern eine Kuh verkauft.“

Die blauen Augen Meiers blitzten ärgerlich, und mit einem Fußtritt in den Hintern weckte er den Schlafenden auf. Grunzend und sich die Augen wischend, setzte sich der Haderer auf, sah zuerst die Hausmagd, verlangte ein Bier und blinzelte dann betroffen den Gendarmen an:

„Mich dürstet — “, stammelte er entschuldigend.

Da packte ihn die große Faust Meiers am Rockkragen, stellte ihn auf die Beine und schob ihn zur Tür:

„Da draußen ist der Hofbrunnen! Raus! Eine Stube voll Kinder, die vor Hunger am liebsten den Fensterkitt aus dem Rahmen beißen möchten, und das Geld versaufen! Wenn ich dich noch einmal mit einem solchen Fetzen Rausch erwische, sperre ich dich ein!“

Der Haderer sträubte sich und jammerte: „Nur eine Halbe — ganz krank bin ich vor Durst —"

Ein zweiter Fußtritt beförderte ihn ins Freie.

Zufrieden, als hätte ihm die kurze Auffuhr Spaß gemacht, setzte sich der Gendarm an den Ofentisch.

„So, jetzt kannst mir die drei Quartel Schöps bringen", schmunzelte er und zwirbelte den mächtigen Schnauzer.

Eine Tür knarrte, und ein dröhnender Baß kündete an, daß der eintretende Schloßbräu die Bestellung mitgehört hatte.

„Heut soll er kein Nachbier trinken. Bring ihm eine Maß Braunes und mir das Meinige."

Nur in Hemd und Hose, barfuß in Holzschuhen, schob sich der dicke Bräu an den Tisch, erwiderte den Morgengruß des Gendarmen mit einem wohlwollenden Nicken, gähnte laut und fuhr sich über den kahlen Kopf. Als er sich auf seinen mit einem Ledersitz gepolsterten Stuhl sinken ließ, bangte der Gendarm um die Haltbarkeit des Sitzmöbels.

„Heut bringen wir das meiste Heu herein", gähnte der Bräu, „aber was ich sagen wollte: die Kleindirn sagt, daß in der Nacht schon wieder zwei Hühner verschwunden sind. Wenn das so weitergeht — und zu was haben wir denn eigentlich zwei Gendarmen — he?"

„Das Fuchsfangen ist net unsere Sache", grinste der Meier. „Hast ja einen Jäger."

Der Bräu hob die buschigen Augenbrauen: „Der Fuchs reißt keine Latten vom Hühnerstall weg, Meier!"

„Oh, es gibt Füchse, die so schlau sind —"

Die Hausmagd brachte das braune Bier in gläsernen Krügen mit Zinndeckeln und für den Herrn ein großes Stück Schwartenmagen und einen Keil schwarzes Brot.

„Hast es gut, Bräu", neidete der Gendarm, und das Wasser lief ihm im Mund zusammen. „Bei mir gibt es entweder eine blaue Suppe oder eine Schüssel abgerahmte Milch."

„Bring ihm ein Stückl!" befahl der Bräu seiner Hausmagd und meinte, sich an den Gendarmen wendend: „Aber das sag ich dir, den Fuchs mußt du fangen, das ist ein zweibeiniger!"

„Vergelt's Gott", bedankte sich Meier. „Den Fuchsen fang ich, darauf kannst du dich verlassen."

Mit Wohlbehagen frühstückten sie, bestätigten sich gegenseitig, daß heuer ein heißer Sommer, der Schwartenmagen gut gewürzt und das Braunbier das einzig Richtige für ein gesundes Frühstück sei, redeten vom großen Sonnwendfeuer der vergangenen Nacht und kamen dann auch auf den Herrschaftsjäger Florian Dachsberger zu sprechen.

„Dein Jäger geht um wie ein Berggeist, der keine Ruhe findet. Redet net und deutet net", mängelte der Gendarm und wischte sich den fettigen Mund. „Der sieht und hört mehr Wildschützen, als es überhaupt gibt. Jetzt sollen wir Gendarmen auch noch auf die Wilddiebjagd gehen."

„Dafür ist es höchste Zeit!" grollte der Bräu. „Wozu seid ihr denn da? Die Lumpen schießen mir die schönsten Stuck weg. Den Florian treibt der Haß, und das kann ich verstehen. Hat mich direkt erbarmt, der Bursch, wie er bei der Beerdigung von seinem Vater am Grab Rache geschworen hat. Hab mir gedacht, daß er der Richtige sein könnte, der mit dem Gesindel fertig wird. Könntet ihm doch helfen?"

„Tun wir, Bräu, tun wir. Soll uns nur sagen, wen er in Verdacht hat. Hab dem Loderer schon gesagt, daß er sich umsehen soll."

Mit einem langen Zug leerte er das Glas, ließ den Zinndeckel zuklappen und glättete den feuchten Schnauzer:

„Muß in die Haselmühl wegen der Rauferei von heute nacht. Den Girgl haben sie richtig gewixt, und das muß ich mir anschauen."

„Weiß schon. Ist aber draußen vor dem Haus gerauft worden, und da geht es mich nix an."

Meier stand auf und versuchte die Dienstmütze auf den Kopf zu pressen. Der Bräu lachte schallend.

„Hast du deinem Buben sein Häubl erwischt?"

Verlegen brummte der Gendarm: „Ist dem Loderer die seinige. Muß ich rein verwechselt haben."

Mit Gewalt preßte er die Mütze schief über das rechte Ohr, griff nach seinem Gewehr und stapfte ins Freie, während der Bräu ihm noch nachrief: „Den Fuchs net vergessen!"

In die gleißende Sonne blinzelnd, stöhnte Meier: „Das wird wieder ein Tag! Vorschrift: Der Uniformrock ist stets bis zum obersten Knopf zuzuknöpfen! Das hält kein Roß aus. Und mich können die ganzen Vorschriften —“

Er riß den blauen Rock mit den glänzenden Knöpfen auf und wischte sich immer wieder den rinnenden Schweiß von der Stirn. Durch das Unterdorf marschierte er zur Landstraße und betrachtete prüfend die alten Häuser und die Umgebung.

Für den Hühnerdieb hab ich noch Zeit, der kommt mir net aus, überlegte er und stand plötzlich vor dem Haderer, der am Wiesenrand neben der Straße im Grase schlief.

Ist der Hammel noch da! ärgerte er sich und sah auf den Betrunkenen nieder, den die um seine Nase summenden Schmeißfliegen nicht im Schlaf störten. Schon wollte Meier den Fuß heben, um den Haderer mit einem Tritt aufzuwecken, als er bemerkte, daß aus der Innentasche des Kleinbauern das Schnürl seines Zugbeutels hing. Vorsichtig zog er daran, holte den Lederbeutel heraus und prüfte den Inhalt. Er zählte den Rest des Kuhgeldes.

Solange da noch was drinnen ist, geht er net heim, der Saufaus! Und wie leicht könnte ihm irgendein Handwerksbursche den Beutel stehlen! Na warte!

Sein rundes Gesicht verzog sich zu einem spitzbübischen Lachen, er steckte den Beutel ein und machte sich leise davon.

Den frischen Heuduft genüßlich einschnaufend, wanderte er gemächlich gegen den Weiler Hundzell, ging zu einem niederen Bauernhaus, um das eine Kinderschar tollte, und mußte sich bücken, um unbeschadet durch die niedere Haustür zu gelangen.

Eine schmächtige Bauersfrau, die eben die Stube aufräumte, sah ihm erschrocken entgegen:

„Der Herr Gendarm? Hat der Haderer was ausgefressen? Ist heut nacht überhaupt net heimgekommen, der Lump.“

Schmunzelnd zog Meier den Geldbeutel heraus und reichte ihn der Frau:

„Da ist das, was vom Kuhgeld übriggeblieben ist. Versteck es, und sag deinem Hallodri kein Wort davon — verstehst — kein Wort! Sonst sperr ich dich ein, daß dir die Rippen krachen! Will sehen, ob ein Weibsbild auch das Maul halten kann.

Ehe die verblüffte Haderin noch etwas zu sagen vermochte, schloff der wohlbeleibte und schwitzende Gendarm schon wieder gebückt durch die Stubentür und an den gackernden Hühnern im Flötz vorbei ins Freie.

Das Federvieh erinnerte ihn wieder an den Hühnerdieb und den Auftrag des Schloßbräus, und überlegend wischte er sich den Schweiß von der Stirn und sah prüfend gegen den in der Vormittagshitze glasigen Himmel.

Der Fuchs lief ihm nicht davon, also wollte er zuerst in die Haselmühle, damit der Mühlgirgl nicht allzuviel Zeit hatte, sich den Verlauf der Rauferei nach seinem Gutdünken zurechtzulegen. Und überdies war der Haselmüller ein gastfreundlicher Mann.

Über Wiesen und Feldraine marschierte er schnaufend und schwitzend, die zu kleine Dienstmütze unter den Arm geklemmt, wieder nach dem höher gelegenen Hohenwarth zurück und umging das Unterdorf, um zum kleinen Bachtal der Haselmühle zu kommen. Die Leute, die auf den Wiesen das dörrende Heu wendeten, begrüßten ihn freundlich, und redefaul bestätigte er immer wieder, daß ein heißer Tag sei und wohl ein Gewitter zu erwarten wäre.

Beim Haselmüller wusch ein schlankes, braunhaariges Mädel am Hausbrunnen die Wäsche, richtete sich auf, schob sich eine Haarsträhne aus dem lachenden runden Gesicht und begrüßte ihn voller Respekt und Neugierde.

„Der Vater ist in der Stube, und — der Girgl liegt in seiner Kammer droben und legt sich nasse Hadern über den Kopf. Bin gespannt, wann der einmal vom Raufen genug hat."

Schmunzelnd blieb Meier bei der Müllerstochter stehen und fragte augenzwinkernd: „Warum ist eigentlich gerauft worden? Du könntest das ja wissen."

Offen erklärte das Dirndl: „Wahrscheinlich, weil jeder mit mir heimgehen wollte und der Girgl so eifersüchtig ist."

„Eifersüchtig? Hat er dazu einen Grund?"

„Ach woher denn! Ich hab mit ihm nix zu tun und mit einem andern auch net. Da käme ich dem Vater gerade recht, wenn ich mich mit den Burschen einlassen tät!"

„Und mein Kollege?"

„Der Loderer? Als der kam, war schon alles vorbei. Er hat mich dann heimbegleitet."

Dabei war sie rot geworden und beugte sich über die Wäsche.

Wohlgefällig betrachtete Meier noch eine Weile das fleißige Mädchen, zwirbelte den Schnurrbart, knöpfte die Uniform zu und betrat die Stube. Der Haselmüller, ein hagerer Mann, saß hemdärmelig und pfeifenrauchend am Tisch und begrüßte ihn.

„Eine Sauhitze", sagte er.

Meier zwängte sich ihm gegenüber auf die Bank, klatschte die Dienstmütze auf den Tisch, öffnete den Uniformkragen und seufzte:

„Und ein Saudurst."

Woraufhin der Müller träge aus der Stube schlurfte und mit einem Krug Bier zurückkam, wortlos den Brotlaib und das Messer aus der Schublade nahm und es dem Gendarmen hinlegte. Dann erst fragte er:

„Bist du wegen dem Girgl da?"

In den Bierkrug versenkt, antwortete Meier nur mit einem Augenzwinkern, wischte sich dann umständlich Mund und Schnauzbart und greinte:

„Solange du deine Leni net verheiratest, wird das Geräuf unter den Burschen net gar."

„Das pressiert net! Sollen nur raufen, tun es sowieso umsonst. Den künftigen Haselmüller hab ich schon ausgesucht."

„Aber ich hab das Gescherr und kann Anzeigen schreiben, bis mir die Haut abgeht! Da muß endlich einmal Ruhe werden!" Und lauernd forschte Meier: „Gibst du sie dem Dachsberger? Oder hat mein Hilfsgendarm, der Loderer, Aussichten? Ich befürchte alleweil schon, daß die zwei auch einmal wegen deiner Leni ins Raufen kommen."

Grob warf der Müller hin: „Ich kann keinen Jäger brauchen und noch weniger einen Gendarmen! Ich brauche einen Müller!"

Meier säbelte sich einen Keil Brot ab und bemerkte vorsichtig: „Sollte halt doch einer sein, den die Leni auch mag."

„Da wird bei mir net lang gefragt!" polterte der Haselmüller.

„Der Loderer Alfons ist ein tüchtiger Kerl, der lernt das Müllern in zwei Tagen."

„Hab schon einen. Hab es dir ja gesagt!"

Da resignierte der Gendarm, trank in einem Zug den Krug leer, knöpfte die Uniform zu, griff nach Dienstmütze und Gewehr und meinte:

„Na, dann schau ich mir mal deinen Mühlknecht an. Ist etwa er der Ausgesuchte?"

„Der am allerwenigsten!" bellte ihm der Müller nach, als er die Stube verließ und über die Bodenstiege aufwärts stapfte.

Er kannte sich von früheren Besuchern her aus in dem alten Gebäude, das leicht mit der angebauten Mühle und deren Mahlgang vibrierte und in dem das rüttelnde und klopfende Geräusch Tag und Nacht nicht ausging. Vor einer Kammertür blieb er stehen und öffnete sie.

Auf einer schmalen Bettstatt lag der Mühlknecht, ein feuchtes Leinentuch auf der Stirn, und sah ihm schicksalsergeben entgegen. Es roch durchdringend nach Essig und Schweiß.

Meiers Gesicht legte sich in strenge Falten, und sein Schnauzer sträubte sich.

„Na, Bursche, hast du wenigstens diesmal genug bekommen?"

„Hab überhaupt nix getan!" jammerte der Girgl. „Alle sind sie über mich hergefallen."

Die Miene des Gendarmen wurde freundlicher, und schadenfroh meinte er: „Das ist gut. Und jetzt möchtest wohl eine Anzeige machen, he? Da wird nix draus! Und bilde dir net ein, du kannst auf die Leni spekulieren! Da führt kein Weg hin. Jetzt sag ich es dir zum letztenmal: noch einmal wenn du raufst, dann gehen wir zwei an ein Örtl, wo uns niemand sieht, und dann laß ich dich tanzen, bis du nimmer stehen kannst!"

Eingeschüchtert rührte sich der Girgl nicht mehr, denn alle Burschen und Männer von Hohenwarth und der Umgebung wußten, daß gegen die Bärenkraft des Gendarmen drei und vier nichts ausrichten konnten.

Plötzlich packte ihn Meier am Fuß und riß ihn aus dem Bett, daß er auf den Boden fiel:

„Saufen, raufen und dann den Kranken spielen, wie? Auf geht's! An die Arbeit! Da vergeht das Kopfweh am ehesten! Ich warte noch fünf Minuten, dann möchte ich dich drunten sehen."

Mit einem „Pfui Teufel!“ hielt er sich die Nase zu, verließ die Kammer und suchte wieder den Haselmüller auf.

„Er ist schon wieder gesund“, berichtete er und deutete gegen die Stubendecke: „Aber das eine sag ich dir: Entweder gibst du ihm die Leni, oder du jagst ihn aus dem Haus. So wie es jetzt ist, tut es net gut.“

„Der Girgl hat nix und taugt net für einen Müller“, greinte der Alte.

Draußen stolperte der Girgl über die Stiege und ins Freie und steckte den Kopf in den Wassergrand.

„Was ich wegen dir alles aushalten muß!“ knurrte er die Leni an, doch die lachte nur:

„Ich hab dir nix angeschafft, net das Saufen und net das Raufen.“

„Du hast kein Herz!“ nörgelte der Girgl. „Aber jetzt mag ich nimmer! Entweder es wird was mit uns zwei, oder ich gehe!“

Sie lachte noch mehr. „Da meine ich, wirst du gehen müssen.“

Als der Gendarm die Mühle verließ, verdrückte sich der Mühlbursche fluchend und drohte: „Den kauf ich mir noch!“

Es ging gegen Mittag, und auf dem Weg zurück nach Hohenwarth zog Meier seine Taschenuhr und sagte im Selbstgespräch:

„Jetzt könnte es soweit sein. Jetzt möchte ich grad eine gute Hühnersuppe.“

Geradewegs steuerte er auf ein Häusl zu, das zwischen Unterdorf und dem Regenbach hinter Haselbüschen und Hollerstauden versteckt an einem Hang lag. Auf der Wiese davor spazierte meckernd eine Ziege am Strick um einen Pflock und streckte den Hals nach Gräsern, die sie nicht mehr erreichen konnte.

In einem offenen Schüpfl lag mehr Gras, als man in drei Jahren von der kleinen Söldnerwiese hätte abmähen können. Das kundige Auge des Gendarmen stellte das wohl fest, doch sein gutes Herz vermerkte es nicht.

Ein plumper Holzriegel versperrte die Brettertür ins Haus, Meier aber wußte, wie man, durch ein Loch greifend, das Holzstück zurückziehen konnte. Er tat es leise, trat vorsichtig auf die morschen Dielen des finsteren Hausganges und schnupperte.

„Na also!“ grinste er befriedigt. „Da haben wir ja die Hühnersuppe!“

Er legte das Gesicht in strenge Falten, quetschte die zu kleine Dienstmütze auf den Kopf und rumpelte in die niedere Wohnstube des Häuslers. Der abgezehrte Mann, der am gemauerten Herd stand und in einem großen Topf rührte, sah ihm entgeistert entgegen, legte den Kochlöffel weg und drückte rasch einen Holzdeckel auf den Topf. Listig und unterwürfig sich duckend, sprang er zur Tischbank, säuberte sie mit seinem blauen Leinenschurz und lud den Besucher zum Sitzen ein.

„Seid Ihr grad so vorbeigekommen, oder wollt Ihr was Bestimmtes von mir?“ tuschelte er, sprang zur Kammertür und drückte sie ins Schloß. „Mein Weib ist krank“, meinte er entschuldigend.

Die blauen Kinderaugen des Gendarmen leuchteten teilnahmsvoll auf, doch seine Rede klang spöttisch: „Und da braucht sie eine gute Hühnersuppe, damit sie wieder gesund wird, ja, ja!“ Statt sich hinzusetzen, ging er zum Herd, hob den Deckel und neigte sich schnüffelnd über den Topf.

„Ganz recht“, winselte der Häusler. „Die letzte Henne hab ich geschlachtet — mein armes Weibl — im Bauch hat es sie angepackt — ganz plötzlich . . .“

„So, so.“ Der Meier nickte verständnisvoll und fragte dann streng: „Hast du net noch eine Henne? Raus damit! Oder ich suche sie mir selber!“

Die Augen des Häuslers flogen wie aufgescheuchte Vögel. „Ich schwör es, davon weiß ich nix.“

Seine Nase im grauen Gesicht wurde spitz vor Angst, und seine Hände zitterten.

„Mein Weib —“, wollte er wieder jammern, aber eine energische Handbewegung schnitt ihm das Wort ab. Der Meier stieß die Kammertür auf und sah sich um, nahm die Mütze vom Kopf, ging langsam zum Ehebett der Häuslerleute und sah auf die Frau nieder, die dort fiebernd und röchelnd lag. Nachdenklich rieb er sich das Kinn, schüttelte dann den Kopf und ging auf Zehenspitzen in die Stube zurück.

„Seit wann ist sie krank?“

„Schon drei Wochen — und es wird alleweil schlimmer. Die

saure Suppe und das harte Brot bleiben ihr schon nimmer im Magen, und da hat der Bader gemeint, daß sie eine Hühnersuppe braucht, damit sie net ganz von Kräften kommt."

Nun erst setzte sich Meier auf die Bank und sah den schuldbewußten Häuslmann lange an.

„Von was lebt ihr zwei?" fragte er dann.

„Von nix, Herr Gendarm. Kann meine Alte net allein lassen. Wenn es geht, dann helfe ich da und dort ein paar Stunden beim Heuen. Tagwerken kann ich nimmer, Ziegenmilch und Erdäpfel geben keine Kraft."

„Hast niemanden, der sich um dein Weib kümmern kann? Ich tät mit dem Schloßbräu reden wegen einer Arbeit."

Dem Häusler rannen die Tränen über das ausgemergelte Gesicht. „Das wär gut. Ich tät nebenbei mein Weib schon versorgen."

Aus der Hosentasche zog Meier einige Zehnernickel, legte sie auf den Tisch und wandte sich zum Gehen:

„Kauf dir ein Stück Fleisch und laß die Hühner vom Bräu in Ruhe. Wenn ich dich noch einmal erwische, dann sperre ich dich ein, verstanden?"

Als er die Stube verlassen hatte, murmelte der Häusler hinter ihm her: „Der hat leicht reden — aber ein guter Kerl ist er doch."

Sinnend wanderte Meier ins Oberdorf zurück. Von der Kirche läutete ihm die Mittagsglocke entgegen. Er nahm die Mütze ab und bekreuzte sich. Doch statt zu beten, redete er mit sich selber:

„Wenn der net auch Schlingen legt oder gar einen Stutzen hat, dann fresse ich einen Besen. Von zwei Hühnern kann man net lange leben. Der Bräu wird deswegen zwar net ärmer, aber dulden kann ich es auch net, daß dieser arme Teufel einfach die Hühnerställe plündert."

Über den Hof des alten Schlosses hastete beim Mittagläuten die Witwe des alten Schloßjägers Dachsberger, fragte an der offenen Tür der Wirtschaftsküche, ob der Herr schon beim Essen sei, und wurde von der dicken Wirtschafterin in die Gaststube verwiesen. Sie traf ihn dort allein an, und er begrüßte sie wohlwollend:

„Dachsbergerin, suchst du mich?“

„Ja, Herr“, haspelte sie aufgeregt und hob beschwörend die gefalteten Hände. „Es ist wegen meinem Florian — drüben sitzt er am Tisch und schläft schon seit der Frühe wie ein Toter — ist mir schon ganz angst und bang — er rennt und rennt, Tag und Nacht, und läßt net mit sich reden, der Haß treibt ihn, und das bringt ihn noch um. Ich fürchte, Herr, wenn dem einer in den Weg kommt, droben im Wald, dann bringt er ihn um — hat schon keinen anderen Gedanken mehr, als den Vater zu rächen, und mit jedem Tag wird es schlimmer mit ihm —“

Die Not würgte ihr die Stimme ab, sie ließ sich auf einen Stuhl sinken und starrte den Schloßbräu hilfesuchend an.

„Ich weiß das, Dachsbergerin, und ich mache mir selber Sorgen. Soll ich ihm den Laufpaß geben? Dann rennt er auf eigene Faust hinter den Wildschützen her und stiftet Unheil. Reden werde ich mit ihm, wenn er wieder zu sich kommt, dann schikke ihn her. Werde schauen, wie ich ihn ablenken kann. Ein Mädel müßte er haben, Dachsbergerin, das könnte ihn auf andere Gedanken bringen.“

„Hat ja eine im Kopf, die Leni vom Haselmüller, aber da will der Alte nix wissen“, jammerte sie. „Die Leni, ja, die könnte ihm was ausreden, auf seine Mutter hört er net.“

Die Wirtschafterin kam mit dem Essen, stellte es dem Bräu auf den Tisch und knurrte die Dachsbergerin bissig an: „Laß den Herrn jetzt in Ruhe essen! Mußt du gerade zum Mittag kommen?“

„Ich rede mit dem Müller, und deinen Buben schickst du her, hab sowieso mit ihm zu reden“, entschied der Bräu und rügte seine Wirtschafterin: „Kümmere dich net um Sachen, die dich nix angehen.“

Brummelnd ging die Wirtschafterin, und gebückt folgte ihr die Dachsbergerin. Dann hörte der Bräu sie daußen im hallenden Hausgang noch streiten, und, an seinem Braten säbelnd, ärgerte er sich:

„Weibsvolk, saudummes!“

Im Häusl, über dessen Haustür das Brett mit der Aufschrift „Gendarmerie“ hing, saß man auch beim Mittagessen, und der junge Wachtmeister Alfons Loderer berichtete über seinen Dienstgang, während sie den krachend dürren Erdäpfelsterz kauten und dazu die gestöckelte Milch löffelten. Dabei musterten ihn die blauen Augen seines Vorgesetzten, an dessen Schnauzbart die Milchtropfen hingen, und als der Loderer schwieg, meinte sein Meister hintersinnig:

„Das Geräuf von heute nacht vergessen wir. Wo kämen wir hin, wenn wir uns in jeden Streit um ein Mädel einmischen täten. An deiner Stelle tät ich einmal mit dem Haselmüller ein gescheites Wort reden. Das ist ein harter Knochen, und wenn du dir seine Leni net aus dem Kopf schlagen kannst, dann wirst du das Müllern lernen müssen.“

Bis unter die Haarwurzeln errötete der junge Gendarm, und seine Mundwinkel sanken herab, als sein Vorgesetzter streng hinzufügte:

„Aber laß dich mit dem Dachsberger auf nix ein. Die Leni will entweder dich oder den Florian, führt euch aber alle zwei ganz schön an der Nase herum. Laß dir das gesagt sein.“

Unwillig horchte er auf und legte den Löffel hin, als jemand ins Haus polterte und ohne anzuklopfen in die Stube kam. Es war der Haderer von Hundzell, noch etwas schwankend und zornrot. Mit einem listigen Blinzeln in den blauen Augen, aber erstaunt die hellen Augenbrauen hochziehend, betrachtete der Gendarm Meier ihn und ließ ihn erst zu Atem kommen.

„Meier — mein Geld — man hat mir mein Kuhgeld gestohlen!“

„Versoffen hast du es, Haderer“, sagte Meier ungerührt.

„Müssen noch an die dreißig Mark gewesen sein — gestohlen — hat man es, so wahr ich da bin“, wetterte der Kleinbauer. „Ich zeig es an — Ihr müßt mein Geld wieder herbringen!“

Bedächtig wischte sich Meier die gestöckelte Milch aus dem Bart und erhob sich: „Wer hat dir das Geld gestohlen, du Saufaus?“

„Ich weiß es net!“

„Und ich weiß es auch net! Bist ja noch besoffen! Schlaf deinen Rausch aus und komm morgen wieder! Raus!“

Einen Augenblick zögerte der Haderer, als aber der Gendarm einen Schritt auf ihn zuging, rumpelte er aus der Tür.

„Wenn es ein Diebstahl ist —", wollte der Hilfsgendarm einwenden, doch mit vergnügtem Lachen erklärte Meier: „Das ist schon erledigt, so was mache ich, wenn andere schlafen. Du machst heute einen Gang über Simpering und die Berghöfe und denkst ein bissel nach, ob von diesen Bauernschlegeln oder Häuslfrettern einer im Wald droben herumschießen könnte. Kannst ja ein wenig nachfragen, vielleicht verredet sich einer."

Wo er selber den Nachmittag verbringen würde, verriet er selbst seiner Frau nicht. Zufrieden nahm er nun seine eigene Dienstmütze, an der das Schildl wieder angenäht war, und verließ das Haus.

Die Taghitze war noch unerträglicher geworden. Über dem Hohenbogen türmte sich ein schwarzer Wolkenbausch auf.

Bei einem Hausbrunnen am letzten der Gibachthäuser verhielt er sich, nahm einen Schluck vom Strahl des Brunnenrohrs, ging dann dem Waldschatten entgegen, legte sich ins Gras und deckte sich das Gesicht mit der blauen Dienstmütze zu. Bald schnarchte er und hörte das Summen der Fliegen und Bremsen nicht mehr, die um seinen Kopf tanzten und sich auf dem verschwitzten Hemd niederließen.

Er vernahm auch das Grollen des nahenden Gewitters nicht, und erst als der Regen ihn schon völlig durchweicht hatte, wachte er auf und flüchtete unter das schützende Dach einer Fichte.

Der erste Donnerschlag und der grelle Blitz weckten den jungen Jäger Florian Dachsberger, der seit dem Morgen am Tisch in der niederen Stube geschlafen hatte. Verstört rumpelte er auf, und seine Hände tasteten, als suchten sie das Gewehr. Als er seine Umgebung erkannte, sank er wieder auf die Bank zurück und wischte sich die Augen.

„Solltest was essen", hörte er die alte Mutter von der Ofenbank her reden. Sie hatte die schwarze Wetterkerze auf die eiserne Herdplatte geklebt und murmelte den Wettersegen vor sich hin. Ein neuer Donner weckte den Florian endgültig.

„Hab keinen Hunger!"

„So geht das net weiter, Flori", mahnte die Mutter. „Nix essen und nix schlafen, grad alleweil suchen und strubbeln, das bringt dich noch um den Verstand!"

Zornig antwortete er: „Macht es dir nix aus, daß man den Vater umgebracht hat? Mich laßt es net ruhen, und ich gehe solange, bis ich den Lumpen gefunden habe!"

„Sollst zum Herrn kommen", sagte sie unwirsch und wandte sich wieder der brennenden Wetterkerze zu.

Den einsetzenden Regen nicht achtend, verließ er die Jägerwohnung und ging mit langen Schritten über den Hof zum Herrenhaus, sah erst in die leere Gaststube und klopfte dann an eine braungebeizte Eichentür im breiten Hausgang. Ein kräftiges „Herein" rief ihn in die Schreibstube des Schloßherrn.

Dieser sah ihm aus dem unförmigen, eigens für seinen mächtigen Körper gebauten Lehnstuhl prüfend entgegen, ließ ihn eine Weile stehen und knurrte dann bärbeißig:

„Wie schaut es aus drüben? Der Herr Landrichter möchte zur Jagd kommen. Haben wir ein oder zwei gute Böcke stehen?"

„Jawohl, Herr — nur muß ich höllisch aufpassen, damit sie net abgeschossen werden, bevor der Herr Landrichter kommt. Die kleinen Wilddiebe sind es net, die ich meine, da muß einer sein, der sich schier jeden Tag im Wald herumtreibt. Aber, Herr, ich erwische ihn, denn das muß der sein, der meinen Vater auf dem Gewissen hat!"

Ungerührt gab ihm der Schloßherr zu verstehen: „Der wird auch einmal einen Fehler machen. Du kannst ihm aber net Tag und Nacht nachlaufen. Hab den Herrn Landrichter gebeten, daß er unsere zwei Gendarmen in Schwung bringt. Die haben viel Zeit und sollen sich endlich auch einmal um die Wildschützen kümmern. Für dich habe ich jetzt eine andere Arbeit. Noch vor dem Winter muß der Dachstuhl vom Stall herunter, sonst drückt ihn der Schnee ein. Laß dir vom Zimmerer die Maße geben für das Holz, das er braucht, und suche es im Wald droben aus. Nimm dir zwei Tagwerker zum Fällen, laß es in die Säge bringen. Und renne net ganze Nächt im Wald herum, bringst dich um deine Gesundheit, und nützen tut es net viel. Der Wildschütz verrät sich am ersten dort, wo er wohnt, oder im Wirtshaus. Da solltest dich umsehen."

Dachsberger kratzte sich seinen fuchsroten, noch etwas kümmerlichen Vollbart.

„Ich werde meine Pflicht schon net vernachlässigen, Herr — aber nur wenn ich den Burschen im Wald treffe, ist mir geholfen — ich schieße ihn über den Haufen —"

„— und bringst vielleicht einen kleinen Schnapper um", grollte der Schloßherr. Befehlend setzte er hinzu: „Übertreibe es net, und mach dir und mir keine Scherereien! Was hast du davon, wenn du die Nächte im Wald verbringst und ein anderer schnappt dir derweil dein Mädel weg? He? Hast doch auch ein Auge auf die Leni vom Haselmüller? Tu dich um! Ich leg gern ein Wörtl für dich ein, aber das sag ich dir: einem Spinner gibt der Müller seine Tochter net! Also!"

Eine Handbewegung bedeutete dem Jäger, daß die Aussprache beendet wäre, und er verließ nachdenklich die Stube.

Es goß in Strömen, das Wasser schoß von den Dächern in den Hof und durchnäßte den Florian.

„Jetzt hätte ich gerne was zu essen", sagte er munter zu seiner Mutter und berichtete ihr knapp von der Unterredung, wobei er alles verschwieg, was die Haselmüller-Leni betraf. Und mehr zu sich selber und unruhig werdend schloß er: „Der Landrichter kommt. Ein schöner Sechserbock steht oberhalb der Rosenau im Buchet — muß aufpassen —"

„Wird ihn schon keiner stehlen. Hat der Herr nix gesagt — von der Leni? Will er net mit dem Müller reden?" fragte die Dachsbergerin vorsichtig, und er wies sie schroff ab:

„Ich brauch keinen Vermittler! Das mache ich mir selber aus!"

Mit hellen Augen aber sah sie, wie ihn am Rest des Tages doch eine Unruhe umtrieb, und als er am Abend ohne Gewehr die Jägerwohnung verließ, wußte sie, wohin er ging.

Noch einmal wetterte es am Abend über dem Arberstock und den Grenzwäldern, und die untergehende Sonne malte über den Lamerwinkel einen farbenprächtigen Regenbogen. Auf der Hausbank vor der Haselmühle saßen zwei junge Menschen und betrachteten still das bunte Wunder der Natur, der fuchsbärtige Florian Dachsberger und die Leni. Hinter ihnen nackelte der Mühlgang seine eintönige Weise, und der Bach gluckerte und sauste leise.

„Bist nur zufällig vorbeigekommen?"

Die verhaltene Stimme der Leni riß den Jäger aus seinen Gedanken.

„Hm, ja. Der schöne Abend — und zuhause leidet es mich nimmer."

„Der Vater ist zum Schloßbräu gegangen, da wird es wieder spät werden", sagte sie nach einer Weile.

„Und der Girgl?"

„Ist in der Mühl. Hat den Kopf voller blauer Pinkel — und der Gendarm ist auch schon dagewesen."

„Sie raufen alle wegen dir, und es wird keine Ruh, ehe du dich net für einen entschieden hast", stellte er fest, und bedächtig antwortete sie:

„Das Heiraten will überlegt sein."

Vorwurfsvoll sah er sie an. „Solltest aber net jedem schöne Augen machen. Solange sie nur raufen, geht es ja, aber was ist, wenn doch einmal ein Unglück passiert? Müßtest dir da net ewig einen Gram machen?"

Sie lachte leise. „Ich kann doch nix dafür, oder? Warum soll ich net zu jedem freundlich sein? Bin es ja auch zu dir!"

„Eine Zusage wär mir lieber. Weißt ja, warum ich so gern herkomme", drängte er.

„Kann dich gut leiden, aber dem Vater wird es net recht sein. Er sagt mir schier alle Tage, daß ich mich nach einem Müller umschauen sollte."

„Pah, diese alte Werkel läßt sich sowieso nimmer lange halten, und eine neue Mühle einbauen, kostet viel Geld. Das hat der Haselmüller net, hört man."

Schnippisch und beleidigt rügte sie ihn: „Ich kann auch einen Mann mit Geld heiraten! Brauche nur den Peterhansl zu nehmen, der richtet die Mühle schon her."

„Ja, ja, auf das Geld kommt es an, net auf das Gernhaben. Ist alleweil schon so gewesen, und du bist auch net anders als die geldgierigen Großköpfe."

Gereizt fuhr sie ihn an: „Von mir ist net die Rede, und ich werde auch net gefragt!"

Die Sonne war untergegangen, und er erhob sich.

„Bist heute ein wenig strittig. Bin aber net zum Streiten gekommen. Wollte nur wissen, ob heute in aller Früh euer Knecht, der Mühlgirgl — und auch dein Vater daheim gewesen sind, oder ob jemand an der Mühle vorbeigekommen ist."

„Also zum Aushorchen bist du gekommen? Das hättest du gleich sagen können, dann hätten wir net so lange da hersitzen brauchen", meinte sie ein wenig enttäuscht.

Er lenkte ein: „Warum ich alleweil wiederkomme, das weißt du doch. Ich möchte halt auch wissen, wie ich mit dir dran bin! Soll ich wegen uns zweien mit deinem Vater reden?"

„Das tät ich dir net raten — und mir pressiert gar nix. Hab dir auch keine Zusage gegeben. Zum Überlegen brauche ich noch lange Zeit."

Sie verschwand im Haus, und voller Zweifel und Ärger machte sich der Florian Dachsberger auf den Heimweg.

Sollte er noch in die Gaststube gehen, wo der Haselmüller mit dem Schloßbräu zusammen saß? Nein — er mußte einmal ausschlafen und am Morgen sich vergewissern, daß der Sechserbock im Jungholz über der Rosenau noch seinen Einstand hatte. Wenn der Landrichter kam und er ihm keinen Bock vor die Büchse bringen könnte — nicht auszudenken! Sein Herr würde ihn zum Teufel jagen! Vor zwei Tagen war der Bock noch bei den großen Hagebuttenstauden zur Äsung herausgekommen.

Der Schuß heute morgen?

Die Angst trieb ihm den Schweiß auf die Stirn. Diese Nacht mußte er noch opfern. Er mußte die Gewißheit haben, daß der Bock noch da droben im Unterholz unter dem großen Felsriegel stand und am Morgen herauskam.

Es war die helle Sommernacht schon über den Wäldern, als er heimkam. Er nahm den Stutzen, achtete nicht auf das Greinen seiner alten Mutter und stieg gegen den Berg an. Je höher er kam, desto langsamer und vorsichtiger wurden seine Schritte, und fast lautlos pirschte er am Waldrand und auf moosigen Steigen. In einer Mulde schlummerten zwei alte Gehöfte, und dann stieg der geschlossene Hochwald gegen den Mittagstein an, einem Gipfel der Keitersberghöhen. Das Geräusch des

Nachtwindes in den Wipfeln und das leise Rieseln fallender Tannennadeln, das Huschen und Rascheln auf dem Waldboden rührte ihn nicht. Es war kein fremder Laut dabei. Der Schrei eines Waldkauzes schreckte ihn nicht. Er zeigte ihm an, daß im Wald über der Rosenau die Nachtruhe nicht gestört war. Eine kleine Blöße tat sich vor ihm auf, und das Schmielengras schimmerte silbern im Sternenlicht. Mit dem Rücken an einen Stamm gelehnt, saß er am Rand der Lichtung und wartete auf den ersten Tagschein.

Mit geschlossenen Augen verharrte er unbeweglich, ließ müde die Gedanken treiben und lauschte zwischen Wachen und Träumen in die Nacht.

Die Leni! Er hatte nicht viel Zeit, sich um seine Liebschaft zu kümmern, spätestens vor dem Winter mußte er den Burschen vor dem Stutzen haben, der ungeniert hier herumschoß, dann wollte er seinem Herrn sagen, daß er nicht für das Geschäft eines Jägers geboren sei. Erst mußte er seinen Vater rächen, dann konnte er an sich selber denken.

Wenn aber die Leni bis dahin —? Wenn sie ihn zum Narren hielt, dann würde er sie so hassen wie den unbekannten Wildschützen, hinter dem er her war. Liebte er sie denn? Dieses braunhaarige Mädchen mit dem gesunden Gesicht und den listigen Augen, zurückhaltend und dann wieder spottend, verheißend und wieder abweisend, brachte er nicht aus dem Sinn, aber er traute der schönen Tochter des Haselmüllers nicht. Sie bevorzugte ihn nicht vor den anderen, und wer wußte, wem sie noch ein freundliches Gesicht machte und schöne Worte gab, die den Burschen Hoffnungen machten.

Dem Gendarm Loderer sicher! Der kehrte zu oft in der Mühle zu! Er konnte diesen hochnäsigen und stolzen jungen Mann nicht leiden.

War die Leni nicht mit ihm beim Sonnwendfeuer gewesen? Wer kannte sich in einem Weibsbild aus! Mit dem Peterhansl war sie in Arrach beim Tanz! Hatte man nicht vor einiger Zeit davon geredet, daß sie es mit dem Mühlknecht, dem Girgl, hätte? Und ihm gegenüber wollte sie einmal schwören, daß sie mit keinem vom Dorf oder der Umgebung mehr als Freundschaft habe!

Dann verwischte sich das Bild, er sah einen langen, dunklen Schatten durch den Wald streichen und spurlos verschwinden, hetzte hinterher vom Tag in die Nacht und wieder in den Tag, plötzlich war es ein Sechserbock, hinter dem er herrannte. Er griff nach dem Stutzen und bemerkte starr vor Schreck, daß er sein Gewehr verloren hatte.

Und dann war wieder dieser rätselhafte Schrei da: „Hohohohuii!"

Er klang ihm noch im Ohr, als alle Bilder verschwanden und er erwachend in das Morgengrau sah. Irgendwo hinter ihm raschelten Schritte im Wald, und dann kam wieder dieser Ruf, der ihn schon aus dem Schlaf gerissen hatte: warnend, spottend und im morgendlichen Wald verhallend. Irgendwo krachte ein brechender Ast und schlug ein Nagelschuh gegen einen Stein. Verwirrt griff Dachsberger nach dem Gewehr, sprang auf und horchte angestrengt. Doch rührte sich nichts mehr. Die Knie zitterten ihm, und das Blut brauste in seinem Kopf. Eine maßlose Wut preßte ihm Tränen in die Augen. Mit langen Sprüngen hetzte er durch den Wald bergauf, wo ein schmaler Wildpfad gegen Osten führte, wußte nicht, nach welcher Richtung er laufen sollte, blieb resigniert stehen und fluchte leise vor sich hin. Die Bergfinken erwachten, und die aufgehende Sonne lichterte die Gipfel der hohen Tannen an.

Er überlegte. Er war eingeschlafen, und jemand hatte ihn am Rand der Waldlichtung ausgemacht und einen anderen gewarnt. So nahe hatte er den Warnschrei noch nie gehört, und nun glaubte er sicher zu sein, daß es eine weibliche Stimme war — eine Mädchenstimme mit einem etwas metallischen Unterton. Wo hatte er denn diese Stimme schon gehört? Jetzt war es ihm klar: Hier spielte ein Paar zusammen, ein Wilddieb und eine Aufpasserin, Mann und Weib oder Vater und Tochter, Bruder und Schwester.

Ein leichtes Knacken im Unterholz ließ ihn zusammenzucken, und er brachte das Gewehr in Anschlag, lauerte gespannt und atmete erleichtert auf, als kurz vor ihm der Sechserbock über den Pfad wechselte. Er war also noch da und wanderte von seinem Einstand unter den Felsen hinab zur Äsung auf der Waldlichtung.

Leise entfernte er sich und stieg, Aug und Ohr offen, hinab nach Hohenwarth. Der Wilddieb war gewarnt und würde wohl für diesen Tag ausgeschaltet sein.

So ging es aber nicht weiter. Dieser Kerl brachte ihn noch um den Verstand! Allein kam er nicht mehr weiter! Was nützten die Gänge der Gendarmen am hellichten Tag? Wenn sie nicht zu Nachtstreifen bereit waren, war ihre Hilfe nichts wert.

Kurz entschlossen steuerte er die Gendarmeriestation an. Verschlafen lag das alte Holzhaus in der Morgensonne, und er mußte kräftig mit dem Gewehrkolben an die Haustür pochen, bis der Gendarm Meier in Hemd und Hose erschien und ihm aufmachte.

„Ist was los, Dachsberger?"

„Möchte Euch bloß sagen, daß der Herr Landrichter zur Jagd kommen will. Ich hab einen Sechserbock ausgemacht, droben über der Rosenau. Grad eben ist dieser Hundskerl, den ich schon lange suche, auf diesen Bock gegangen, und wäre ich net droben gewesen, wär es schon passiert."

Der Gendarm Meier wurde unruhig. „Der Herr Landrichter? Donnerwetter! Und du meinst — hm, daß derselbige — der deinen Vater angeschossen hat — daß es der gleiche ist?"

„Da bin ich sicher!"

„Hast du einen Verdacht? Oder sollen wir die Höf und Häuser auf den Kopf stellen? Hm — der Herr Landrichter! Sollen wir auf den Bock aufpassen? Hab vom Landrichter ein Schreiben und wollte in den nächsten Tagen sowieso mit dir reden."

Die Ratlosigkeit Meiers verdroß den Jäger, und gereizt antwortete er:

„Herunten finden wir den Wilderer net, der ist zu schlau. Wenn wir ihn net zur Nacht oder in der Früh droben im Wald erwischen, dann ist alles umsonst. Wir können zusammen Streifen gehen und auch verteilt aufpassen, dann kann sein, daß er uns über den Weg rennt. Die gehen zu zweit! Da ist ein Bub oder ein Mädel dabei, das den Lumpen warnt. Wird also net so leicht sein."

Mit Bedauern dachte Meier an den abendlichen Dämmerschoppen beim Schloßbräu, jedoch er überwand sich und schlug für den Abend und den folgenden Morgen vor, verteilt über der Rosenau anzustehen.

„Möchte vom Herrn Landrichter keinen Rüffel haben. Verflucht — wenn dieser Wildschütz den Bock abschießt, dann hat der Landrichter uns alle beim Wickel.“

Dachsberger zahnte boshaft: „Dann möchte ich net in Eurer Haut stecken! Treffen wir uns also um acht bei der Bärenhöhl?“

„Sakra — also — freilich müssen wir da zusammenarbeiten.“

Indes sich der Jäger befriedigt entfernte, weckte Meier den Loderer und seine Frau und überraschte sie mit der Nachricht:

„Der Landrichter kommt! Die Uniformknöpfe sauber putzen und auch den Helm! Am Nachmittag üben wir das Strammstehen und das Grüßen, da fehlt es bei dir noch weit, Loderer – und rede keinen Blödsinn, wenn der Herr Landrichter dich was fragt! Ich muß gleich zum Bräu.“

Er verzichtete auf die Morgensuppe, zog sich eilig an, sprach auf dem Weg in die Schloßbräustube beim Dorfschuster vor, um sich ein wenig Schusterpech für die Dressur des Schnauzbartes zu erbetteln, und erreichte den Bräu beim Früstück.

„Hast du den Hühnerdieb schon?“ empfing ihn dieser, und ein wenig kleinlaut, aber doch recht wichtig, versicherte Meier, er würde ihn bestimmt noch erwischen. Zunächst aber, so meinte er blinzelnd, habe er einen größeren Fang vor, den verdammten Wildschützen, der seit Jahren die Wälder des Schloßherrn unsicher mache und wohl auch den alten Dachsberger auf dem Gewissen habe.

„Und den Sechserbock für den Herrn Landrichter werde ich hüten, wie meinen Augapfel“, versicherte er. „Ist zwar schon schwer für mich, diese Herumsteigerei auf dem Berg in dieser Hitze.“

Verständnisvoll ließ ihm der Bräu einen Krug Bier vorsetzen, und die großen Blauaugen des Gendarms leuchteten wieder froh und friedlich. „Wenn der Landrichter kommt, dann bist du zum Essen eingeladen. Der Herr Expositus und der Lehrer kommen auch. Denk dir ein paar lustige Geschichtel aus, die hört der Landrichter gern, und du kannst so schön lügen“, forderte der Bräu, und Meier versprach sein Bestes zu tun, was ihm einen zweiten Krug Bier einbrachte.

Diesen kredenzte diesmal nicht die Hausmagd, sondern die Ursula, das einzige Kind des Schloßherrn von Hohenwarth, eine ruhige und sich gemessen bewegende, schon etwas überständige, rundliche Jungfrau, die dem Vater wie aus dem Gesicht geschnitten war.

„Der Herr Loderer läßt sich gar nimmer sehen", meinte sie fragend, und Meier gab freundlichst Bescheid:

„Sein Salär ist halt net groß, und ein sparsamer Mensch ist er auch."

„Aber ein frischer und sauberer Bursche ist er, und die Uniform steht ihm so gut", schwärmte sie und bewirkte damit, daß der Vater einwandte:

„Aber er hat nix, und bis er einmal was wird, das dauert bei der Gendarmerie verdammt lange."

Worauf sich die Ursula wieder schmollend zurückzog.

„Der junge Vogl von Simpering rennt sich die Haxen ab wegen ihr, aber sie will nix von ihm wissen", mäkelte der Bräu hinter ihr her.

„Hm — ich kann es ihr net verübeln. Der Vogl ist bald ein Vierziger, und einen Kropf hat er auch", sagte der Gendarm.

Vertraulich neigte der Bräu sich ihm zu und raunte: „Eigentlich frag ich nix danach, daß sie net wegheiratet. Seit die Mutter nimmer ist, führt sie den ganzen Haushalt und kümmert sich um alles. Der Vogl braucht eine Bäuerin, und ich brauche einen Schwieger, der was mitbringt und vor allem eine Reputation hat. Neulich ist der Bub vom Postwirt in Kötzting dagewesen, das wäre einer für meine Urschl. Hab ihn eingeladen, einmal bei mir auf die Jagd zu gehen."

„Ja, ja", stimmte Meier zerstreut zu und malte sich aus, was wäre, wenn der Alfons Loderer Schloßbräu würde. Wenn er da ein wenig vermittelte? Einen Kuppelpelz von zwei Maß Bier täglich und auf Lebenszeit könnte er sich da schon ausnehmen. Die Haselmüller Leni war für den Alfons Loderer sowieso nichts. Die brauchte einen, der sie alle Tage einmal übers Knie legte, da sie sonst auch im Ehestand das Liebäugeln mit anderen Männern nicht aufgeben würde.

Der Bräu sah ihm scharf in die träumenden Augen: „Wo bist du denn jetzt schon wieder mit deinen Gedanken?"

„Beim Loderer — he, nein — beim Herrn Landrichter und den Geschichteln, die ich ihm erzählen soll."

„Nur Lustiges, der lacht gern!"

Der Gendarm setzte sich aufrecht, zwirbelte den Schnurrbart und prahlte: „Ich kann mit den Leuten umgehen. Fast ein Jahr bin ich der Bursche von meinem Hauptmann gewesen, und er hat mich alleweil gelobt. In der Schlacht bei Sedan —"

Der Schloßherr lachte dröhnend: „Das weiß ich schon — hast es schon hundertmal erzählt, und die Geschichte wird von mal zu mal grimmiger!"

Beleidigt leerte Meier den Krug, stand auf, schnürte den Gurt mit dem Säbel enger um den Bauch, griff nach dem Gewehr und stolzierte zur Tür.

„Die Tapferkeitsmedaille hab ich net geschenkt bekommen", grollte er und ließ die Tür krachend ins Schloß fallen.

Lachend rief der Bräu in die Küche nebenan: „Der Dachsberger soll kommen!"

Blaß und übernächtig erschien der Jäger vor seinem Herrn.

„Was ist mit dem Bock?"

„Er steht noch droben, aber heute wenn ich net aufgepaßt hätte, dann wär er futsch gewesen", berichtete der Florian und erzählte seinem Arbeitgeber zum erstenmal von dem Wildschützen, der einen Warner oder eine Warnerin bei sich hatte. Ungläubig schüttelte der Schloßbräu den Kopf.

„Das wäre ja ganz raffiniert. Und du meinst, daß es immer ein und derselbige ist?"

„Ja, und es ist auch der, den —"

Ungeduldig winkte der Bräu ab. „Das kannst du net beweisen. Denke dich da net in Sachen hinein, die dich nur irre machen können. Also, morgen kommt der Herr Landrichter, und übermorgen muß er den Bock haben. Dafür hast du einzustehen. Hast du mit dem Zimmerer schon gesprochen?"

Der Jäger nickte und zog einen Zettel aus der Tasche, auf dem der Bauholzbedarf für den neuen Dachstuhl der Ställe aufgeschrieben war.

„Ist recht. Wenn der Landrichter fort ist, fängst du mit dem Hieb an." Und das Thema plötzlich wechselnd: „Hab mit dem Haselmüller ein Wörtel geredet, wegen dir und der Leni. Er will nix davon wissen, aber er schuldet mir so viel, daß er es net ganz hat abschlagen können. Mach es dir mit dem Dirndl aus. Hab ihm vorgeschlagen, daß er die Mühle ja verpachten kann, und wenn ich dich zum Verwalter mache, dann kannst du schon einen Hausstand gründen. Ich tue das wegen deinem Vater und deiner Mutter und weil ich mich auf dich verlassen kann." Drohend fügte er hinzu: „Aber halte dich im Zaum, Bursche, wenn du auf den treffen solltest, den du suchst! Ich will ihn lebendig sehen!"

Düster und aufbegehrend erwiderte ihm der Jäger: „Wer weiß denn, wie es hergeht, wenn ich ihm gegenüberstehe!"

„Wollte dir das nur sagen, denn dann hast du dir das Leben versaut, und ich kann dich nimmer halten. Jetzt kannst du gehen!"

Der junge Dachsberger war bei den letzten Worten seines Herrn blaß geworden, doch ohne noch etwas zu erwidern, verließ er mit gesenktem Kopf die Stube.

Zwei Tage lang streifte der Gendarm Meier mit seinem Hilfsgendarmen durch die Wälder und drillte daheim den Loderer mit Strammstehen, Hackenzusammenschlagen und einem zackigen „Jawohl, Euer Gnaden!"

Und seine Frau fummelte an den Paraderöcken und den Helmen, bis die Messingknöpfe und der bayerische Löwe strahlten, als wären sie von echtem Gold.

Am Nachmittag des Tages, an dem der Jagdgast erwartet wurde, sammelte Meier alle Geschichten, die er dem Landrichter zur Unterhaltung auftischen wollte. Vom Oberdorf gegen den Wald wandernd, ließ er alle Sonderfälle seines polizeilichen Amtes vor seinem geistigen Auge passieren und überlegte: Von Wilderern zu reden, lohnte sich nicht. Er dachte an den Schrieb in seiner Schublade. Das könnte den Landrichter zu unangenehmen Fragen bringen. Die Rauferei in Simpering, wo ein Bauernknecht seinem Widersacher die Nase abgebissen hatte, war zu unfein. Eher ging noch die Geschichte von dem Häuselmann in Hudlach, der schon mehr als ein Dutzend Kinder hatte und, als ihm die Wehmutter wieder eines auf den Tisch legte, ganz verstört fragte, das wievielte es denn nun sei.

Mit faulen Späßen brauchte er dem hohen Herrn nicht zu kommen. Aber von originellen Leuten und komischen Vorfällen hörte der Landrichter immer gerne.

Ein unter ihm liegender Bauernhof brachte ihn auf eine Idee.

Die Bergbäuerin!

Von so einem seltsamen Weibsbild dürfte der Landrichter doch noch nichts gehört haben. Es konnte zwar dem Herrn Expositus und dem Bürgermeister peinlich sein und ihm selber den Zorn des Bergbauern einbringen, aber von diesem sonderbaren Weibsstück mußte er berichten, das gab genug Gesprächsstoff.

Und wenn er sich nicht täuschte, dann war es die Bergbäuerin, die da drunten, nahe beim Hof, das Heu rechte. Das geblumte Kopftuch hatte sie weit ins Gesicht gezogen. Als er quer über die gemähten Wiesen zum Hof ging, sah sie plötzlich auf, warf den Heurechen hin und lief watschelnd dem Gehöft zu, verschwand hinter dem Hoftor und ließ den großen Hofhund los. Dieser kam mit langen Sätzen angerannt und zwang den Gendarm, sich mit gezogenem Säbel zu wehren. Da er jedoch den Hund nicht verletzten wollte, konnte er nicht verhindern, daß das Vieh ihn beim Hosenbein erwischte und einen Fetzen Tuch herausbiß. Es wäre sicher noch zu weiteren Bissen gekommen, wenn nicht ein scharfer Pfiff das Tier veranlaßt hätte, seinen Angriff aufzugeben und mit eingezogenem Schwanz zum Haus zurückzukehren.

In der Toreinfahrt erschien ein großes, schlankes Mädchen mit grünem Kopftuch und sah ihm, auf eine Mistgabel gestützt, ruhig entgegen. Etwas verblüfft fixierte Meier die Bergbauerntochter. Sie trug einen Burschenjanker und eine Männerhose. Dieser Anblick lenkte ihn für den ersten Augenblick von seiner zerrissenen Hose ab, und überrascht knurrte er:

„Seit wann rennen denn bei euch die Weiber in Hosen herum! Bei euch ist scheinbar alles verkehrt!"

Ein feines Lächeln zuckte um den schmalen Mund des Mädchens. „Das ist für die Arbeit recht gut."

„Wo ist dein Vater? Schau her, wie euer Köter mich zugerichtet hat! Das kostet eine neue Hose!"

Nun lachte die Bergbauerntochter und zeigte dabei die schönen einwandfreien Zähne.

„Der Vater bezahlt die Hose. Könnt zu ihm in die Stube gehen, der Harro tut nix mehr."

Ihr Lachen kränkte ihn, und beleidigt stapfte er an ihr vorbei in den Hofraum und zum Haus.

„Könntest ein sauberer Bursche sein, aber ein richtiges Mädel bist du net!"

In der Stube traf er den Bauern an, einen Mann in den besten Jahren, groß und stämmig, mit wettergebräuntem Gesicht und einem auffallend langen Kinn. Er war mit dem Reinigen seiner Tabakspfeife beschäftigt, und als Meier auf seine zerrissene Hose wies und Schadenersatz verlangte, meinte der Bauer ein wenig spöttisch:

„Hab es gesehen, der Hund ist ein guter Hofhüter. Bei uns hat niemand was zu suchen. Die Hose bezahle ich."

Die überlegene Ruhe des Bergbauern bezwang auch den Zorn des Gendarmen.

„Das will ich auch hoffen. Bin amtlich da. Wo ist dein Weib?"

Nun erst sah ihn der Bauer an, und seine Augen drohten.

„Bist du schon wieder hinter meinem Weib her?"

„Jawohl."

„Laß sie in Ruhe, sag ich dir! Sie ist geplagt genug, und wen geht es was an? Kann sie was dafür? Traut sich eh nimmer unter die Leut!"

Der Zorn des Bauern machte den Gendarm etwas verlegen. Er riß sich zusammen und antwortete mit dienstlicher Strenge:

„Das ist net meine Sorge, hab meinen Auftrag! Der Herr Expositus und der Bürgermeister haben es verlangt, und ich muß nachschauen, ob sie die Anweisung befolgt. Sie kann einfach net so herumlaufen. Ich muß sie sehen — wo ist sie?"

Der Bauer zuckte die Achseln: „Wo wird sie sein? Draußen halt! Vielleicht im Stadel. Lange lasse ich mir das nimmer gefallen. Jeder Mensch ist so, wie ihn der Herrgott geschaffen hat. Laßt sie endlich in Frieden, sonst könnte mir einmal die Geduld ausgehen!"

Ohne noch etwas darauf zu sagen, verließ Meier die Stube. Auf der Hausgred stand immer noch die Tochter und sah ihn feindselig an. Er ging hinüber zum Stadel und rief in die offene Tenne:

„Bergbäuerin, komm heraus!"

Als er keine Antwort bekam und er in der hintersten Ecke ein Rascheln hörte, schlich er sich an dem duftenden Heuschober vorbei zu der Stelle, wo er die Gesuchte vermutete. Aus dem Halbdunkel sah ihm hinter einem Heuhaufen ein Gesicht entgegen, daß ihn die Überraschung darüber eine Weile wie gebannt festhielt. Unter dem geblumten Kopftuch starrten ihn geänstigte rehbraune Augen an. Sie standen in einem Frauengesicht, das ein brauner Vollbart zierte. Eine weiche weibliche Stimme klagte:

„Was wollt ihr denn von mir? Könnt ihr mich denn gar net in Ruhe lassen?"

Betroffen starrte er die Jammernde an, und es war keine amtliche Strenge mehr in seinen Worten, als er sie aufforderte: „Komm heraus, Bergbäuerin."

Kopfschüttelnd betrachtete er die untersetzte Frau, die auf die Tenne kroch und sich vor ihm aufrichtete.

„Was ist denn schon wieder?"

Unsicher raunzte Meier und drehte an seinem Schnurrbart: „Das weißt du selber. Folgen sollst du! Weiß schon, daß es für ein Weibsbild ein Unglück ist, wenn es einen Bart hat wie ein Mannerleut. Aber mußt du ihn denn stehen lassen? Für die Leute ist es ein Ärgernis, sagt der hochwürdige Herr Expositus!"

„Was kann ich dafür!" kam es weinerlich aus dem bärtigen Mund. „Hab mich selber geschunden, bis ich ganz wund gewesen bin, und muß den Bart lassen, bis der Ausschlag abgeheilt ist. Ich lasse mich net sehen und versteck mich, wenn jemand kommt. Da kann ich doch kein Ärgernis sein?"

„Ist ja gut, Bergbäuerin", lenkte der Gendarm ein. „Schau halt zu, daß das Gesicht abheilt und der Bart wegkommt. Ich muß dich sonst dem Herrn Landrichter melden, und der versteht keinen Spaß." Ein Schatten veranlaßte ihn sich umzudrehen. Hinter ihm stand die Tochter und hielt die Mistgabel, als wollte sie ihrer Mutter zu Hilfe kommen und den Gendarm angehen.

„Laß meine Mutter in Ruhe! Geh, oder ich hetz den Hund!"

„Eha!" Der Schnauzbart des Gendarmen sträubte sich: „Mehr Respekt bitte ich mir aus!"

Von der Haustür herüber rief der Bergbauer: „Geh zurück, Moni. Der Meier tut, was er tun muß. Wir sind ordentliche Leut und haben nix zu fürchten. Laß dir vom Schneider eine neue Hose anmessen, Meier, und sag dem Expositus und dem Bürgermeister, daß sie bald keine Klage mehr haben werden."

Der Gendarm faßte sich und entfernte sich mit dem Befehl: „Bissige Hunde müssen an die Kette gelegt werden, verstanden? Von einer Anzeige will ich diesmal absehen."

Er würdigte die Bergbauernleute keines Blickes mehr und sah sich auch nicht um, bis er außer Sichtweite des Hofes war.

Dann blieb er hinter einer Haselstaude stehen, betrachtete den Riß in seiner Hose, tastete den durchgewetzten Hosenboden ab und schmunzelte: „Hätte sowieso bald eine neue Hose gebraucht."

Das arme Bauernweib kann einem leid tun, sinnierte er weiter, in die Kirche und ins Dorf traut sie sich sowieso nicht mehr. Sind redliche Menschen, die Bergbauern, stolz und fleißig, und die Monika ist ein prächtiges Dirndl und hat Schneid.

Ob er dem Herrn Landrichter überhaupt von der bärtigen Bäuerin berichten sollte? Ob er nicht doch lieber von der Schlacht bei Sedan redete?

Vom Oberdorf her rannte ihm der Loderer entgegen, bereits in der Paradeuniform und mit Helm. Die Knöpfe am Uniformrock und die Helmspitze funkelten in der Abendsonne. Ganz außer Atem keuchte er:

„Meister, der Herr Landrichter wird gleich da sein!"

„Donnerkeil!" schnappte Meier, und beiden fingen zu laufen an, zurück ins Dorf, wo Meier sich in eine andere Hose zwängte und die Tapferkeitsmedaille an die Brust heftete. Dann stelzten sie hochaufgerichtet und gemessenen Schrittes zum Schloß, wo schon eine kleine Menschentraube auf den hohen Gast wartete.

Da war der podagrageplagte Schloßherr im schwarzen Anzug, der Bürgermeister und der hagere Dorfgeistliche, der Jäger Dachsberger und der Lehrer und im Hintergrund, angeführt von der Tochter des Hauses, das ganze Gesinde, Wirtschafterin, Hausmagd, Stalldirnen und Knechte. Als die Sonne schon hinter dem Wald versank, rollte die schwarze Kutsche an. Die

Wartenden zogen die Hüte, die beiden Gendarmen standen stramm und grüßten mit den Fingern am Helmschild, und der Schloßherr trat an die Kutsche:

„Willkommen, Herr Landrichter!"

Der große Mann mit dem dunklen Spitzbärtchen stieg freundlich lächelnd aus, holte zwei Gewehre und eine Munitionstasche aus dem Wagen, reichte sie dem diensteifrig herbeispringenden Florian Dachsberger und sagte gutgelaunt:

„Nicht mehr Landrichter, lieber Freund, Bezirksamtmann heißt es heute."

„Für uns halt alleweil noch der Herr Landrichter, so sind wir es gewohnt", lachte der dicke Bräu und geleitete den Gast in die Bräustube, wo man an der weißgedeckten Tafel Platz nahm. Wichtig dirigierte der Bräu und Schloßherr den Expositus an die linke Seite des Gastes, den Bürgermeister daneben, dann den Lehrer und die beiden Gendarmen und am unteren Ende des Tisches den Jäger Dachsberger. Die Tochter des Hauses, die Ursula, übernahm selbst die Bedienung, brachte die biergefüllten Paradekrüge mit den Zinndeckeln und bald auch das Essen, eine Schlachtschüssel, wie der Landrichter sie gewünscht hatte, ein Kartuhäuflein, auf dem Blutwurst und Leberwurst sich krümmten und Kesselfleisch und Geselchtes aufgelegt war. Neidvoll stellte der Gendarm Meier für sich fest, daß sein junger Kollege nicht nur die größten Würste auf den Teller bekommen hatte, sondern auch die gewichtigsten Fleischstücke. Steif saßen die beiden Uniformträger, und Meier streckte die Brust vor, so daß die blankgeputzte Tapferkeitsmedaille schimmerte. Seine aufrechte Haltung behinderte ihn beim Essen, und er bekleckerte sich den blauen Rock, was dem Herrn Landrichter ein Schmunzeln entlockte. Vorsichtig stocherte der Expositus im Kraut, schmatzend ließ es sich der Gastgeber schmecken, und die Unterhaltung war spärlich, solange die Teller nicht geleert waren. Voller Jagdeifer wandte sich dann der Gast an den Jäger am Tischende:

„Ein schöner Sechser ist es also? Und wann stehen wir an?"

„Um drei Uhr, Euer Gnaden", antwortete der Fuchsbärtige rasch.

„Und wer trägt meine Gewehre?"

Meier wurde um einen halben Kopf größer und deutete auf seinen Helfer. „Zu Befehl, der Loderer!"

„Und wie steht es nun mit der Wilddieberei? Dem jüngsten Bericht zufolge werden die Burschen wieder übermütig. Das ungute Schicksal des Räubers vom Keitersberg hat sie anscheinend nicht abgeschreckt. Sehen Sie zu, Meier, daß bald wieder Ruhe wird im Wald."

Der Kopf des Gendarmen lief rot an, und seine Augen glänzten, als sähen sie etwas Feindliches.

„Der Bericht?" stotterte er. „Habe keinen Bericht gegeben, und es ist mir auch nix bekannt — man sagt schon, daß gewildert wird, aber wir haben noch nix bemerkt." Mit einem mißtrauischen Blick sah er auf den Jäger, um dann, den Bart zwirbelnd, fortzufahren: „Es wird überall ein wenig gewildert, drüben am Hohenbogen und herüben am Keitersberg, das ist net auszurotten. Wir werden der Sache nachgehen, obwohl viel andere Arbeit ist."

„Euer Gnaden", meldete sich der Dachsberger, „mehr als ein Dutzend Schlingen hab ich in diesem Sommer schon gefunden, und es vergeht fast keine Nacht, wo net ein Schuß fällt."

Und der Schloßbräu wetterte: „Wenn mich das Zipperlein net so erwischt hätte — ich ginge so lange, bis ich einen vor der Flinte hätte!"

Der dicke Finger des Landrichters wies auf den nun betreten dreinblickenden Gendarmen.

„Also, Meier, das muß abgeschafft werden. Ich möchte keinen Räuber Heigl mehr im Bezirksamt haben. Wenn es nötig ist, dann legen wir eine Gendarmerieverstärkung her."

„Jawohl — zu Befehl!"

Meier versenkte sich in den Bierkrug und nahm sich vor, dem Florian Dachsberger bei Gelegenheit ein Bein zu stellen. Nur er konnte nach Kötzting berichtet haben. Jetzt war keine Stimmung mehr für lustige Geschichten, schon deswegen nicht, weil nun, nachdem abgetragen war und die Krüge neu gefüllt wurden, der Bürgermeister und der Herr Expositus redseliger wurden und dem Gast ihre gemeindlichen Sorgen anvertrauten. Plötzlich horchte Meier auf. Am oberen Tischende war von der Bergbäuerin die Rede. Einer der Herren mußte von der bärtigen Bäuerin erzählt haben, denn verwundert und kopfschüttelnd hörte der Landrichter hin. Nach einer Bemerkung des Expositus bemerkte er, sich an Meier wendend:

„Die Frau möchte ich einmal sehen. Meier, bringen Sie diese Bergbäuerin morgen um acht Uhr her. Und jetzt, meine Herren, gute Nacht, damit wir rechtzeitig in der Frühe droben sind.“

„Ursula!“ rief der Bräu nach der Tochter. „Bring den Herrn Landrichter auf sein Zimmer.“

Die Gendarmen sprangen auf und salutierten, Bürgermeister, Expositus und Lehrer verabschiedeten sich, nur der Jäger und die Gendarmen blieben auf einen Wink des Hausherrn hin, der ihnen neu einschenken ließ.

„Wo bist denn du mit deinen Geschichteln geblieben?“ ulkte er den Meier an, und dieser brummte verdrossen:

„Mir ist der Humor vergangen. Das ist ja, als hätten wir lauter Räuber und Wildschützen im Ort. Und der Meier hat natürlich wieder einmal net Ordnung schaffen können! Wer macht bei uns Berichte an das Bezirksamt? Ich — und sonst keiner! Wegen ein paar Rehschlingen lasse ich mir nix nachsagen, und was den Jäger angeht, das geht mich nix an! Aber gut. Wenn einer herumschießt, dann fange ich ihn, darauf könnt ihr euch verlassen! Und das mit der Bergbäuerin gefällt mir auch net! Daß die den Bart hat, den eigentlich der Herr Expositus haben müßte, dafür kann sie nix. Man sollte die armen Leute in Ruhe lassen.“

Die scharfen Augen des Jägers blitzten den Gendarmen kampflustig an: „Ich habe meine Aufgabe, und die Polizei hat sie auch. Schon längst könnte der Wilddieb gefaßt sein —“

„Wenn wir einen anderen Jäger hätten“, fiel ihm der Meier prompt ins Wort, und hitzig rumpelte der Dachsberger auf.

„Ruhe!“ forderte der Schloßbräu. „Gestritten wird net!“

„Ich bringe den Burschen zur Strecke! Er gehört mir und net der Gendarmerie!“ brogelte der Jäger, stand auf und verließ grußlos die Stube.

„Ihr mögt euch ja gar net“, zahnte der Bräu, und mit einer wegwerfenden Handbewegung meinte dazu der Gendarm Meier:

„Der spinnt ja. Wenn er nur net einmal was anstellt und seinen Rachedurst an einem kleinen Schlingenleger ausläßt."

Inzwischen war die Ursula zurückgekommen, setzte sich neben den schweigsamen Loderer, rückte sein Bierglas zurecht und streckte ihm heimlich eine Zigarre zu. Die glatt zurückgestrichenen Haare machten ihr Gesicht streng und ließen sie älter erscheinen. Während der Bräu und Meier sich unterhielten, flüsterte die Tochter des Hausherrn dem Hilfsgendarmen zu:

„Die Uniform steht dir arg gut. Aber von dir hört man schöne Sachen! Rennst auch hinter der Haselmüller-Leni her wie die andern! Unser Jäger will sie jetzt heiraten, hab so was gehört."

Loderer wurde ein wenig blaß, zog an der Zigarre und wispelte: „Hab das auch gehört, glaube es aber net. Ich kenne die Leni besser, und leichtfertig ist sie net. Ist aber gut, daß es auch noch andere Dirndl gibt. Ich bin Beamter, und da muß ich sowieso auf meine Reputation achten."

„Das meine ich auch", war sie zufrieden. „Von der Schlachtschüssel hab ich was aufgehoben, kannst es dir morgen holen."

„Da sag ich halt heut schon: Vergelt's Gott."

Heimlich drückte sie ihm die Hand, und er war froh, als sein Vorgesetzter den letzten Schluck aus dem Glas nahm und zum Aufbruch mahnte.

Meier war auf dem Heimweg recht schweigsam, und als sie sich in der Stube der Gendarmerie trennten, befahl er grantig:

„Morgen gehst du, wenn ihr von der Jagd zurück seid, zum Bergbauern und bringst die Bäuerin her. Wahrscheinlich bekommen wir wegen dem Weibsbild Scherereien."

Die Nacht dunkelte noch unter den Bäumen, und über dem Lamerwinkel kündete ein grauer Streifen den kommenden Morgen an, als der Landrichter mit seiner Begleitung gegen den Wald über der Rosenau schnaufte. Neben ihm ging der Jäger Florian Dachsberger, das eigene und das Gewehr des Jagdgastes umgehängt, und ihnen folgte mit einigen Schritten Abstand der Gendarm Alfons Loderer, beladen mit dem zweiten Jagdstutzen des Richters, der Munitionstasche und einem Jagdstuhl, verdrossen und verärgert über die spöttischen Blicke, mit denen sich der rotbärtige Jäger oftmals zu ihm umsah.

Es wurde kaum ein Wort gesprochen. Im Birkenholz unter dem Hochwald nahm Dachsberger schweigend und mit spöttischem Lächeln dem Gendarmen den Jagdstuhl und die Munitionstasche ab und bedeutete ihm flüsternd, daß er hier warten solle. Wütend zischte Loderer:

„Dein Grinsen kann ich gar net leiden, Bursche!"

Worauf der Florian hämisch auflachte und sich mit dem Landrichter entfernte. Sie pirschten sich leise bis zur Waldblöße hinauf, wo der Jäger seinem Gast den Stuhl am Waldrand aufbaute, ihm das Gewehr reichte und wispelte:

„Herauskommen wird der Bock drüben bei den Stauden, und es kann nimmer lange dauern. Haben gutes Büchsenlicht, Euer Gnaden."

Der vom Jagdfieber gepackte Herr hörte kaum hin, strich sich den schwarzen Spitzbart, nahm das Gewehr schußbereit auf die Knie, und seine bleichen Wangen bekamen rote Flekken. Der Jäger postierte sich neben ihn, und so verharrten sie unbewegt. Der Himmel hellte sich auf, und über den Gräsern der Lichtung gleißte der Tau. Im Wald über ihnen knisterte es, knackte ein brechendes Ästlein und polterte ein Stein, als sei er von einem Fuß angestoßen. Sie horchten angestrengt nach der Stelle hin, woher die Laute kamen, und hätten fast den Rehbock übersehen, der inzwischen geräuschlos bei den Stauden auf die Waldwiese ausgetreten war. Beide rissen die Gewehre hoch, der Schuß des Landrichters blitzte aus dem Lauf und hallte dröhnend im Wald, der Bock machte einen Satz, und fast im selben Augenblick bellte ein zweiter Schuß auf, der den Bock ins Gras warf.

Dann war wieder das Geräusch über ihnen im Wald, und nun erkannte es der Jäger: Eilende Schritte entfernten sich. Er war totenbleich geworden und zitterte, machte Miene, dem Flüchtenden nachzulaufen, und sah ratlos den Landrichter an. Dieser rief erschrocken:

„Da war doch ein zweiter Schuß? Hast du es nicht gehört?"

„Ja", zögerte Dachsberger. „Da hat noch einer geschossen,

aber der ist längst auf und davon." Die Wut nahm ihm fast die Stimme weg.

„Kann das — Donnerwetter — ist das ein Wilderer gewesen?"

„Könnt mir net denken, Euer Gnaden, daß sonst ein anderer noch auf der Jagd gewesen wäre. Aber — bis zum Winter hab ich ihn — das schwöre ich!"

Die Jagdfreude des Herrn Landrichters war dahin. Wütend stapfte er durch das taunasse Schmielengras auf den verendeten Bock zu, kniete nieder und betrachtete ihn.

„Zwei Einschüsse, Dachsberger — zwei — verflucht!"

Florian hatte auf den ersten Blick gesehen, daß das Tier neben einem sauberen Blattschuß noch eine Streifwunde auf dem Rücken hatte. Rasch überlegte er:

„Der erste war der Blattschuß, und den haben Euer Gnaden abgegeben."

„Wie willst du das wissen?" zürnte der Landrichter. „Weid ihn aus, und dann gehen wir. Ich verzichte auf den Bruch!"

Als sie die Waldblöße verließen, ging die Sonne auf.

Unter einem Baum sitzend, wartete Loderer und hing seinen Gedanken nach, betrachtete das zweite Gewehr des obersten Vorgesetzten, schüttelte den Kopf und fragte sich, wozu der einen zweiten Stutzen haben mußte. Daß er als Packesel mitlaufen mußte, ärgerte ihn, und wenn er an den Jäger dachte, plagte ihn der Zorn. Von diesem Burschen wußte man nicht, ob sein Verhalten Dummheit oder Arroganz war. Im ganzen Umkreis hielt man ihn für einen wortkargen Sonderling und verschrobenen Einzelgänger, und sein Fuchsbart machte ihn niemanden sympathisch. Oder doch? Aber wer kannte sich in der Leni vom Haselmüller aus? War der Jäger in der Mühle, dann sah es aus, als ob sie kurz vor der Heirat stünden, und kehrte er, der Hilfsgendarm Loderer, zu, dann tat die Leni süß und freundlich, drehte herausfordernd die Augen, versicherte, daß sie ihn gern sähe und er doch öfter einmal vorbeikommen sollte. Und mit ihm wollte sie sogar zur Kirchweih in Arrach gehen. Wenn er die Rede auf den Jäger brachte, dann zog sie abwertend die Lippen auf und tat so, als wäre er ihr gleichgültig. So hatte sie ihm schon einigen Kummer gemacht, denn er mußte sich eingestehen, daß es ihn immer wieder in ihre Nähe zog. Sie konnte so unbeschwert lachen, konnte so nett sein und sparte mit den zärtlichen Blicken und den versteckten Versprechen nicht. Als er, aus dem Oberpfälzischen kommend, im Frühjahr seinen Dienst hier antrat, hatte er sie auf seinem ersten Dienstgang getroffen und war von ihrer Natürlichkeit und ihrem hübschen Gesicht überrascht gewesen. Sie hatte getan, als kennten sie sich schon lange, und er sie ziemlich beeindruckte. Das hatte ihm geschmeichelt, und er hatte sich leichter damit abgefunden, fürderhin in diesem Waldwinkel tätig sein zu müssen.

Er war wohl öfter als dienstlich notwendig den Weg zur Haselmühle gegangen, und dann zählte ihn das Dorfgerede bald zu den Verehrern der Müllerstochter. Und deren waren viele, wie er bald inne wurde.

Vor allem der Jäger! Sie wichen sich von Anfang an aus. Heute wußte er, daß er diesen Dachsberger als Feind hatte.

Und da waren doch noch andere? Warum raufte sich der Mühlgirgl darum, wer die Leni heimbegleiten durfte? Warum rauften sich die anderen Bauernburschen? Es war ihm nicht wohl, wenn er das so überlegte. Er konnte da in Dinge verwikkelt werden, die er sich als Gendarm einfach nicht leisten konnte.

War es da nicht besser, wenn er sich anders einrichtete? Bei der Ursula hatte er einen Stein im Brett, das wußte er seit der vergangenen Nacht sicher. Wenn man praktisch dachte — die Tochter des Schloßherrn, noch dazu die einzige Erbin? Donnerwetter — was kam da an ihn heran!

Ach was!

Niedergeschlagen warf er ein Ästchen, mit dem er sich gespielt hatte, von sich und sah sich im grauenden Morgen um.

War da nicht hinter ihm ein Geräusch gewesen? Er sah sich um. Richtig, dort huschte eine Gestalt durch den dämmernden Wald. Nur für einen Augenblick sah er sie und wußte nicht, was ihm an diesem Wesen und seinen Bewegungen so sonderbar erschienen war. Sollte er dem Unbekannten nachlaufen? Sollte er rufen und damit einen Lärm machen, der dem Herrn

Landrichter den Bock vertreiben könnte? Damit der Jäger etwas zu höhnen hätte?

Vorsichtig erhob er sich und schlich ein Stück in die Richtung, in der die Gestalt verschwunden war, horchte und stellte fest, daß ihm kein Laut mehr verriet, wohin sich der Schatten gewandt hatte. Schulterzuckend ging er wieder an seinen Platz zurück.

Er brauchte ja nichts gesehen und gehört zu haben.

Die Ursula? Eine Schönheit war sie nicht und wohl einige Jahre älter als er, doch das wäre nicht so schlimm. Aber ein Hilfsgendarm, der nichts hatte als seine Uniform und einen kargen Lohn, der von zu Hause nichts erwarten konnte als ein Bett und vielleicht ein paar Taler, und die Tochter des reichen Schloßbräu von Hohenwarth, das war kein Zusammenstand und darauf würde sich der Bräu nie einlassen.

Der Himmel wurde hell, und auf den Kamm des Hohenbogen legte die aufgehende Sonne einen Goldschimmer.

Da krachten droben im Hochwald dicht hintereinander zwei Schüsse, und ihr Nachhall rollte über die Senke der Rosenau. Sie beendeten die Stille des Frühmorgens und ließen auf einen Schlag die Natur aufleben. Krähen strichen kreischend ab, und die Bergfinken fingen zu singen an.

Komisch! Hatten beide zugleich auf den Bock geschossen? Der Landrichter und der Dachsberger? Das war ungewöhnlich. Doch was ging es ihn an? Er konnte nichts tun als warten.

Da kamen sie schon — aber warum hatten sie es so eilig? Und wohin rannten sie? Die stampfenden Schritte verhallten im dichten Wald, und ratlos sah er sich um. Etwas stimmte da nicht, und es schoß ihm heiß über den Rücken. Wenn da droben etwas passiert war und es gar nicht der Landrichter und der Jäger waren, die da quer durch das Gebüsch flüchteten?

Nun war endgültig die Sonne aufgegangen.

Er nahm die Gewehre auf und marschierte waldaufwärts, unruhig und sich über sich selbst ärgernd. Hätte er nicht denen nachsetzen müssen, die da, kaum einen Büchsenschuß von ihm entfernt, vorbeigerannt waren? Zehn Minuten mochte er gegangen sein, als vor ihm der Landrichter und der Jäger auftauchten, der den erlegten Bock geschultert hatte.

Er stand stramm und legte die Hand an den Helm: „Gratuliere, Euer Gnaden!"

Der Jagdgast tat, als hätte er ihn nicht gehört, und ging mit zornrotem Gesicht an ihm vorbei, während der Dachsberger ihn mit einem bösen Blick ansah und brummte: „Nimm dem Herrn die Tasche und den Jagdstuhl ab."

Loderer tat es eilfertig, und schweigend gingen die drei hinunter nach Hohenwarth. Im Schloß war schon alles auf den Beinen, in der Bräustube war bereits für das Jagdfrühstück gedeckt, und der Bräu beglückwünschte den Gast. Der Gendarm Meier salutierte und schnarrte seine Gratulation.

Mit gezwungenem Lächeln erklärte der Landrichter, ohne für die Glückwünsche zu danken:

„Ist recht interessant gewesen, was ich diese Nacht erlebt, aber den Bock nehme ich nicht an. Werde mir aber diesen Tag merken."

Befremdet sahen sich die Umstehenden an, wagten aber keine Frage an den hohen Herrn zu richten, den der Schloßherr nun in die Stube geleitete. Nur die Gendarmen folgten ihnen, der Jäger Dachsberger war mit dem Bock in der Waschküche verschwunden und mußte erst auf Befehl des Schloßherrn herbeigeholt werden.

Es mußte einen Verdruß gegeben haben, das merkten sie, waren aber froh, daß der hohe Herr beim guten Frühstück anscheinend den Ärger wieder vergaß. Jedoch sprach er mit keinem Wort über das Jagderlebnis und die Umstände, wie es zum Schuß kam. Das machte den Bräu stutzig, und so vermied es auch er, davon anzufangen.

Lieber erzählte er von der Zeit, da er selber noch auf die Pirsch gehen konnte, und war heilfroh, daß nun auch der Gendarm Meier mit einigen harmlosen Späßen aufwartete, die den Landrichter zum Schmunzeln brachten. Die Geschichte von dem Häusler, der nicht mehr wußte, wieviel Kinder er schon hatte, oder von dem Landstreicher, den eine Bäuerin beim Stehlen erwischte, verprügelte, dann in den Hühnerstall sperrte und mit der Mistgabel bewaffnet bewachte, bis der Gendarm eintraf.

So kam es, daß der Gast größtenteils auf den Gendarmen

horchte und sich dann auch noch von ihm erzählen ließ, wie er zur Tapferkeitsmedaille gekommen sei. Geschmeichelt zwirbelte Meier seinen Schnurrbart, und seine blauen Kinderaugen glänzten. Dann fiel ihm ein, daß man dem Landrichter auch noch eine menschliche Seltenheit in der Person der bärtigen Bergbäuerin vorführen wollte, und er schickte den Loderer weg, diese herbeizubringen. Plötzlich wandte sich der Landrichter mit der Frage an Meier, ob er sagen könne, wieviel Befugte und Unbefugte eigentlich in den Wäldern um Hohenwarth der Jagd nachgingen. Die Frage kam so unvermittelt, daß Meier einen Augenblick die Fassung verlor:

„Euer Gnaden — eigentlich ist es nur der Dachsberger oder wenn ein Jagdgast da ist — unbefugt? Ja ja, da darf man halt niemand trauen. Kann schon sein, daß da einmal einer —"

„Wieviel Wilderer hat er denn schon angezeigt?"

„Angezeigt? Da muß man sie erst haben", stotterte Meier verlegen.

Nun wurde der Landrichter streng: „Davon möchte ich in allernächster Zeit etwas hören!"

„Zu Befehl, Euer Gnaden, aber —"

„Kein aber! Ein Jäger und zwei Gendarmen werden doch wohl hier Ordnung schaffen können!"

„Ist richtig, Euer Gnaden", meldete sich zum erstenmal der Florian Dachsberger. „Allein kann ich net überall sein."

Er erhielt dafür nur einen unfreundlichen Blick. Träge floß nun die Unterhaltung dahin, und um diese Flaute zu überbrükken, dirigierte der Schloßbräu seine Tochter Ursula an den Tisch, was den Landrichter ablenkte und sogar zu einiger Nekkerei anhielt.

Im Hausflur klapperten Holzschuhe, und Loderer öffnete die Tür. Ihm folgten der Bergbauer, sein Weib und seine Tochter in die Stube. Sie blieben an der Tür stehen, und Meier flüsterte dem Landrichter zu: „Die Bergbäuerin." Dieser lehnte sich überrascht zurück. „Nanu, was ist denn das? Mann oder Weib?"

Störrisch antwortete der Bergbauer: „Das ist mein Weib, Herr, und sie kann nix dafür."

„Hm, so etwas ist mir doch noch nicht vorgekommen!“ wunderte sich der Landrichter. „Komm einmal her!“

Die Bäuerin, um einen Kopf kleiner als ihr Mann und ihre Tochter, trat zögernd näher und stotterte verwirrt:

„Herr, ich hab einen Buben und ein Dirndl — und das da ist über mich gekommen — ich weiß net wie — hab einen großen Schreck gehabt.“

Trotzig meldete sich die Tochter: „Sie hat sich schon rasiert, bis das Gesicht wund geworden ist, was will man von ihr? Kann man sie net in Ruhe lassen?“

Düster die Herren am Tisch musternd, stand der Bauer und streckte sein langes Kinn vor. Grollend sagte er:

„Ist ein Dirndl gewesen wie ein anderes auch, frisch und gesund, hat eine Stimme gehabt wie ein Glöckerl — dann ist etwas gewesen — das sagen wir net — die Toten soll man in Frieden lassen.“

Nachdenklich hatte der Landrichter zugehört und wandte sich nun an Meier: „Was will man denn von dieser Frau?“

„Der Herr Expositus meint — und der Bürgermeister —“

Unwillig und fast grob fuhr der Landrichter ihn an: „Der Expositus soll sich um seine Kirche kümmern, und der Bürgermeister soll froh sein, daß sein Weib nicht auch einen Bart hat! Diese Frau soll in Ruhe gelassen werden! Wie unsere Leute herumlaufen, das bestimmt der Herrgott und nicht wir!“

„Zu Befehl!“ rumpelte es dem Gendarmen heraus. Interessiert unterhielt sich der Landrichter noch mit den dreien über ihre Arbeit und ihre Verhältnisse und versicherte, daß sie sich getrost an ihn wenden könnten, wenn man ihnen Unannehmlichkeiten machen sollte.

„So, und jetzt könnt ihr wieder gehen.“

Mit einem „Vergelt's Gott“ stampften die Bergbauernleute davon, und der Landrichter verlangte, daß sein Kutscher einspannen solle. An der Tür wandte sich die hochgewachsene Tochter des Bauern noch einmal um und sah eine Weile auf den jungen Jäger, der diesem Auftritt unbeteiligt gefolgt war. Nichts in ihren Mienen verriet, was sie dachte, stolz aufgerichtet folgte sie ihren Eltern.

Die Zurückgebliebenen sahen sich an, und sie sprachen wenig

mehr, bis draußen die Kutsche vorfuhr und Loderer dem Landrichter die Gewehre, die Munitionstasche und den Jagdstuhl reichte. Mit keinem Blick würdigte der Jagdgast beim Abschied den Dachsberger.

„Kommt herein!" lud der Bräu die Gendarmen und den Jäger noch einmal in die Bräustube, nachdem die Kutsche abgefahren war.

„Das ist ja ganz schön daneben gegangen", wandte er sich zornig an seinen Jäger. „Was ist denn eigentlich passiert!"

Tückisch blitzte es in den Augen des Florian auf, und scheinbar gelassen erwiderte er: „Der Herr Landrichter hat daneben geschossen, und da hab ich den Blattschuß angebracht."

„Das ging aber schnell", bemerkte Loderer ungläubig. „Die Schüsse sind fast gleichzeitig gefallen."

„Bist du dabeigewesen?" brauste der Jäger auf.

Der Hilfsgendarm zuckte nur die Schultern. Resigniert seufzte der Gendarm Meier:

„Also dann werden wir halt künftig Waldhüter machen und Wildschützen fangen. Und das mit der bärtigen Bergbäuerin ist auch nichts Gescheites gewesen. Wär gar net auf die Idee gekommen, wenn net der Herr Expositus —"

Der Schloßherr fiel ihm barsch ins Wort: „Der Expositus hat es auch net bös gemeint. Schaut zu, daß es mit dem Schlingenlegen und Abschießen aufhört!" Damit ließ er sie stehen und verschwand durch die Küche.

Sie sahen sich wortlos und feindselig an und gingen auseinander. Im Hausflur wartete die Ursula. Sie drückte dem Alfons Loderer ein Päckchen in die Hand und lächelte. Als die Gendarmen vor dem Haus allein waren, mäkelte Meier:

„Jetzt haben wir die Sauerei. Kannst gleich heute einen Waldspaziergang machen, und alle Wildschützen, die du findest, bringst du heim. Ich gebe dir für jeden einen Taler und einen Tag dienstfrei. Aber erst mal Helm und Parademontur herunter!"

Da hatte es der Loderer eilig, und, das Päckchen unter dem Uniformrock, ging er mit langen Schritten heimzu, wechselte die Uniform und begann den befohlenen Waldgang. Allein im Wald, verzehrte er die guten Brocken der Schlachtschüssel, und begann die Überlegungen vom Morgen weiterzuspinnen.

Die Ursula — oder die Leni — oder?

Auf den Bergbauernhof war er heute zum erstenmal gekommen und war erstaunt gewesen über die stramme Bauerntochter und ihr einnehmendes Gehabe. Wenn nicht der Befehl des Landrichters gewesen wäre, die Bergbauernleute in Ruhe zu lassen, dann wäre er dort bald wieder erschienen. Aber beim Kirchgang konnte er sie ja einmal ansprechen. Sonderbar, daß er dieses forsche Mädel noch nirgends gesehen hatte.

Indessen suchte sein Vorgesetzter den Dorfschneider auf und erklärte ihm, daß der Bergbauer eine Hose zu bezahlen habe, der Schneider das Geld aber an ihn abzuführen hätte. Vorläufig täte es die alte auch noch.

„Mach es net zu billig, ich brauche das Geld.“

Denn für die nächste Zeit bangte er um den Frühschoppen beim Schloßbräu, und da würde er wohl auf das selbstbezahlte Nachbier, den Schöps, angewiesen sein.

In den folgenden Tagen war die Stimmung beim Schloßbräu, in der Jägerwohnung und auch in der Gendarmenstube nicht gut. Der Florian Dachsberger ging mit den Tagwerkern in den Hochwald, um die Stämme für den neuen Dachstuhl zu schlagen, damit sie in die Sägemühle gebracht werden konnten.

Den Einwohnern von Hohenwarth fiel es auf, daß die Gendarmen Meier und Loderer nun schon am frühen Morgen und auch noch bis in die Nacht hinein unterwegs waren, sich sehr leutselig mit ihnen unterhielten, in den Wirtshäusern der Umgebung auftauchten und auf allen Wegen und Steigen zu sehen waren, die in den Wald unterm Keitersberg hinaufführten. Sie saßen oft versteckt an den Waldrändern und beobachteten die Höfe und Weiler, sahen so mittendrin auch zu den Häuslern und Bauern in die Stuben, immer mit einem nichtigen Vorwand, waren freundlich, und ihr Verhalten verriet dennoch, daß sie etwas suchten oder erfahren wollten. Bald wußte man auch, daß es um einen Wilderer ging, der dem Hohenwarther Jäger zu schaffen machte, vielleicht gar um denjenigen, der seinen Vater auf dem Gewissen hatte. Da war es gut, wenn man dazu nicht zuviel sagte. Einmal nur hatte der alte

Peterschneider im Rausch angedeutet, daß er sich denken könne, wer der geheimnisvolle Wildschütz sei, und in der folgenden Nacht zertrümmerte ein Schuß die Fensterscheibe seiner Schlafkammer.

„Mit dem Jäger arbeiten wir net zusammen, der spinnt ja", hatte Meier seinen jungen Kollegen unterrichtet. „Wir suchen den Wilderer net im Wald, sondern herunten. Einmal verrät er sich, und dann haben wir ihn. Das ist die Einkreisungstaktik, und ohne die hätten wir die Schlacht bei Sedan nie gewonnen. Aber eines merk dir: Wenn der Jäger uns nicht sagt, auf wen er einen Verdacht hat oder was er beobachtet, dann tun wir das auch nicht. Gut aufpassen, jede Kleinigkeit ist wichtig. Es kann einer von Hudlach sein, er kann aber auch von der andern Seite kommen."

An einem Vormittag führte der Weg den Meier wieder einmal nach Hundzell. Er sah bei dem Häusler nach, erkundigte sich nach dem Wohlergehen von dessen Frau und konnte ihm die Nachricht bringen, daß er beim Schloßbräu von Hohenwarth als Taglöhner einstehen könne. Als er den sich viel bedankenden Häusler verließ, erregte ein mächtiges Geschrei seine Aufmerksamkeit. Es kam vom kleinen Bauernhöfl des Haderer, dessen Kinderschar gellte und kreischte, daß es weithin hallte. Mit langen Schritten marschierte Meier dem Lärm zu und sah von weitem schon die Ursache des Geheuls. Aus dem kleinen Fenster des hölzernen Hauses zwängte sich das Weib des Haderers, jammernd und mit den Armen rudernd, zwei ihrer ältesten Kinder zogen an ihr, bis sie schließlich auf die steinerne Hausgred plumpste, sich rasch aufraffte und mit ihrer kleinen Schar das Weite suchte. Hinter ihr tauchte im Fensterrahmen das wütende Gesicht des Haderer auf.

Auf halber Strecke trafen die Flüchtenden auf den Gendarmen, der sie anhielt und wissen wollte, was denn passiert sei. Schluchzend berichtete die Kleinbäuerin:

„Gesoffen hat er wieder — ein Bettleinen hab ich gekauft, und er wollte wissen, woher ich das Geld hätte. Hab es ihm net gesagt — und da hat er mich geschlagen. Dieser Lump — uns läßt er arbeiten, und er geht in die Wirtshäuser und versauft alles!"

Ihre Haare waren zerrauft, und im Gesicht zeichneten sich die Flecken der Schläge ab. Zornig zwirbelte Meier seinen Schnurrbart und fragte:

„Und wo willst du jetzt hin?"

„In den Wald — aber heim gehe ich nie wieder!" heulte die Bäuerin.

„Dann geht nur zu. In der nächsten Stunde will ich euch hier nimmer sehen. Dann könnt ihr zurückkommen, denn dann wird der Haderer wieder friedlich sein."

Dazu lachte er grimmig, und seine blauen Augen leuchteten fröhlich, als freute ihn die Auffuhr, die der Haderer mit seiner Familie veranstaltet hatte. Er wog seine Hände, als wollte er deren Gewicht feststellen, sah in die riesigen Handflächen und ging gelassen dem Kleinbauernhof zu. Das Gesicht des Haderer war vom Fenster verschwunden, und als wäre nichts geschehen, empfing er den Gendarmen in der Stube. Er wurde erst unsicher, als Meier ihn nur spöttisch ansah und ohne ein Wort zu sagen das Fenster schloß und die Stubentür verriegelte. Mißtrauisch und grob grunzte er: „He, was soll das?" Dabei war er unvorsichtigerweise dem Gendarmen zu nahe gekommen, und plötzlich bekam er eine Ohrfeige, daß es ihm die Füße vom Boden wegriß und er unter den Tisch kollerte.

„Nummer eins", meinte Meier grinsend und zog den Bauern wieder hervor, stellte ihn auf die Beine und schleuderte ihn mit einer zweiten Maulschelle in die Ofenecke. Nun erst erholte sich der Haderer vom ersten Schreck und schimpfte, sein aufschwellendes Gesicht abtastend:

„Bist du verrückt? Ich hab nix angestellt! Das laß ich mir net gefallen!"

Während er sich aufrappelte, nahm Meier, ohne ein Wort zu sagen, gemächlich den Säbelgurt ab, zog die Waffe aus der Scheide und legte sie auf die Wandbank. Dann griff er sich den sich sträubenden Bauern, hielt ihn an einem Arm fest und sich mit ihm in der Stube drehend, drosch er mit dem Riemen auf den Buckel des Haderer ein. Fluchend brüllte dieser, doch seelenruhig grinste der Stärkere:

„Schrei nur, Haderer, hören tut dich niemand!"

Nachdem dieser Tanz eine Weile gedauert hatte und der

Bauer schon in die Knie ging, ließ der Gendarm ihn los, gürtete den Riemen wieder um, steckte den Säbel ein und meinte schnaufend:

„So — jetzt, glaube ich, wäre der Hausfrieden wieder hergestellt. Und wenn dich der Buckel wieder einmal juckt, dann laß es mich wissen — und wenn dein Weib wieder einmal eine Klage hat, dann wiederholen wir das Spiel. Eines sag ich dir: Wenn ich dich, Faulpelz, einmal mit einem Rausch antreffe, oder wenn du im Wirtshaus bist statt bei der Arbeit, dann zeig ich dich an."

„Zum Bürgermeister gehe ich!" keuchte winselnd der Geschlagene. „Zum Landrichter gehe ich —"

Der Gendarm lachte nur. „Was willst du denn? Ich hab dir nix getan! Oder hast du einen Zeugen? Wenn du aber meinst, daß es besser ist, wenn wir zwei zum Landrichter gehen, dann zieh dich an und komm mit!"

Der Haderer ließ sich auf die Bank fallen und stöhnte: „Nein — aber es wird schon noch eine Gerechtigkeit geben."

Nun setzte der Gendarm die amtliche Miene auf: „Die Gerechtigkeit heißt in Hohenwarth und Umgebung Meier, verstanden? Servus!" Er riegelte die Stubentür auf und ging.

Am unteren Dorfrand von Hohenwarth traf er die Bäuerin mit ihren Kindern hinter einem Heuhaufen an: „Kannst heimgehen, Haderin. Hab mit deinem Bauernlackel die Sache ausgemacht und ihm gut zugeredet. Wenn er wieder einmal spinnt, dann sagst du ihm einen schönen Gruß von mir."

Schmunzelnd kniff er ein dickbackiges kleines Mädel in die Wangen und entfernte sich.

Den Florian Dachsberger trieb die Unrast. Er wich allen Leuten aus und ließ sich in der Bräustube nicht mehr sehen. Der Schloßherr bestellte ihn nicht mehr und ließ ihm seine Botschaften durch die Wirtschafterin oder die Ursula ausrichten. Das Gesicht des Jägers war nun bleich und eingefallen, sein roter Bart ungepflegt und der Blick seiner scharfen Augen stechend geworden. Wo er sich in den Nächten umtrieb, wußte niemand. Oft sah ihn der Ortsgeistliche am Grabe seines Vaters stehen, und Georg, der alte Mesner, beobachtete besorgt das seltsame Gebaren des Jägers. Auf dem Grabhügel dorrte der sonderbare Grabschmuck, eingesteckte Tannenzweige, zu denen ab und zu ein neues Ästlein kam.

Der Hochsommer ging vorbei und eines Morgens, da der Florian Dachsberger wieder in den Friedhof schlich und eine lange Zeit unbeweglich vor dem Grabe verharrte, legte sich eine Hand auf seine Schulter, und, aus seinen Sinnen auffahrend, sah er in die prüfenden Augen des Herrn Expositus. Er erschrak, vergaß den Morgengruß, senkte den Kopf und hörte die ruhige Stimme des Geistlichen:

„Florian, zum Beten bis du net hier, sonst könntest wenigstens deinen Hut abnehmen. Und was sollen die Zweiglein? Hast du keinen würdigeren Grabschmuck für deinen Vater, als dieses dürre Zeug da? Du kommst, um deinen Haß aufzuwärmen, net aber, um in Frieden und Trauer an den Vater zu denken! Du kommst, damit in deinem Wirrkopf keine Ruhe wird, die Vernunft net hochkommen kann. Glaubst du, daß du dem Toten damit eine Freude machst? Mein ist die Rache, spricht der Herr. Freilich, den Vater hast du verloren, aber solltest du dich eben deswegen net besser um die alte Mutter annehmen? Reiß dich zusammen und laß den Unfug. Was sollen denn diese Tannenästlein? Tu wenigstens die abgedorrten Zweige weg."

Widerstrebend und stockend begann der Jäger: „Hochwürden, das hat für mich eine Bedeutung, und Euch kann ich es ja sagen. So oft ich diesen — ich kenne ihn net, aber er hat meinen Vater auf dem Gewissen — so oft ich diesen Schurken droben im Wald spüre, und so oft er einen Schuß abgibt, steck ich ein Zweiglein in die Erde, damit ich weiß, was ich ihm schuldig bin, wenn ich ihn erwische. Und ich erwische ihn!"

Befremdet und mit einigem Mitleid hörte ihm der Geistliche zu und entgegnete eindringlich:

„Weißt du was? Weißt du auch, wie das sein wird, wenn du diesem Mann, den du suchst, doch einmal gegenüberstehst? Könnte dann net das Unglück für deine Mutter noch größer werden? Schau in den Spiegel! Du bist ein alter Mann und kein Bursch in den Zwanzigern! Dich verzehrt der Haß, den du dir einredest. Was willst du denn erzwingen? Gar nix kannst du machen! Wenn der Herrgott es in dein Schicksalsbuch geschrieben hat, daß du einmal demjenigen gegenüberstehen sollst, der deinen Vater angeschossen hat, dann kommt das so oder so. Du redest, als würdest du ihn dann erkennen, aber ich sage dir — es geht nicht nur einer mit dem Stutzen in den Wald! Welcher soll dann derjenige sein, den du suchst? Mach deinen Dienst, für den du bezahlt wirst, wie alles noch kommen wird, das kannst ja net du bestimmen."

Verschlossen und verstockt stand der Jäger noch, als sich der Expositus schon entfernt hatte.

Die Mutter! Recht hatte der Expositus, es ging so nicht mehr weiter in der Jägerwohnung. Sie sprachen seit Wochen nur mehr das Allernötigste miteinander, und die alte Dachsbergerin ging umher, als trüge sie alle Sorgen der Pfarrgemeinde auf dem Buckel. Nur noch gelegentlich erinnerte sie ihn schüchtern daran, daß er sich doch endlich einmal umtun sollte, um die Sache mit der Leni ins reine zu bringen. Er war nicht mehr dazugekommen, sich in der Haselmühle sehen zu lassen, hatte seine Reviergänge zu machen und sich um die Holzabfuhr zu kümmern. Die Leni war mit dem jungen Gendarmen, dem Loderer, auf der Arracher Kirchweih gewesen, und es hatte ihn seltsamerweise gar nicht einmal geärgert, als er es erfuhr. Es war ja auch der Mühlgirgl dabeigewesen, der der Leni auf dem Heimweg in der Nacht nicht von der Seite gewichen war.

Immer war der Girgl in der Nähe, sogar dann, wenn die Müllersleute in die Kirche gingen. Der Bursche lauerte und horchte wie ein Fuchs. Er traute diesem Mühlburschen nicht. Vielleicht hatte sich die Leni mit diesem Raufer und Heimtücker schon längst zusammengetan, und das konnte der Grund dafür sein, daß sie sich für keinen ehrlichen Freier entschied.

In seine Gedanken versponnen, merkte er erst nach einiger Zeit, daß er sich auf dem Weg zur Haselmühle befand.

Gut, mit dem Müller mußte er doch einmal ein Wort reden, um herauszubekommen, ob die Fürsprache seines Herrn etwas genützt hatte. Er brauchte ja nicht gleich als Freier aufzutreten, er konnte ja tun, als käme er zufällig vorbei. Unbewußt schwenkte er vom Weg ab und ging einen staudengesäumten Feldweg nach, der ihn vor den Bewohnern der Mühle verbarg und von oben her zum Haus führte. Es war ihm schon zur Gewohnheit geworden, keinen geraden Weg mehr zu gehen, sondernd beobachtend und lauernd durch Wald und Feld zu pirschen, wie einer, der sucht und doch niemanden treffen will. Ehe er auf das Waldsträßlein hinaustrat, das an der Haselmühle vorbei gegen den Berg führte, verhielt er sich hinter einem Strauch, um sich umzusehen, ob die Leni etwa außerhalb des Hauses wäre und er mit ihr sprechen konnte.

Er stutzte und duckte sich hinter die Zweige.

Drunten war der Mühlgirgl aus der Mühle gekommen, ging zum Wohnhaus und sah durch das Fenster in die Wohnstube. Seine Gesten ließen erkennen, daß er jemandem im Haus winkte. Dann ging er hinter die Mühle, wo sich eine mächtige Hollerstaude an der alten bröckelnden Wand breitmachte, und im gleichen Augenblick verließ die Leni das Haus und eilte, sich vorsichtig umsehend, dem Mühlknecht nach. Die Unterhaltung, die beide im Schatten des Gebäudes hatten, schien keineswegs friedlich zu sein, denn ehe sich die Müllerstochter wieder entfernte, drohte sie dem Burschen mit der geballten Faust. Er zuckte dazu nur die Schultern und verschwand, nachdem die Leni ins Haus zurückgekehrt war, wieder im Mühlengebäude.

Eines war dem lauernden Jäger aufgefallen: während ihrer Aussprache, die gar nicht heftig begonnen hatte, hatte die Leni öfter nach dem Berg gedeutet, also redeten sie von Dingen, die mit dem Wald und dem Berg zu tun hatten. Was konnte das sein? Das Mißtrauen, das er in den vergangenen Wochen gegen alle und alles gehegt hatte, wurde wach.

Was hatten die beiden zu reden und zu deuten, so, als ginge es um eine Sache, die da droben am Berg ihren Inhalt hatte?

Vielleicht hatte ihn ein guter Geist heute hierher geführt. Dieser Girgl! Er hatte schon einmal an ihn gedacht, wenn er sich alle Verdächtigen vorstellte, doch diesem grobschlächtigen und unbeholfenen Knecht traute er die Schläue und Gerissenheit eines Wilderers nicht zu. Er hatte sich mit diesem Mühlknecht noch nie eingelassen, und oft war es ihm nicht entgangen, daß ihn dieser mit einem feindseligen Blick angestarrt hatte. Dafür hatte er bisher einen anderen Grund vermutet: Eifersucht.

Jäger und Wildschütz waren natürliche Feinde, so wie Katze und Maus, und sie konnten ihre Abneigung oft nicht verbergen. Es gab da noch einige Burschen und Männer, die ihn scheel ansahen und ihm aus dem Weg gingen.

Dieser Girgl hatte anscheinend mehr mit der Leni zu tun, als er, der Freier, bisher bedacht hatte. Sie lebten ja unter einem Dach! Und sie hatten Geheimnisse miteinander, die sie hinter der Mühle besprachen, wo sie der Müller nicht beobachten konnte. Was hatten diese Gebärden zu bedeuten? Es hatte so ausgesehen, als redete die Leni beschwörend und dann schimpfend auf den Burschen ein.

Er mußte sich mehr um die Leni kümmern! Er hatte seinen Herrn, den Schloßbräu, als Fürsprecher, es war Zeit, die Sache mit dem Müller ins reine zu bringen. Er verließ sein Versteck und ging der Mühle zu. In der Wohnstube traf er die Leni an.

Ein wenig erstaunt, aber gleichgültig begrüßte sie ihn: „Ach, du bist wieder einmal da? Bist schon ein seltener Gast."

Mißtrauisch betrachtete er sie und entschuldigte sich damit, daß er in den letzten Wochen keine Zeit gehabt hatte und sowieso kaum noch zum Schlafen gekommen sei.

„Aber jetzt bin ich ja da, und heut möchte ich mit deinem Vater einmal ein klares Wort reden, damit wir wissen, woran wir sind."

„Was willst denn mit ihm reden?"

„Na, das weißt du doch", tat er erstaunt.

„Kann mir net denken, was da zu reden wäre."

Der Ärger machte seine Stimme scharf: „Wie haben wir es denn? Ausgemacht ist ausgemacht! Und gerade heute möchte ich wissen, wann das Aufgebot bestellt werden kann."

Verächtlich verzog sie den Mund und sagte leichthin: „Wenn ich es mir aber anders überlegt hätte? Ich meine, daß du mit dem Vater gar nimmer zu reden brauchst."

Er setzte sich auf die Wandbank, streckte die Beine in die Stube und versenkte die Hände in die Hosentaschen. Mit grimmigen Spott sah er sie an:

„Hast mich also hingehalten — meinst du! Und du glaubst, daß ich nicht wüßte, warum? Hab gute Augen, und da ist mir schon längst einiges aufgefallen."

Sie wurde blaß: „Was meinst du damit?"

„Das wirst noch inne werden — du und der Girgl — he? Meint ihr, ihr könnt jemanden zum Narren haben? Mich net!"

Zweifelnd und überlegend überdachte sie seine Drohung, und nervös preßte sie die Hände zusammen.

„Du glaubst, daß ich es mit dem Girgl habe? Da irrst du dich."

„Kann sein, daß ich euer Geheimnis kenne, und wenn ich es recht sage: Getraut hab ich euch nie."

Sie wurde noch fahler.

„Da bildest du dir was ein — da gibt es kein Geheimnis."

Ihre Verstörtheit machte ihn stutzig, und er bohrte weiter: „Muß doch noch öfter bei Nacht vorbeikommen."

Er hatte das nur so hingesagt, die Wirkung seiner Worte aber überraschte ihn doch sehr, denn giftig fauchte sie: „Spionierst du mir nach? Dich geht das nix an, was wir —". Als hätte sie schon zuviel verraten, brach sie jäh ab, wurde rot und senkte ihre Stimme zu einem ängstlichen Flüstern: „Laß mich in Ruhe! Du weißt nix! Gar nix! Der Vater redet schon lange nimmer mit mir, net wegen dem Girgl, o nein, der hat schon lange keinen Lohn mehr bekommen — gehört uns ja nix mehr, und wenn der Schloßherr sein Geld verlangt, dann müssen wir gehen. Und wenn der Girgl geht, dann steht die Mühle — der Vater kann nimmer — er hat die Müllerkrankheit, der Staub bringt ihn um."

Der Jäger horchte auf.

„Der Girgl bekommt keinen Lohn? Woher hat er das Geld für die Wirtshäuser? Etwa von dir? Oder hat er noch einen anderen Verdienst? Ich glaube, mir geht jetzt ein Licht auf."

Sie war auf einen Stuhl gesunken und hatte die gefalteten Hände in den Schoß gelegt. Auf den Fußboden starrend, meinte sie resigniert:

„Ich weiß schon, der Schloßherr will das Geld auf der Mühle liegenlassen, wenn wir zwei heiraten. Meinetwegen — rede halt mit dem Vater, ob das aber noch ein Ausweg ist?"

In ihrer Niedergeschlagenheit erschien sie ihm anders, als sie ihm gegenüber bisher war.

„In dir sollte man sich auskennen!" murrte er. „Ich bin aber nun schon einmal versessen auf dich und laß dich keinem andern. Meine Mutter hofft, daß wir bald heiraten, und der Herr will es auch, und dabei bleibt es."

„Wenn du meinst, daß dabei was Gutes herauskommt, ich glaube es net." Sie sah zu ihm auf und fuhr fast bittend fort: „Was hast du vorhin gemeint — daß ich mit dem Girgl ein Geheimnis hätte — kannst du das net deutlicher sagen?"

„Nein!"

Schlurfende Schritte vor der Tür verrieten, daß der Müller aufgestanden war, und sie schwiegen. Mürrisch und grußlos kam der Alte in die Stube, setzte sich an den Tisch und sah gähnend den Jäger an, darauf wartend, daß dieser zu reden anfange. Die Leni kam dem Florian zuvor, und, die Stube verlassend, meinte sie leichthin:

„Der Florian möchte mit dir reden."

Als sie gegangen war, brummte der Müller: „Was willst?"

Gereizt begann der Jäger: „Das wirst du ganz genau wissen. Jetzt ist es soweit, daß ich an das Heiraten denken kann."

„Aha! Möchtest Haselmüller werden oder Jäger bleiben?"

„Das weiß ich noch net!" Er zupfte an seinem roten Bart und redete weiter, während ihn der Alte lauernd beobachtete: „Kommt darauf an, ob die Mühle zu halten ist. Selber bringe ich net viel mit, aber der Herr will die Schuld auf der Mühle stehen lassen, wenn aus der Heirat was wird, im anderen Fall, mein ich, sieht es für dich und die Leni net gut aus. Wenn der Herr die Schuld kündigt, wird es bei euch nimmer weitergehen."

„Kannst recht haben", meinte der Müller. „Sitzt der Teufel in der Mühl. Ist grad, als tät das Korn und das Mehl den Bach hinunterschwimmen. Ich bin ein kranker Mann, kann mich um nix mehr kümmern, steht ein Haufen Mahlgeld aus. Muß alles der Leni überlassen — und dem Girgl trau ich net. Er hat schon den Lohn von einem Jahr gut und bleibt trotzdem. Weiß net, was ihn hält, kann es mir aber denken."

„Dann ist Zeit, daß ein anderer Wind kommt. Ich werde noch in dieser Woche das Aufgebot bestellen."

Schulterzuckend erklärte der Müller: „Meinetwegen — mit der Leni wirst du ja im reinen sein."

Florian Dachsberger stand auf.

„Wollte zuerst mit dir reden, das andere mache ich mir schon aus."

Als er sich mit einem Gruß entfernte, beachtete ihn der Müller schon gar nicht mehr. Er starrte geistesabwesend vor sich hin.

Unter der Haustür wartete die Leni und sah den Jäger nur fragend an, der kurz angebunden sagte:

„Kümmere dich in dieser Woche noch um die Heiratspapiere, am Samstag bestelle ich das Aufgebot beim Expositus und bei der Gemeinde."

Sie wurde blaß, und ihre roten Lippen zitterten.

„Übermorgen hole ich dich, und wir gehen zu meiner Mutter."

Er erhielt keine Antwort, und sie wollte sich abwenden, um ins Haus zu gehen. Er hielt sie am Arm fest.

„Sag mal: Ich habe gemeint, es tät dich freuen, wenn es endlich soweit ist. Was ist denn los mit dir?"

„Gar nix — hast dich zwar gar net viel um mich gekümmert —"

Sie ließ ihn stehen und rannte durch den Flur und die Bodenstiege hinauf.

Selbstgefällig lachte er auf und ging. In der offenen Tür des Mühlengebäudes stand breitbeinig der Mühlgirgl und zahnte spöttisch. Das veranlaßte den Florian, ihn mit einer versteckten Drohung anzusprechen:

„Du kennst dich wohl im Wald droben gut aus, wie?"

„Gar net", grinste der Girgl.

„Kannst dich bald um einen anderen Platz umschauen."

„Ist recht", antwortete der Mühlknecht und tauchte im Dunkel des Mühlhauses unter.

Auf dem Weg ins Dorf spann der Jäger seine eigenen Gedanken über das Geschehen an diesem Morgen.

Warum kam man ihm nun in der Haselmühle so abweisend und fast feindselig entgegen? Der Müller war ein kranker Mann und immer ein Sonderling gewesen — und die Leni? Sie hatte sich verändert und war nicht mehr das lustige Mädel, das gerne die Burschen zum Narren hielt. Und der Mühlgirgl schien sich aufspielen zu wollen, als hätte er besondere Rechte.

Vielleicht lohnte es sich, wenn er sich in den Nächten einmal bei der Haselmühle umsah?

Die Leni würde schon wieder anders werden, wenn sie erst verheiratet waren. Die Haselmühle mußte doch zu halten sein! Wenn er einen tüchtigen Mühlburschen hatte, dann konnte er ja auch noch Herrschaftsjäger bleiben — solange, bis er den einen zur Strecke gebracht hatte, den einen, den er nicht kannte und der ihm doch keine Ruhe ließ, den Mörder seines Vaters.

Das Verhalten der Leni ging ihm nicht aus dem Sinn.

Das machte ihn an diesem Tag auch redseliger, und seine alte Mutter wunderte sich, daß es diesmal er war, der das Gespräch begann.

„Bin in der Mühle gewesen."

„Ist es endlich bald soweit? Ist schon etwas ausgemacht?"

Verdrossen berichtete der Florian: „Erst hätte ich net oft genug kommen können, aber jetzt tut sie ganz anders, so als müßt ich sie zum Heiraten zwingen und als hätte nie eine Freundschaft bestanden. Etwas gefällt mir net."

„Aber die Mühle — wirst doch die Mühle net auslassen? Jetzt bist du gar nix, aber als Haselmüller bist du jemand! Solange du Jäger bist, bringe ich die Angst net aus mir", greinte die Dachsbergerin.

Dann hatten sie sich nichts weiter mehr zu sagen, denn der Florian machte sich schon wieder auf den Weg in den Wald.

Er kam erst spät am Abend zurück, aß schweigend seine saure Milchsuppe, nahm sein Gewehr und verließ beim Dunkelwerden die Jägerwohnung.

Eine schmale Mondsichel stand über dem Keitersberg, die Grillen sägten in den Bachwiesen um die stille Haselmühle. Dort brannte kein Licht, das Haus lag wie ausgestorben. Langsam verging die Julinacht, viel zu langsam für den Florian Dachsberger, der hinter den Nußstauden am Weg lauerte und die dunklen Gebäude nicht aus den Augen ließ. Die Mitternacht mußte längst vorbei sein, und er überlegte schon, ob er seinen Posten nicht aufgeben sollte, als ihn das Quietschen eines Rades aufhorchen ließ. Es kam von unten und näherte sich der Mühle. Im Zwielicht vermeinte der Jäger eine Gestalt zu erkennen, die einen Schubkarren schob und damit im Nachtschatten bei der Mühle verschwand. Dann klappte eine Tür. Dachsberger verließ sein Versteck hinter den Stauden und schlich sich kriechend an das Haus heran. Drei Gestalten konnte er nun ausmachen. Sie unterhielten sich flüsternd, schleppten etwas aus der Tür und luden es auf. Dann entfernte sich der Karren, leise über das Weggestein rumpelnd und mit jeder Raddrehung quietschend, während die beiden Zurückgebliebenen noch eine Weile standen und miteinander tuschelten. Nun sprang der Jäger auf und war mit ein paar langen Schritten bei ihnen, erkannte den Mühlgirgl und die Leni und riß, als sie flüchten wollten, das Gewehr hoch:

„Halt, stehenbleiben!"

„Was willst du von uns?" sagte die Müllerstochter gepreßt, und ihre Stimme zitterte.

„Was ist da eben weggefahren worden! Wer war das?"

„Wir haben nix gesehen und gehört", trotzte der Girgl, „laß uns in Ruhe!"

Der Florian drohte: „Ich krieg heraus, was hier gespielt wird!" Und an die Leni gerichtet: „Wir zwei reden morgen darüber!"

Blitzschnell sprang der Girgl vor und versuchte den Gewehrlauf zu fassen, aber ein Fußtritt des Jägers warf ihn zurück.

„So leicht geht das net mit mir, Bursche! Auch wir zwei reden morgen weiter!"

Er ließ die Leni und den Girgl stehen und eilte dem Mann mit dem Schubkarren nach. Das Gewehr im Anschlag, hielt er ihn an und erkannte im Zwielicht der Sommernacht den Haderer von Hundzell, bemerkte nun auch, daß dieser einen Sack Mehl karrte, und fluchte grimmig:

„So ist das also! Da muß der Haselmüller freilich auf die Gant kommen!"

„Dich geht das nix an!" begehrte der Kleinbauer auf. „Du hast kein Recht, dich da einzumischen!"

Der Jäger wütete: „Du wirst gleich sehen, was mich das angeht! Jetzt pack nur wieder an! Wir fahren zur Gendarmerie, und wenn du Zicken machst, jag ich dir eine Ladung Schrot in den Hintern, daß du deiner Lebtag nimmer sitzen kannst!"

Der Haderer versuchte einzulenken: „Ist ja nix dahinter. Morgen zahl ich dem Müller den Sack Mehl. Ich hab beim Tag keine Zeit gehabt, ihn zu holen. Ist ja die Leni dabeigewesen."

„Auf geht's! Marsch!" Ein Stoß mit dem Gewehrlauf in den Rücken zeigte dem Haderer, daß der Jäger Dachsberger nicht mit sich handeln ließ. Stöhnend nahm er die Handhaben des Schubkarrens auf und fuhr weiter. Dabei jammerte er:

„Ich sag dir, ich hab nix gestohlen. Einen Haufen Kinder hab ich daheim, und die hungern. Bist doch auch ein Mensch, Dachsberger. Soll ich sie verhungern lassen?"

„Aber saufen kannst du, was? Das Weib und die Kinder arbeiten lassen und selber in den Wirtshäusern herumsitzen, das könnte dir so passen."

Nun versuchte es der Haderer auf andere Weise. Er setzte ab und schnaufte: „Ich muß rasten, sonst falle ich um."

„Nur weiter — he — wird's bald?"

Sie waren auf dem Landsträßl und nicht mehr weit von den unteren Häusern von Hohenwarth entfernt. Keuchend schob der Haderer den Karren weiter, setzte wieder ab, blinzelte gegen den Osserberg, über dem es schon hell wurde, wankte, als könnte er sich nicht mehr auf den Beinen halten, und sprang plötzlich seitlich in die Wiese. Er rannte wie ein Wiesel, aber noch schneller war der Jäger, der ihn bald einholte, zu Boden riß und ihn zur Umkehr zwang. Mit Kolbenstößen trieb er ihn an, den Karren bergwärts zu schieben, bis dem Haderer die Knie weich wurden, und er schweißgebadet wieder abstellte.

„Ich kann nimmer, und wenn du mich auf der Stelle totschlägst, ich kann nimmer!" Nun versuchte er es mit herzrührendem Jammern und Weinen, rief den Herrgott zum Zeugen an, daß er den Sack Mehl rechtmäßig von der Tochter des Haselmüllers gekauft habe, bettelte und tränzte und bedauerte sein Weib und seine Kinder.

„Ich geb dir fünf Mark, wenn du mich laufen läßt, und den Sack Mehl kannst du behalten."

„Was hast du für das Mehl bezahlt?"

„Zwei Mark."

„Und wer hat das Geld genommen?"

Zögernd erklärte der Haderer: „Der Girgl. Die zwei spinnen

schon lange zusammen. Die Leni hat alle zum Narren gehalten, auch dich."

Unbarmherzig trieb der Jäger ihn nun wieder an. Es tagte schon, als sie bei der Gendarmerie anhielten. Der Haderer sank erschöpft auf den Sack Mehl nieder.

Heftig trommelte der Jäger an die Haustür, bis der Gendarm Meier in Hose und Hemd, den blanken Säbel in der Faust, öffnete. Doch der Ärger in seinem verschlafenen Gesicht wich einem vergnügten Lächeln, und die blauen Kinderaugen wurden freundlich, als erwarteten sie die Erklärung eines Spaßes.

„Wo kommt denn ihr zwei her?"

Weniger gut gelaunt, erklärte der Florian Dachsberger: „Da bringe ich einen Mehldieb, zeig ihn an und sperr ihn ein."

„So, so, der Haderer!" griente Meier. „Kommt nur herein, dann schreiben wir die Übeltat gleich auf.

Während der Jäger den Gefangenen in die Stube brachte, trommelte Meier an der Bodenstiege, bis sein Weib und hinterdrein der Hilfsgendarm Loderer erschienen.

„Dich brauchen wir nimmer", bedeutete er dem Florian. „Mit diesen Spitzbuben werden wir schon fertig."

„Bin neugierig", sagte der Jäger und entfernte sich grußlos.

„Diesen rotbärtigen Spinner mag ich gar net", murrte Meier hinter ihm her und schnauzte dann den Haderer an: „Hinsetzen und Maul halten! Wegen dir versäume ich meine Morgensuppe net!" Mit wenigen Worten informierte er seinen Hilfsgendarmen und ging, um sich anzuziehen. Indessen wärmte die Frau Meier die saure Milchsuppe vom Vortag auf und brachte sie in der gemeinsamen Schüssel auf den Tisch. Eingezwängt in den blauen Uniformrock, kam Meier wieder, setzte sich an den Tisch, blitzte den Haderer, der stumpf vor sich hinstarrend auf der Bank bei der Tür saß, drohend an, strich sich den Schnurrbart und forderte dann seine Frau auf:

„Bring dem Lumpen auch einen Löffel."

Das machte den Kleinbauern wieder lebendig, und bescheiden setzte er sich zu den dreien, um mit ihnen aus der Schüssel zu essen. Gesprochen wurde erst wieder, als sie die Löffel weglegten.

„Also, Alfons, jetzt richte dich zum Schreiben", befahl nun

Meier seinem Hilfsgendarmen, und der Loderer nahm aus der Tischschublade das Schreibzeug.

„Also, jetzt rede, oder ich laß dich tanzen wie einen Peterskopf!" fuhr Meier den Haderer barsch an, und dieser erzählte bereitwillig, daß er von der Müllerstochter einen Sack Mehl gekauft habe, und weil er beim Tag keine Zeit hatte, habe er ihn bei Nacht abgeholt. Das habe er immer so gemacht und sich nichts dabei gedacht, bis ihn nun dieser närrische Dachsberger aufgehalten und hierher gebracht habe. Auch den Preis nannte er, und Meier schmunzelte:

„Einen Doppelzentner Mehl für zwei Mark? Das ist gerade das Mahlgeld. Mann, das ist soviel wie gestohlen. Hat die Leni auch an andere so billig Mehl verkauft?"

„Ich glaube schon. Angeboten hat es mir der Mühlgirgl", befleißigte sich der Haderer und versuchte nun die Schuld der Leute von der Haselmühle herauszustreichen.

„Das wäre keine gute Hausfrau für dich", zog Meier seinen Hilfsgendarmen auf, und dieser schrieb heftig und mit rotem Kopf.

„Die hat alle Burschen zum Narren gehalten", bemerkte der Haderer, „und haben tut sie es mit dem Mühlknecht."

Froh darüber, daß man ihm alles abnahm, was er erzählte, begann er nun auch noch seine mißliche Lage darzulegen, die kleine Landwirtschaft und die vielen Kinder. Bis Meier die Geduld verlor und den Haderer anbrüllte:

„Ein Haderlump bist! Und wenn net Weib und Kinder da wären, dann hätte ich dich schon lange eingelocht! Das sag ich dir: von heute an möcht ich dich in keinem Wirtshaus mehr sehen. So — und jetzt bringen wir das Mehl zurück."

Den Alfons Loderer forderte er auf mitzukommen, und, begleitet von den beiden Gendarmen, karrte der Haderer den schweren Mehlsack, zerknirscht und den Blick nicht vom Boden hebend, wieder durch das Dorf zur Haselmühle. Die Dorfleute waren schon unterwegs und machten sich über das sonderbare Gefährt ihre Gedanken. Dem Haderer schlotterten schon die Knie, und der Schweiß rann ihm über das Gesicht, aber Meier ließ ihn keine Minute rasten, bis sie bei der Mühle angelangt waren. Vor der Mühltür stellte der Kleinbauer den

Schubkarren ab und bat, heimgehen zu dürfen. Doch Meier bedeutete ihm, daß er verhaftet sei, und beauftragte den Loderer, auf ihn aufzupassen, während er selber zum Wohnhaus ging.

Daß die Mühlgänge ruhten und die Stille ums Haus hatten den Gendarmen stutzig gemacht. Niemand hatte sich gezeigt, obwohl sie den rumpelnden Karren auf dem Weg gehört haben mußten. Er guckte durch das Stubenfenster und sah den Müller, den Kopf in die Hände gestützt, am Tisch sitzen.

Kopfschüttelnd ging er zur Haustür. War doch ein Werktag wie jeder andere? Warum war nur der kranke Mann zu Hause, und wo waren die anderen, seine Tochter und der Mühlknecht?

Er klopfte nicht an, als er in die Wohnstube ging, und der alte Haselmüller sah auch erst auf, als er seine Schulter berührte und nach der Leni fragte. Verstört und mit zuckendem Gesicht stammelte der Alte:

„Sie sind weg — in aller Frühe — hab sie gesehen — und ohne ein Wort sind sie weg — die Mühl steht und der Ofen ist kalt — sie hat sich nimmer um mich gekümmert — kenne mich selber nimmer aus und weiß net, was das bedeuten soll."

Seine Augen flackerten irre, und sein Atem ging stoßweise. Dann stand er auf und mußte sich am Tisch festhalten.

„Sie sind weg?" Der Gendarm sagte es, als wundere es ihn gar nicht, stampfte aus der Stube und rief den Alfons Loderer herbei, während er den Haderer warnte: „Du bleibst, wo du bist, und einen Schritt wenn du nur weggehst, dann schlag ich dir das Kreuz ab!"

„Komm, wir schauen uns um, die Vögel sind ausgeflogen", flüsterte er dem Hilfsgendarmen zu, und sie gingen die Bodenstiege hinauf. Die Tür zur Knechtkammer stand angelweit offen, das Bett war unberührt und der Kasten leer. So sah es auch in der Kammer der Leni aus, die am anderen Ende des Ganges lag.

„Da hast du den Salat!" schnauzte Meier den Loderer bissig an. „Hast die Augen verdreht, wenn du das Mädel gesehen hast und jetzt ist sie mit dem Mühlburschen durchgebrannt!"

Verlegen redete sich der Loderer heraus: „Ist mir nimmer so ernst gewesen, wie ich gemerkt habe, daß sie auch dem Florian Augen gemacht hat."

„Ach was! Alle hat sie zum Narren gehalten, und am meisten ihren Vater."

Ein dumpfer Schlag kam von der Stube herauf, und sie trampelten eilig hinunter. Der Müller lag auf dem Boden und hatte die Arme von sich gestreckt. Sein Gesicht war fahl und verzerrt und seine Augen glasig gegen die Decke gerichtet. In der einen Hand hielt er ein ledernes Geldsäcklein. Loderer kniete sich zu dem Leblosen hin, stand wieder auf und meinte erbleichend:

„Ich glaube, es ist aus mit ihm."

Meier bekam einen roten Kopf: „Meinst du wirklich?" Schweratmend setzte er sich auf die Wandbank und schnaufte:

„Was machen wir jetzt? Hol den Haderer herein!" Scheu sah er auf den toten Mann und wischte sich den Schweiß von der Stirn:

„So was — das ist ja ein schönes Schlamassel — und ich, der Meier, muß gerade dazukommen!"

Der Kleinbauer bekreuzte sich, als er den Müller liegen sah, und fragte unsicher: „Habt ihr ihn —?"

Wütend und sichtlich froh darüber, daß die Frechheit des Haderer ihn herausgefordert hatte, fuhr Meier ihn grob an:

„Halt dein ungewaschenes Maul! Schau ihn lieber an, ob er wirklich tot ist!"

Der Bauer beugte sich über den Haselmüller und fuhr ihm mit der Hand unter das Hemd in die Herzgegend. „Der ist tot — maustot!"

Inzwischen hatte sich Meier soweit gefaßt, daß er sich wieder seines Amtes besann, und den Schnurrbart zwirbelnd, ordnete er an:

„Ihr zwei holt den Bürgermeister und den Bader. Werft den Mehlsack herunter, dann kann der Haderer gleich einen Sarg mitbringen."

Sie entfernten sich, und Meier sah sich indessen um. Als sie die Stube vorhin verlassen hatten, um nach oben zu gehen, war der Haselmüller am Tisch gestanden. Dann mußte er weggegangen sein. Das Türl eines eingebauten Wandschränkchens stand offen — und das Ledersäcklein in der Hand des Toten? Er betastete es — es war leer.

Aha, überlegte der Gendarm, sie haben ihm auch das Geldsäckl ausgeräumt. Das hat ihn so aufgeregt, daß ihm das Herz stillgestanden ist. Das wird wieder eine Schreiberei geben! Und wo mag das Paar hin sein? Vielleicht ins Böhmische hinüber?

Er konnte ihr Verschwinden nur anzeigen, suchen konnte er sie sowieso nicht. Für diesen armen Teufel, der da ausgestreckt auf dem Fußboden lag, war aller Kummer vorbei. Sonderbar: Draußen war ein schöner Tag geworden, und hier in der Stube fröstelte er. So schnell kann es mit einem Menschen aus sein. Vorsichtig drückte er dem Toten die Augen zu und setzte sich wieder auf die Bank, faltete die Hände und betete für den Haselmüller und alle armen Seelen ein Vaterunser ums andere, bis er draußen Schritte hörte und der Loderer mit dem Bürgermeister und dem Bader kam.

Letzterer stellte lakonisch fest: „Schlaganfall, muß sofort tot gewesen sein.“ Nach kurzer Beratung entschied der Bürgermeister, daß der Haselmüller, da niemand im Hause sei, in die alte Kirche überm Friedhof gebracht und dort aufgebahrt werden solle. Inzwischen kam auch der Haderer, auf dem Schubkarren einen Sarg schiebend, und in seiner Begleitung der Totengräber. Sie legten den Toten in sein letztes Haus, und der Totengräber nagelte den Deckel zu. Zum Schluß nahm der Bürgermeister noch die Papiere des Müllers aus dem Wandschränkchen, verschloß das Wohnhaus und die Mühle, und dann karrte der Haderer schwitzend und stöhnend den Toten im Sarg zurück ins Dorf und hinauf zum alten Kirchlein, gefolgt von den übrigen.

So war es fast Mittag geworden, und Meier strebte der Bräustube zu, nachdem er dem Loderer befohlen hatte, einen Bericht zu schreiben. Wie ein Lauffeuer war ihnen die Nachricht vom Tod des Haselmüllers vorausgeeilt, und kaum hatte Meier sich in der Bräustube niedergelassen und begonnen, dem Schloßherrn zu berichten, kam der Florian Dachsberger angestürzt und fragte hastig, was denn vorgefallen sei.

Kaltschnäuzig erhielt er den Bescheid: „Der Girgl und die Leni sind ausgerückt, und den Alten hat der Schlag getroffen.“

Mit aufgerissenen Augen starrte der Jäger den Gendarm an, sah dann fragend nach seinem Herrn, und als niemand mehr etwas sagte, stürmte er wieder davon.

Von der Dorfkirche her kam das Mittagläuten.

„Man tut sich hart mit dem Florian", bemerkte der Schloßherr abschließend. „Hätte ihn gern als Müller gesehen, und ich meine auch jetzt noch, daß er die Mühle übernehmen soll. Ich hab ja die Hand drauf. Soll sich um ein anderes Mädel umschauen und um einen guten Mühlburschen. Ich stehe für ihn ein. Sein Vater ist in meinen Diensten gestorben, und er kann als Müller auch noch mein Jäger sein."

Das Glockengeläut hatte noch nicht aufgehört, als der Hilfsgendarm mit dem Haderer in die Bräustube kam und in strammer Haltung seinen Vorgesetzten fragte:

„Was soll jetzt mit diesem Halunken geschehen?"

Meier überlegte, nahm einen langen Schluck aus dem Bierkrug und strich sich den Schaum vom Bart.

„Hast ein mordsmäßiges Glück, Haderer. Sind keine Zeugen mehr da für deinen Mehlhandel. Kannst heimgehen, aber ich darf dich in keinem Wirtshaus mehr sehen, merk dir das."

„Herr Kommandant", wagte der Hilfsgendarm einen Einspruch, „ihr werdet doch diesen Gauner net laufen lassen?"

Ungeduldig wies Meier ihn zurecht: „Laß ihn heimgehen, er soll sich um seine Arbeit und seine Familie kümmern, und dabei werde ich ihm schon auf die Finger sehen."

Loderer erlaubte sich noch ein zweifelndes Kopfschütteln, kannte aber seinen Vorgesetzten zu gut, um nicht zu wissen, daß er höchste Zeit hatte sich zu entfernen. So schob er den Kleinbauern vor sich her aus der Tür.

„Bist du da net zu nachsichtig gewesen?" schmunzelte der Schloßbräu, doch mit einer großen Geste erklärte Meier:

„Das ist ein dummer Tropf und nix weiter. Wenn ich den auch noch anzeige, dann müssen die ja beim Gericht in Kötzting glauben, daß es in unserer Gegend nur Gesindel gibt."

„Kannst zum Essen dableiben, Meier", schmunzelte der Bräu. „Bist ein guter Kerl, aber ob du auch ein guter Gendarm bist, das ist eine andere Sache. Ist alleweil noch ein guter Kunde gewesen, der Haderer, und hat nur mein Bier getrunken. Jetzt wird er halt zum Saufen dorthin gehen, wo du ihn nimmer erwischen kannst."

„Gar so ernst hab ich es auch net gemeint“, gab Meier zu. „Mir tun aber sein Weib und die Kinder leid — und wenn es bei zwei Maß Bier bleibt, dann hab ich nix dagegen, daß er ins Bräustübl geht. Woanders aber möcht ich ihn nimmer sehen. Ich werde ihm das sagen, und du sorgst dafür, daß es bei den zwei Maß bleibt.“

Anerkennend klopfte der Schloßherr dem Gendarmen auf die Schulter:

„Mit dir läßt sich reden, Meier, aber tu mir den Gefallen und geh ein wenig besser den Wilderern nach. Für jeden, den du erwischen kannst, hast du auf Lebenszeit eine tägliche Maß Bier bei mir gut.“

Der Meier reckte sich, und seine Blauaugen leuchteten auf: „Wenn das so ist, dann hört sich das Wildern in deinem Wald bald auf!“ versicherte er, und der Schloßbräu von Hohenwarth wiederum schnitt auf: „Wenn mich das Zipperlein net so schwer plagen tät — ha — ich ginge solange, bis ich den vor dem Gewehr hätte, der den alten Dachsberger auf dem Gewissen hat.“

Am Nachmittag tröpfelten die Männer aus dem Dorf und der Umgebung an, um den traurigen Vorfall in der Mühle im Wirtshaus zu bereden und möglichst viel zu erfahren, damit sie es den Weibern nach Hause bringen konnten. Bis zum Abend war die Stube voll, und auch Meier blieb, während der Hilfsgendarm Alfons Loderer, unterstützt von der belesenen Frau seines Kommandanten, seinen Bericht abfaßte. Trotz des Verbots saß an diesem Abend auch der Haderer von Hundzell schon wieder beim Wirt in Simpering und erzählte breit und mit viel Ausschmückungen, wie er zufällig dabeigewesen sei, als die Gendarmen die Flucht des Mühlgirgl und der Leni feststellten und der Müller maustot umgefallen sei.

Und die einhellige Meinung herrschte in allen Wirtshäusern, daß der Haselmüller mit so einem Mühlburschen und so einer Tochter freilich auf keinen grünen Zweig kommen konnte. Man verdammte weniger den Girgl, wohl aber die Leni, die getan hatte, als wollte sie von den Männern nicht viel wissen und dabei den heimlichen Liebhaber im eigenen Haus hatte.

Das Sommerkorn stand gut im Tal des Weißen Regen, zwischen dem Hohenbogen und dem Keitersberg, und in der Nacht zum ersten August hatte das Wetter umgeschlagen und den abgemähten Wiesen und den Kartoffelfeldern in Mengen das ersehnte Naß gebracht. Am Morgen grünte alles wieder, und immer noch goß es in Strömen.

Wäre der abgewirtschaftete Haselmüller im Krankenbett gestorben und wären nicht die vielen Gerüchte gewesen, dann hätte sich kaum eine so große Zahl von Menschen zu seiner Beerdigung eingefunden. Die Neugierde hatte sie von weit und breit hergetrieben. Sie drängten sich auf dem kleinen Gottesacker neben der Kirche, und die Fernstehenden reckten die Hälse, um zu sehen, wer dort am offenen Grabe als trauernder Hinterbliebener stand. Es war nur eine Base aus Gotzendorf gekommen, und auch diese hielt sich zurück, so daß der Platz vor der Grube frei blieb. Der Regen, der auf die großen Regenschirme trommelte, verdeckte das Getuschel über die Ereignisse in der Haselmühle. Der Herr Expositus beeilte sich mit der Einsegnung und strebte durchnäßt und auf eine Grabpredigt verzichtend der Kirche zu, und auch seine Trauermesse war kürzer als sonst. Dann füllte sich die Bräustube im Schloß bis auf den letzten Platz, denn jedermann wollte das Begräbnis nachträglich noch einmal besprochen haben. Sogar der Schloßherr war, auf seinen Stock gestützt, zum Friedhof gekommen, die beiden Gendarmen und der Bürgermeister hatten nicht gefehlt, die großen Bauern waren da, jedoch nur eine einzige Person hatte geweint, nicht etwa die Base aus Gotzendorf, sondern die alte Dachsbergerin. Ihr Sohn, der Florian, aber hatte gefehlt. Das hatte doch etwas zu bedeuten? Der Kleinbauer Haderer von Hundzell wußte darüber mehr, und er ging in der Bräustube von Tisch zu Tisch, trank aus fremden Krügen, verschwand aber nach einer Weile, als er die gefurchten Augenbrauen, den gesträubten Schnurrbart und den bedeutungsvollen Blick des Gendarmen Meier bemerkte.

Dann redete man heimlich auch über ein seltsames Paar, das man sonst nie beim Schloßbräu zu sehen bekam und das nun bescheiden hinten neben der Tür saß: den Bergbauer und sein Weib. Niemand zog die beiden in ein Gespräch, nur der Bader redete sie einmal an, denn die Bäuerin war tags zuvor in seiner Stube gewesen, um sich den Bart von der inzwischen abgeheilten Haut nehmen zu lassen.

„Schade“, flüsterte der Gendarm Meier dem Bürgermeister zu. „Ist eigentlich ein sauberes Weib. Das Leut erbarmt mich. Er ist ja ein maulfauler Stöffel.“

Die beiden Bergbauernleute merkten wohl, daß man von ihnen sprach. Sie tranken den Rest aus dem Krug, standen auf und schoben sich zur Tür hinaus, so als ob sie sich davonstehlen müßten.

Auch der Florian Dachsberger wurde durchgehechelt, und dabei horchte jeder der Männer und Burschen genau auf das, was der andere sagte.

„Mir ist er begegnet und hat ausgeschaut wie der Teufel“, sagte der Hintereder von Hudlach. „Meinen Gruß hat er überhört.“

„Man weiß ja, hinter wem er her ist, und jetzt das auch noch mit der Leni! Am besten ist es, man weicht ihm aus, denn da knallt es einmal, und dann ist das Unglück fertig. Wenn er nur net den Falschen erwischt!“ meinte ein anderer, und sie sahen sich prüfend an.

„Wer es sein könnte, weiß man das?“ wollte ein Bursche herausfinden, bekam aber darauf keine Antwort mehr.

„Hast du das Grab von seinem Vater gesehen? Ein sonderbarer Grabschmuck“, begann der Glasschröder von Gotzendorf wieder, doch auch darauf wollte keiner eingehen.

Am Ofentisch begann der Gendarm Meier wieder vom Siebziger Krieg und der Schlacht bei Sedan zu erzählen, die er als junger Infanterist mitgemacht hatte, und als er dabei immer lauter und heftiger wurde, machten der Schloßbräu und der Bürgermeister dem Abend ein Ende, und in der aufklarenden Nacht zerstreuten sich bald die letzten Trauergäste.

In den folgenden Tagen redete man in Hohenwarth und in den Dörfern und Weilern viel vom sonderbaren Verhalten des Florian Dachsberger, und man legte ihm den Namen des „Wilden Jägers von Hohenwarth“ zu. Ungepflegt war sein roter Vollbart und seine Kleidung so heruntergekommen, als brächte er sie Tag und Nacht nicht mehr vom Leib. Er sprach mit niemanden mehr, und wo er die Sommernächte verbrachte, wußte auch seine Mutter nicht. Ruhelos schien er herumzustreifen, denn man sah ihn am Rande der Ortschaften und gleich darauf wieder bei den Holzarbeitern im Wald, bemerkte, wie er stundenlang die Einödhöfe beobachtete und Waldgänger belauerte. Die Frauen und Kinder, die in den Schlägen unterm Keitersberg die letzten Heidelbeeren holten, fürchteten ihn, denn sie hörten ihn nicht, bis er plötzlich vor ihnen stand. War er vordem oft am Abend noch auf einen Trunk im Bräustübl gewesen, so ließ er sich dort nun überhaupt nicht mehr sehen. Einmal entdeckten die Holzhauer im dichten Gestaude über der Rosenau ein Berggraslager, ein andermal sahen Schwammerlsucher den Wilden Jäger aus einer Felsspalte im Hohenwarther Wald kriechen und fanden dort ein Lager, das mit Tannenästen abgedeckt war.

Und in einer Nacht gegen Ende des Monats knallte es wieder am Berg, zwei-, dreimal, und am nächsten Morgen steckte wieder ein Tannenzweig auf dem Grab des Josef Dachsberger.

Die Holzhauer fanden einige Zeit später den großen Hofhund des Bergbauern mit zwei Einschüssen verendet auf.

Sie begruben ihn in der Walderde.

Die Bauern im Regental begannen schon mit dem Grummetheuen, und die Tage wurden bereits merklich kürzer, als es an einem frühen Abend, da sich die Bergrücken schon rötlich säumten und die blauen Talschatten den baldigen Sonnenuntergang anzeigten, droben im Frauenwald zu einer Begegnung kam, die den Florian Dachsberger völlig umwandelte. Er hatte sich das langsame Gehen und leise Auftreten schon so zu eigen gemacht, das Lauschen und Lauern sich so angewöhnt, daß er den Waldgehern oft so unvermittelt entgegentrat wie ein Geist, der aus dem Wald auftauchte.

An diesem Abend wurde er im Hohenwarther Wald auf etwas aufmerksam, das sich in das Heidelbeerkraut einer kleinen Waldblöße duckte und lautlos fortbewegte. Ein grünes Kopftuch ließ ihn eine Frauensperson vermuten, die dem Hochwald zustrebte und sich dabei bewußt vorsichtig bewegte. Plötzlich richtete sich die Gestalt auf und sah ihm entgegen. Es war ein junges Mädel mit einem vom Wetter gebräunten Gesicht, aus dem ihm braune Augen kühl und fragend entgegenblickten.

Sie trug ein Blechkännlein, das zur Hälfte mit Heidelbeeren gefüllt war.

„Ist schon ein bissel spät zum Heidelbeerzupfen, Dirndl" knurrte er, um die Verlegenheit zu überwinden.

„Ich muß zupfen, wenn ich Zeit habe", erwiderte sie abweisend.

„Ich kenne dich, aber weiß doch net, wo ich dich schon gesehen habe."

„Ich kenne dich auch", bemerkte sie ungerührt, und da sie abwartend stehenblieb, fragte er:

„Wo gehörst du denn hin?"

„Bin die Monika vom Bergbauern."

„Aha, man sieht dich aber selten."

„Wir wollen mit den Leuten nix zu tun haben, und ich gehe auch nirgends hin." Sie sah ihn dabei so auffallend interessiert an, daß er den Grund wissen wollte:

„Warum schaust du mich so an?"

„Mir ist an dir etwas so bekannt, weiß aber net was."

Ihre dunkle Stimme und die Herbheit ihres Aussehens zogen ihn an. Ihre Hände waren groß und rauh, und ihre Ruhe zwang ihn zu einer Freundlichkeit, die er in den letzten Wochen nicht mehr aufgebracht hatte. Er lächelte sogar, als er nun fragte, wie es den Eltern gehe.

„Der Bergbauer und mein Vater müssen einmal gute Freunde gewesen sein, wenigstens in ihrer Jugendzeit. Hab das einmal gehört."

„Kann schon sein. Bei uns daheim ist nie über deinen Vater gesprochen worden. Auch von dir haben wir nie geredet."

„Auch net in der letzten Zeit?" grinste er ironisch: „Da hat man doch bestimmt von mir und der Haselmüller Leni allerhand erzählt. Oder nicht?"

„Pah, die Leni! Die hat sich gern aufgespielt, weil ihr die Burschen nachgelaufen sind. Sie ist mit dem Mühlknecht davon, hab ich gehört."

„Ganz recht — und ich hab die Hochzeit schon bestellen wollen."

„Da tust du mir aber leid“, sagte sie spöttisch lächelnd.

Er übersah es und meinte düster: „Ich bin halt ein Pechvogel. Hab auch gar keine Zeit, mich um ein Dirndl umzuschauen. Könnte die Mühle haben und werde sie auch in Pacht nehmen — das heißt, sobald ich eine Müllerin habe. Der Herr hat mir die Mühle schon zugesagt.“

Ein verwundertes Flimmern war in ihrem Blick, als sie ihm antwortete: „Wird sich schon eine finden lassen. Aber jetzt muß ich heim, sonst wird es Nacht.“

„Ich bin auch gerade auf dem Heimweg“, sagte er rasch, „und gehe sowieso den gleichen Weg.“

„Ich fürchte mich aber net und kenne mich aus. Finde den Weg auch allein.“ Das klang hart und frostig, und er lauschte auf den metallenen Klang ihrer Stimme, horchte ihr nach, als müßte er herausfinden, wo er sie schon gehört hatte.

„Wie geht es der Mutter?“ versuchte er das Gespräch zu verlängern, doch trotzend antwortete sie:

„Was geht dich meine Mutter an? Meinst du, ob etwa ihr Bart schon wieder gewachsen ist? Möchtest dich lustig machen über sie?“

„Nein, sie tut mir nur leid, darfst es mir glauben. Wenn ihr net gar so eigene Leut wärt, hätte ich gern einmal auf ein Stündlein bei euch Besuch gemacht. Ich gehe sonst nirgends hin, weil ich mit den Dorfleuten nix zu tun haben will. Ihr seid auch so, und da passen wir gerade zusammen.“

„Das glaube ich net.“ Sie sah ihn scharf an und forschte: „Was ich dich fragen wollte: Unser Hasso ist verschwunden. Hat sich von der Kette losgerissen und ist vielleicht da heroben irgendwo. Fehlt schon einige Tage. Hast du den Hund net gesehen?“

Der Jäger wurde feuerrot und verneinte. Da fing sie zu gehen an, und er versuchte, an ihrer Seite zu bleiben.

„Hätte dich gern wieder einmal getroffen, Monika. Kommst du morgen wieder zum Heidelbeerbrocken herauf? Könnte dir helfen, damit das Geschirr eher voll wird, und Schläge weiß ich, weiter droben, da sind soviel, wie du noch nie gesehen hast.“

„Nein!“

Sie fing zu laufen an, und überrascht sah er ihr nach, wie sie mit langen Schritten und flatterndem Rock zwischen den Bäumen verschwand.

Ärgerlich zischte er: „Dummes Weibsstück!"

Er folgte ihr, als wollte er feststellen, welchen Weg sie ging, sah noch einmal ihr grünes Kopftuch und erreichte sie nicht mehr.

Warum war sie so garstig gewesen? Warum hatte sie ihn immer so eigenartig angesehen? Freilich — sein Bart war verwildert, und das Haar hing ihm schon in langen Strähnen in den Hals. Er sah schon gar nicht mehr aus wie ein junger Bursche, den ein junges Mädel interessierte. Wie war es eigentlich gekommen, daß er soviel mit dieser Bergbauerntochter gesprochen hatte? Besonders schön war sie nicht, und doch hatte sie etwas, was ihn zum Reden gebracht hatte. Unter den Leuten, die von den Höfen an den Sonntagen zur Kirche kamen, war sie ihm noch nie aufgefallen. Die Leute vom Bergbauernhof waren ohnedies scheu und betraten meist als die letzten die Kirche und verließen sie dann als die ersten. Wie stolz sie getan hatte, und wie kräftig sie war! Und diese Stimme? Klar und wohltönend, wie die eines kecken Buben. Sie hatte gute braune Augen. Braune Augen deuteten auf Treue und Ehrlichkeit hin.

Was sie auf dem Bergbauernhof wohl sagen würden, wenn er am Sonntagnachmittag einmal wie zufällig vorbeikäme? Er war immerhin der Herrschaftsjäger, und wenn er dazu noch die Mühle übernahm, dann konnte er sich schon zu den Bauern stellen.

Als hätte er sich an diesem Spätnachmittag die Ruhe vom Berge geholt, so leicht fühlte er sich, und so frei vermochte er nun an die Leni denken. Vielleicht war es sein Glück gewesen, daß aus der Heirat nichts geworden war. Was ihn in den letzten Wochen fast verrückt gemacht hatte, fiel nun von ihm ab wie eine Last, die er von sich geworfen hatte.

Er fing leise zu pfeifen an und staunte, wie herrlich im fernen Waldblau der doppelgipflige Osserberg aufragte und wie seine Hänge im Abendgold schimmerten.

Nur in der Tiefe seines Gemütes spürte er noch ein wenig den bohrenden Haß, den er seit dem Tod seines Vaters genährt hatte. Aber auch darüber konnte er nun anders denken, kühler und überlegener. Warum sollte er sein junges Leben verderben? Einmal mußte ja die Stunde kommen, in der er diesen fast unheimlichen Wildschützen vor die Flinte bekam.

Vor dem Dorf traf er den alten Umgeher Dirrigl, den er sonst nie beachtet hatte. Diesmal jedoch sprach er ihn an und erkundigte sich, wie es ihm gehe. Der Alte stand eine Weile mit offenem Mund, und dann stotterte er:

„Was ist denn? Hast du ihn etwa schon? Weißt du schon, wer er ist?“

„Wer?“

„Ich hab gemeint, weil du so gut aufgelegt bist — du hast ihn erwischt — den Wildschützen.“

Der Jäger schüttelte den Kopf. „Ich hab noch Zeit, Dirrigl, und ich erwische ihn noch. Könnt ihn wohl eher haben, wenn du das Maul aufmachen tätest.“

„Ich? Weiß nix, weiß gar nix“, mauschelte er und hatte es eilig wegzukommen. Mit einem verschlagenen Blick sah er noch zurück und schnarrte: „Und wenn ich es wüßte, tät ich es dir net sagen.“

„Alter Hanswurst!“ rief ihm der Florian noch nach und ging ins Dorf, geradewegs zum Bader.

„Bart stutzen und Haare runter!“ befahl er, und im Verlauf dieser Prozedur vermochte ihn der Bader sogar zum Reden zu bringen. Vorsichtig forschte er:

„Bist du etwa auf Brautschau?“

„Kann sein“, brummte der Jäger verdrießlich und wurde völlig stumm, als der Bader ihm umständlich hinterbrachte, daß man ihn im Dorf nur noch den Wilden Jäger nenne, er sich aber nun, fein herausgeputzt, wieder sehen lassen könne. Er wunderte sich, wie gelassen der Florian alles hinnahm, ihm zwanzig Pfennige hinwarf und ging.

Auch die alte Jägerin mußte ihr Staunen verbergen, als ihr Sohn nicht mehr verwildert heimkam und, was er sonst nie tat, von sich aus zu reden begann.

„Brauchst dich net zu sorgen, Mutter, wegen mir und der Leni. Bin froh, daß ich es noch rechtzeitig inne wurde, daß sie ein Luder war.“

„Gott sei Dank!“ atmete die Dachsbergerin auf. „Aber die Mühle? Was ist es damit?“

„Oh, ich glaube, daß der Herr zu seinem Wort steht. Kannst ja du einmal mit ihm reden. Ich kann ja Jäger bleiben, wenn ich einen tüchtigen Mühlknecht auftreibe.“

„Und eine Müllerin? Ledigerweise kannst du die Mühle net übernehmen.“

Sie hatte ihn seit dem Tod des Vaters nicht mehr lachen sehen. Nun aber lachte er leise und tat überzeugt:

„Eine solche werde ich schon auftreiben, Mutter!“

Zögernd und die gute Stimmung nützend, in der ihr Sohn war, meinte die alte Jägerin vorsichtig:

„Florian, ich möchte das Grab vom Vater herrichten. Gleich morgen will ich anfangen – damit die Leute nichts mehr zu reden haben.“

Er stutzte und dachte eine Weile nach.

„Es geht niemanden was an, aber wenn du es willst, dann richte es her. Das ändert nix.“

Sonst wäre er aufgebraust, heute aber war er so verändert, und wagte nicht, diesem Stimmungswechsel nachzufragen. Gleich am anderen Tag wollte sie zum Herrn gehen und mit ihm wegen der Haselmühle sprechen, denn hinter dem sonderbaren Verhalten des Florian konnte nur ein Frauenzimmer stecken. Alles würde sie tun, um aus diesem Kellerloch, das man zur Jägerwohnung gemacht hatte, herauszukommen. Vielleicht brachte sie dann das schmerzhafte Reißen in den Gliedern weg. Der Florian hatte sich auf das alte Kanapee hingestreckt und schlief nun wie ein Genesender, und seine Mutter betete leise, den Blick zum Kruzifix in der Tischecke:

„Gib, daß er so bleibt und wieder ein gescheiter Mensch wird.“

Im Dorf hatte man inzwischen auch über andere Vorfälle etwas zu tuscheln. Ein unbekannter Wegelagerer hatte die alte Bötin auf ihrem Weg nach Kötzting angehalten und von ihr Geld gefordert, war aber, weil die resolute Frau ihm ihren Gehstecken heftig um die Ohren schlug, im Walde untergetaucht. Die Suche nach dem Übeltäter, zu der Gendarmen und

Dorfleute ausgerückt waren, blieb erfolglos. In der folgenden Nacht wurde im Schloß eingebrochen und aus dem Arbeitszimmer des Herrn eine Kassette mit Geld entwendet.

„So ein Landstreicher hat viel Hunger und Durst", kombinierte Meier. „Den müssen wir in den Wirtshäusern suchen." Er wird auch nicht dem Marktflecken zugewandert sein, sondern seinen Weg weiter in den Lamerwinkel hinein genommen haben und möglicherweise nach einer guten Brotzeit nach Böhmen hinüber wechseln, überlegte er weiter, und so machten sich die beiden Gendarmen auf den Marsch. In Simpering war das Wirtshaus leer, doch beim Wirt in Arrach trafen sie einen Burschen an, der es sich, trotz seiner abgerissenen Kleidung, bei Selchfleisch und Bier gut gehen ließ und schon über den Durst getrunken hatte. Er wollte gerade zu singen und zu randalieren beginnen, als die Gendarmen auftauchten. Er versuchte, sich aus der Gaststube zu verdrücken. Unter der harten Faust des Gendarmen Meier gestand er bald den Einbruch und, an der Kette nach Hohenwarth zurückgebracht, erkannte ihn auch die alte Bötin als den Mann, der ihr aufgelauert hatte. Alfons Loderer transportierte den Dieb, nachdem die Anzeige geschrieben war, zum Kötztinger Gericht, und das Ansehen Meiers war im Ort um ein Beträchtliches gestiegen.

Der Schloßherr sparte auch nicht mit seiner Anerkennung, als Meier ihm den Rest des gestohlenen Geldes zurückbrachte, und hielt ihn für den Rest des Tages bierfrei. Da aber der Herr in seinem Arbeitszimmer mit einem Holzhändler zu verhandeln hatte, leistete dessen Tochter Ursula dem Gendarm Gesellschaft, der stolz und steif, seinen Schnurrbart zwirbelnd und wohlgefällig blinzelnd, hinter seinem Bierglas saß und sich nur brockenweise von dem Mädchen Einzelheiten über die Jagd nach dem Einbrecher herauslocken ließ.

Bald merkte er, daß die Ursula mit ihren Gedanken gar nicht so recht dabei war, und hinterhältig meinte er:

„Hab ja auch einen guten Hilfsgendarmen, auf den ich mich verlassen kann."

Da leuchtete ihr blasses Gesicht auf, und ein verräterisches Rot färbte ihre Wangen. Sie fuhr sich über das schwarze, glatt zurückgekämmte Haar und fragte verhalten:

„Ist der Alfons auch sonst ein guter Mensch?"

„Und ob!" lobte er. „Hab noch keinen besseren gehabt. Ein bissel scheu ist er halt — ich meine den Mädeln gegenüber, weil er ja auch net ans Heiraten denken kann bei dem geringen Salär."

„Freilich — aber ihr könntet ihn doch öfter einmal mitbringen. Auf ein Krügl Bier kommt es doch net an — ich tät schon dafür sorgen —"

Meier kratzte sich am Kinn, um sein Lächeln zu verbergen: „Soll ich ihm sonst noch etwas sagen?"

„Wieso? Nein — um Gotteswillen! Gar nix sollt Ihr sagen."

Nun ließ Meier aber nicht mehr locker: „Hab mir oft schon gedacht, wer wohl einmal die Herrentochter heimführen wird. Hab den jungen Postwirt von Kötzting öfter einmal bei euch gesehen und auch den Vogl von Arrach. Wären gute Partien."

„Ich mag keinen von den beiden", erwiderte sie heftig. „Die meinen alle, daß Geld zu Geld heiraten soll. Nebenbei ludern sie mit allen möglichen Weibsbildern umeinander, spielen die Herren, und da kann ich mir vorstellen, was das für Ehemänner sein könnten. Den einen freut die Bauernarbeit net, und er denkt sich, daß er als Schloßherr von Hohenwarth ein schönes Leben führen könnte, der andere soll von Kötzting wegheiraten, weil noch ein Bruder da ist, der die Post übernehmen soll."

„Und wenn einmal ein armer Teufel käme? Was tat wohl der Herr Vater dazu sagen?"

Ihre Züge wurden streng und ihre Stimme noch dunkler: „Da ist net dranzudenken. So gut steht es auch net um uns, daß der Vater damit einverstanden wäre. Das alte Schloß frißt das Geld, und wenn wir den großen Wald net hätten, wären wir bald fertig. Aufzwingen lasse ich mir aber trotzdem keinen, lieber werde ich eine alte Jungfer."

„Na ja", tröstete Meier, „die einzige Tochter vom Schloßbräu wird sich den Ihrigen schon aussuchen können. Hauptsache ist ja, daß er ein tüchtiger Kerl ist."

Da inzwischen ein Hudlacher Bauer in die Stube kam, ging die Ursula und schickte die Hausmagd zur Bedienung der Gäste.

„Setze dich nur her zu mir", forderte Meier den Bauern auf,

zupfte nachdenklich an seinem Bart und sah dabei sein Gegenüber scheel an. „Kommst mir eigentlich gerade recht. Aber lüge mich net an, sonst hau ich dir den Buckel voll: Wer hat in Hudlach einen Stutzen oder einen Revolver? Ist mir eine Nachricht zugekommen, daß es ein Hudlacher wäre, der da droben so herumwildert. Also raus mit der Sprache! Wer von den Hudlachern ist der Schütze?"

Er beugte sich über den Tisch und blickte dem Bauern so nahe in die Augen, daß sich ihre Nasen fast berührten.

Ehrlich klang die Antwort: „Von uns ist es keiner. Seit der Knecht vom Hinterberger weg ist, kommt keiner mehr in Frage. Das kann ich bei der Muttergottes von Neukirchen schwören. Bei uns meint man, daß es nur einer von Hohenwarth selber sein kann."

Meier gab sich zufrieden und setzte sich wieder zurück.

„Tu aber doch noch einmal drüber nachdenken und ein wenig herumhorchen. Kannst dir ein schönes Stück Geld verdienen, wenn du uns auf die Spur bringst . . ."

„Aber mit dem Jäger wollen wir nix zu tun haben", wandte der Bauer ein, und Meier grinste:

„Sollt ihr auch net. Das geht nur die Gendarmerie an."

Der Schloßherr kam mit dem Holzhändler, und mit der anbrechenden Nacht gesellten sich noch einige Gäste hinzu.

Meier blieb und verließ erst mit den letzten die Bräustube, denn den bierfreien Tag wollte er gebührend genutzt haben. Seine Frau verzichtete angesichts seines Zustandes auf die Strafpredigt und half ihm ins Bett.

Der Sonntag im September, den der Jäger Florian Dachsberger kaum erwarten konnte, sah ihn schon früh auf den Beinen. Umständlich bürstete er Haar und Bart, betrachtete sich im Spiegel und stellte befriedigt fest, daß die Blässe der letzten Wochen von seinen Wangen gewichen war.

„Heut zieh ich die gute Joppe vom Vater an, und auch seinen neuen Hut gibst mir", erklärte er seiner Mutter, und eilfertig und Hoffnung im verhärmten Gesicht holte sie das Gewünschte herbei. Vom guten Gewand seines Vaters hatte er bislang nichts wissen wollen.

Schüchtern fragte sie: „Hast du — willst du dich mit jemandem treffen?"

„Kann schon sein. Will mich doch einmal umsehen. Habe eine gefunden, und wenn sie mich will, dann sag ich es dir schon. Alleweil möchte ich net ledig bleiben, und wenn es so geht, wie ich es meine, dann rede ich gleich morgen selber mit dem Herrn wegen der Haselmühle. Das mit der Leni hab ich hinter mir."

„Mein Gott, wenn es nur was würde!" seufzte die Jägerin und gelobte eine Wallfahrt nach Heiligenblut, wenn der Bub endlich in eine Ordnung käme und heiratete.

Aufgeputzt im besten Gewand seines Vaters machte sich der Florian auf den Kirchweg und war schon eine halbe Stunde vor dem Beginn der Sonntagsmesse vor dem Gotteshaus, suchte die Unterhaltung mit den Burschen, die sich nicht genug wundern konnten über den Dachsberger, der nun auf einmal redselig war und als strammer Jägersmann, mit einem mächtigen Auerhahnstoß auf dem Hut, nichts mehr vom wilden, verkommenen Waldgeher an sich hatte. Den Florian schmeichelte es, daß auch die Mädchen sich nach ihm umsahen, überrascht und neugierig.

Je näher die Zeit zur Messe heranrückte, desto unruhiger wurde er, und es entging ihm niemand auf dem Platz und am Kirchentor. Als die Glocken das letzte Zeichen läuteten und der Platz sich geleert hatte, stand er noch allein eine Weile, entschloß sich dann enttäuscht, zum Grabe seines Vaters zu gehen, von wo aus er auch noch verspätete Kirchenbesucher bemerken konnte. Niemand kam mehr. Niedergeschlagen wartete er das Ende der Messe ab, ließ noch einmal alle Kirchenbesucher passieren und ging nach Hause. Bald kam auch seine Mutter heim, und da ihr seine Mißlaunigkeit auffiel, wollte sie wissen, ob er auf eine Bestimmte gewartet habe.

Er blieb ihr die Antwort schuldig.

Nach dem Mittag suchte er die Flasche mit dem selbstangesetzten Wacholderschnaps hervor und trank sie halb leer. Dann verließ er die Wohnung. Im Dorf sprach er einige alte Leute an, wie er es sonst nie getan hatte, und schlenderte, als hätte er nur einen Spaziergang vor, den Weg gegen Hudlach hinaus. Die Ungeduld ließ ihn immer wieder die goldene Uhr des Vaters aus dem Leibltaschl ziehen, und nervös murrte er:

„Jetzt könnten sie mit der Stallarbeit schon fertig sein. Fressen wird mich der Bergbauer net, er kann ja net wissen, daß ich seinen Hund erschossen habe. Mit der Monika werde ich schon ein paar Wörtl reden können. Auf einmal muß ja net alles ausgemacht werden, und sie ist eine Extrige, die kann man nur langsam herumkriegen."

Einen Grashalm schnippte er von seinem Ärmel und sah noch einmal in den Taschenspiegel:

„Der Bart wird ihr nix ausmachen, und wenn sie es will, dann tu ich ihn weg."

In der Mulde am Hang unterm Weg lag der Bergbauernhof wie ausgestorben und sonnte sich im Spätlicht des scheidenden Sommers. Das breite Schindeldach, die blanken Fenster und das geschlossene Hoftor gaben dem Hof etwas Solides und Beruhigendes. An den Hollerstauden hinter dem hölzernen Heustadel glänzten die schwarzen Beeren, und zwei Bäume prangten mit ihren rotbackigen Äpfeln.

Um dieses Anwesen war der stille Sonntagnachmittag, wie ihn die geplagten Bauern feiern, eine Ruhetag, der der Besinnung gehört. Das Hoftor knarrte, als er es aufdrückte, und dieser Laut störte die Ruhe. Im Schatten des Hofes sah er die Monika auf der Bank neben der Haustür, und er setzte ein freundliches Lächeln auf. Sie hatte ein Kätzlein auf dem Schoß und streichelte es und schien über den seltsamen Besucher nicht überrascht zu sein.

„Grüß dich, Monika", gab er sich heiter und unbefangen. „Bin gerade vorbeigekommen und hab mir gedacht, ich schau einmal zu euch herein. Werdet mich schon net beißen."

Kühl sah sie ihn an, dämpfte ihre Stimme und horchte hinter sich ins Haus: „Wir beißen net. Es ist halt selten, daß jemand zu uns kommt. Meine Leute wollen keinen Besuch, und ich bin auch gern allein."

„Ist so ein langweiliger Sonntag, und da hätte ich mich halt gern ein wenig mit dir unterhalten."

Unaufgefordert nahm er neben ihr auf der Bank Platz und fuhr fort: „Hätte dich ja bald nimmer erkannt, droben im Wald. Bist alleweil so ein kleines und schmales Dirndl gewesen, hast dich aber gut herausgewachsen."

Darauf erhielt er keine Antwort, und so redete er weiter: „Bist aber auch ein sonderbares Dirndl, gar net wie die andern —"

Befremdet und doch neugierig fragte sie: „Wie soll ich denn anders sein? Wie meinst du das?"

„Das kann ich net genau sagen. Bist so ernst, und zum Tanzen gehst du wohl auch net, wie?"

„Mach mir nix draus."

„Man soll aber net so viel allein sein, als junges Mädel schon gar net. Man wird alleweil älter, und leben tut man nur einmal."

Zum erstenmal sah sie ihn prüfend an: „Wo willst du mit deinem Gerede hinaus?"

Er lachte. „Ganz einfach: Ich wäre halt gerne einmal mit dir ausgegangen, zum Tanz oder in ein Wirtshaus oder einfach auf einen Spaziergang. Wohin du halt willst. Mußt doch auch unter die Leute kommen. Oder haben deine Eltern was dagegen?"

Verächtlich zischte sie: „Was hab ich davon? Meine Leut reden mir nix ein, aber ich will net. Die ganze Woche arbeiten — da bin ich froh, wenn ich am Sonntag meine Ruhe habe."

Er sah auf seine blankgeputzten Schuhe nieder. „In dir kennt man sich net aus. Bist du so stolz, oder bist du nur gegen mich so garstig, weil du mich net leiden kannst?"

Sie setzte das Kätzlein auf den Boden und horchte wieder ins Haus. Leise und warnend flüsterte sie: „Wird gut sein, wenn du wieder gehst. Der Vater schläft, und wenn er aufwacht — er sieht dich net gern."

„Wüßte net, was ich ihm jemals in den Weg gelegt hätte."

Wieder wandte sie sich ihm zu, und in ihren braunen Augen flimmerte es.

„Ich weiß nur, daß man von deinem Vater und dir bei uns gar net reden darf. Und das wird seinen Grund haben. Vielleicht kennst du ihn selber. Kann es dir aber auch sagen: Im damaligen Sommer, wie uns das Unwetter alles zusammengeschlagen hat, da hat mein Vater den oberen Wald an den Herrn verkaufen müssen und hat damit das Jagdrecht verloren. Als er dann den Wald zurückkaufen wollte, gab der Schloßbräu ihn nimmer her. Net der Bräu wäre so hart gewesen, aber sein Jäger – der hat ihn dazu überredet, daß er den Wald nimmer hergegeben hat."

Gespannt forschte der Florian weiter: „Ist dein Vater gerne zur Jagd gegangen, und ärgert es ihn deswegen?"

Rasch und etwas heftig beendete sie das Gespräch: „Auf die Jagd legt mein Vater keinen Wert, aber der Wald hat schon zweihundert Jahr zu unserem Hof gehört." Und aufstehend meinte sie: „Ich muß jetzt hinein. Ins Haus kann ich dich net lassen. Ist besser, wenn du wieder gehst."

„Hätte aber doch gern einmal auch mit deinem Vater ein Wörtl gesprochen. Möcht von ihm selber hören, was er gegen mich und meinen Vater hat."

Langsam öffnete sich die schwere Haustür, und der Bergbauer stand unterm Türstock, zwinkerte, als könnte er es nicht für wirklich halten und müßte sich erst vergewissern, daß es tatsächlich der Florian Dachsberger war, der bei seiner Tochter stand. Den freundlichen Gruß des Jägers überhörte er, holte tief Atem und stieß rauh und drohend hervor:

„Was will der da?"

Die Antwort übernahm der Florian: „Bin grad vorbeigekommen und will eigentlich gar nix. Oder doch! Hab aber net gewußt, daß Ihr etwas gegen mich habt, und darüber möchte ich jetzt doch einmal mit Euch reden."

Das lange Gesicht des Bauern verhärtete sich, und sein vorstehendes Kinn zitterte. Die Fäuste an seinen fleischigen Armen ballten sich, jedoch er beherrschte sich.

„Hab mit dir nix zu reden. Wir sind Einschichter und wollen es auch bleiben. Gerufen hat dich niemand, also dann geh wieder."

„Kannst mir net sagen, was du gegen mich hast? Kann mich net erinnern, daß ich dir einmal was Unrechtes angetan hätte."

Die Zornader an der Stirne des Bergbauern schwoll an: „Ich hab mit dir nix zu tun und nix zu reden, und wenn du net gleich von meinem Grund und Boden gehst, dann helfe ich dir nach!"

Fragend blickte der Florian die Monika an, doch diese tat unbeteiligt und sah an ihm vorbei. Da verließ er den Hof, stelzte zum Weg hinauf und sah dort noch einmal zurück.

Was haben sie gegen mich? Das bring ich noch heraus! Umsonst, Bergbauer, hast du mich net weggewiesen! Wird schon eine Gelegenheit kommen — dann zahl ich dir das heim.

Warum hatte sich auch die Monika plötzlich so angestellt, als wollte sie ihn nicht kennen und nichts mit ihm zu tun haben? Warum lassen diese Bauernschädel überhaupt nicht mit sich reden? Und dieser Bergbauer sollte einmal der beste Freund seines Vaters gewesen sein? Dahinter steckte etwas, und das mußte er noch herausfinden. So ließ sich der Florian Dachsberger nicht behandeln!

Er gestand sich, daß es ihm eigentlich egal gewesen wäre, was der Alte gegen ihn hatte, wenn die Monika ein wenig freundlicher getan und ihm nur ein bißchen Hoffnung gemacht hätte.

Daß man so vernarrt sein konnte! Seit er sie im Wald droben getroffen hatte, dachte er nur noch an sie, so sehr, daß er sogar den wurmenden Haß gegen den rätselhaften Wildschützen fast vergessen hatte. Leer und ausgebrannt war nun alles in ihm. Das glückhafte Gefühl der letzten Tage war verflogen. Was hatte er beim Bergbauern wollen? Ihm einfach sagen: Ich bin der künftige Haselmüller, und wenn ihr und die Monika nichts dagegen habt, dann —

War er denn so dumm und ungeschickt, daß ihm alles danebenging? Kannte er sich so wenig in den Frauen aus, daß er sich so täuschen konnte und sich falsche Hoffnungen machte?

„Das schenke ich dir net, Bergbauer, das bring ich dir noch herein!" knirschte er, und der Zorn packte ihn, daß es ihn in der Brust schmerzte. Der milde Septembertag war ausgelöscht, er achtete nicht mehr darauf und ging wie ein Blinder ins Dorf zurück. Heimgehen? Nein! In die Schloßbräustube? So wütend, wie er war, konnte er mit niemandem reden. Der ganze Ort kam ihm feindselig vor.

Vor der Kirche bog er ab und ging über Feldwege hinunter nach Simpering, dem großen Wirtshaus an der Straße in den Lamerwinkel. Dort vertrieben sich die Männer und Burschen aus der Umgebung den Sonntagnachmittag mit Singen und Kartenspiel, und den Lärm der Unterhaltung verstärkte ein Ziehharmonikaspieler, der einfach Ländler leierte und zu den

Gesängen begleitete. Sie nahmen von dem eintretenden Hohenwarther Herrschaftsjäger kaum Notiz, stimmten aber an einem Tisch bald ein herausforderndes Wildschützenlied an. Florian Dachsberger suchte sich einen Platz bei älteren Männern, bestellte sein Bier und saß lange schweigend, bis ihn ein Bauer fragte:

„Ist dir was über die Leber gelaufen, weil du so still bist?"

Er schüttelte nur den Kopf und drehte sich dem Nachbartisch zu, an dem vier Burschen kartelten und sich gegenseitig der Falschspielerei beschuldigten. Schon nach kurzer Zeit stellten die Burschen ihren Streit ein, blinzelten sich zu, und einer sagte:

„Ich kann es gar net leiden, wenn mir einer in die Karten schaut", worauf prompt ein anderer deutlicher wurde: „Gaffen tun nur Affen."

Obwohl der Jäger sich daraufhin wieder abkehrte und ihnen den Rücken zeigte, hörten die Frotzeleien nicht auf.

„Vielleicht juckt den Rotbart das Fell?"

„Was der überhaupt hier zu suchen hat!"

Und einer der Burschen warf einen Taler zu den Sängern hinüber und rief:

„Noch einmal das Wildschützenlied, das paßt heute so gut!"

Ein Mann meinte es gut mit dem Florian und warnte ihn: „Die haben es auf dich abgesehen."

Abfällig und laut genug brummte der Jäger: „Maulaufreißer, weiter nix!"

So schnell wollten es jedoch die Burschen nicht zum offenen Streit kommen lassen, um noch eine Weile das Vergnügen des Hänselns haben zu können. Weiter die Karten auf den Tisch klopfend, spöttelten sie und taten, als wäre der Jäger nicht da.

„Ist keine Kunst, im Hohenwarther Wald etwas abzuschießen, ist ja kein richtiger Aufpasser da."

„Dem schießen sie die besten Stücke vor der Nase weg."

„Weiß man immer noch net, wer da droben herumpulvert?"

„Den erwischen sie net. Einer ist ihm gegenüber gestanden, aber der lebt nimmer und hat es nimmer sagen können."

Diese Anspielung auf seinen Vater trieb dem Florian das Blut ins Gesicht, und er zuckte zusammen.

„Scher dich net um das Gerede!“ warnte ihn der Bauer am Tisch wieder.

„Wird mir aber bald zu dumm“, drohte der Jäger verbissen.

„An deiner Stelle tät ich gehen und mein Bier woanders trinken. Diese Burschen lassen nimmer locker, wenn sie einmal dran sind“, gab der andere wieder zu bedenken.

„Die Haselmüller-Leni ist auch lieber auf und davon, als daß sie den Rotbartl hätte heiraten müssen“, grölte nun einer so laut, daß es über den Lärm hinweg in der ganzen Wirtsstube gehört wurde.

Nun konnte sich der Florian nicht mehr beherrschen. Er stand auf und stellte sich vor den Spötter: „Willst du was von mir? Wenn du eine Tracht Prügel möchtest, dann komm mit vor die Tür!“

„Dich fürcht ich net, und hinausgehen tu ich auch net. Kannst es ja da in der Stuben auch probieren.“

Wütend faßte der Jäger nach dem Hals des Burschen, da sprangen auch die anderen Kartenspieler auf und wollten eingreifen. Schon seit Beginn der Hänseleien hatte der Wirt kein Auge mehr von den Streitenden gewandt, und nun war er, ein kräftiger und gewichtiger Mann, zur Stelle.

„Gerauft wird nix! Wer sich muckt, fliegt hinaus!“

Sie ließen voneinander ab und griffen wieder nach den Karten, aber ihre Blicke und leise gewechselte Worte deuteten an, daß für sie die Auseinandersetzung mit dem Hohenwarther Herrschaftsjäger noch lange nicht beendet war. Auch dieser hatte wieder seinen Platz eingenommen und trank rasch das Glas leer, ließ sich dazu auch noch einen Schnaps bringen und knirschte vor Zorn:

„Jetzt bleibe ich erst recht. Das möchte ich sehen, ob diese Rotzbuben mit mir anzubinden wagen!“

Der Gendarm Meier und sein Hilfsgendarm Alfons Loderer hatten sich gerade zum Ausgehen fertiggemacht und wollten im Schloß eine gemütliche Sonntagsmaß trinken, als ein Bub angehetzt kam und aufgeregt berichtete:

„Der Vater schickt mich, der Wirt von Simpering, es wird

zum Raufen, und der Dachsberger ist auch dabei. Sollt schnell kommen."

„Ist recht, Bub, und sag dem Vater, er soll mit dem Ochsenfiesel net sparen! Wir kommen gleich!" gab Meier ärgerlich Bescheid, und der Bub flitzte davon.

„Also, dann schauen wir uns erst einmal diese Gaudi an und gehen dann zum Schloßbräu. Hingehen müssen wir, hab es der Ursula versprochen."

Auf dem Weg nach Simpering zeigte der Kommandant keine Eile und hielt auch seinen Begleiter zurück:

„Laß dir nur Zeit, Alfons, man muß die Kerle ein wenig austoben lassen, und wenn sie wieder einmal tüchtig gerauft haben, dann geben sie wieder für eine Weile Ruhe. Die haben zuviel überschüssige Kraft. Bin aber doch neugierig, wie der Dachsberger dazu kommt."

Ein rumpelndes Getöse und wütendes Schreien ließ sie aber das letzte Stück Weges zum Wirtshaus doch im Trab zurücklegen. Sie kamen dazu, wie ein strampelndes, schlagendes und scheltendes Menschenknäuel aus dem Haustor über die steinerne Haustreppe auf die Straße tümmelte, sahen den Jäger, der sich, kräftige Hiebe austeilend, seiner Angreifer erwehrte. Die Säbel ziehend, wollten sie eingreifen, aber schon der Warnruf „die Gendarmen kommen!" genügte, um den Haufen sofort zu zerstreuen. Die Raufer stoben um die Hausecke, und den Ordnungshütern gelang es nur, zwei von ihnen festzuhalten. Sonst verblieben auf der Kampfstätte nur noch der Wirt mit dem Ochsenziemer und der Florian Dachsberger, dem man den schönen Sonntagsrock seines Vaters übel zugerichtet und ein paar blaue Flecken geschlagen hatte. Seine Fäuste waren angeschwollen, und abwartend und feindselig sah er nach den Gendarmen.

„Alles in die Stube!" befahl Meier, und als der Jäger zögerte, fuhr er ihn grob an: „Auch du!"

In der Gaststube sah es wüst aus. Bänke und Tische waren umgeworfen, Glasscherben und verschüttetes Bier auf dem Boden. Aus der Küche kamen die Männer und Burschen, die an der Keilerei unbeteiligt waren und sich dorthin zurückgezogen hatten, um nicht als Zeugen auftreten zu müssen.

Grimmig sah sich Meier um und als einer der Raufer den Mund auftat, um den Jäger als den Schuldigen an der Streiterei anzugeben, schnauzte der Gendarm zurück:

„Halt's Maul! Will net wissen, wer angefangen hat! Wenn bis morgen Mittag der Schaden net gutgemacht ist, stecke ich euch ins Kittchen, und wenn der Herr Jäger eine Anzeige machen will, dann kann er morgen zu mir kommen. Und jetzt wird aufgeräumt, aber rasch! Ich laß mir von euch net den Sonntagnachmittag verpatzen!"

Murrend verschwand der Jäger, und die beiden Raufer beschleunigten sich, Tische und Bänke wieder aufzustellen und die zerbrochenen Gläser zu entfernen.

„Angefangen hat eigentlich keiner", wollte sich der Wirt für seine Stammgäste verwenden. „Und was der Herrschaftsjäger, der sich Jahr und Tag nicht bei mir sehen läßt, gewollt hat, weiß ich net. Er ist schon fuchsteufelswild gekommen."

„Wer schuld hat, das bringe ich schon selber heraus, wenn es nötig ist", tat Meier hochmütig. „Hättest eher Ruhe schaffen müssen, Wirt, jetzt schau selber zu, daß sie dir den Schaden bezahlen. Wenn ich die Sache anzeigen muß, dann spukt es gewaltig."

Im Stehen tranken die Gendarmen die Maß Bier, die der Wirt ihnen gebracht hatte, dann gingen sie.

„Der Herr wird sich freuen, wenn sein Jäger in der Gegend herumrauft", bemerkte Loderer auf dem Weg zurück.

„Ist eigentlich net der Mühe wert, daß wir viel davon reden, die Geschichte mit der Leni hat den Dachsberger ganz durcheinandergebracht, und vielleicht hat er gemeint, daß er seinen Wildschützen im Simperinger Wirtshaus findet."

„Er war doch besoffen?"

„Macht nix, der trinkt net viel und kann's auch net vertragen — und die paar Prügel schaden ihm net."

Da sie sich dem Schloß näherten, kritisierte Meier: „Könntest dich ein wenig besser um die Ursula annehmen."

„O je, da hängen mir die Trauben zu hoch! " lachte der Loderer.

„Du bist was und kannst was werden. Wenn ich noch jung wäre, dann ließ ich mir die Ursel net entgehen!"

Der Loderer gab zu bedenken: „Sie ist doch um einiges älter als ich."

Das erregte den Zorn seines Vorgesetzten: „Aber sie hat was, Dummian!"

Die Dorfhonoratioren hatten sich schon eingefunden, und an ihrem Tisch nahmen auch, wie es sich gehörte, die beiden Gendarmen Platz. Den Alfons Loderer, der sein Bier warm werden ließ und immer an die paar Kreuzer dachte, die er im Hosensack hatte, bediente die Tochter des Schloßherrn persönlich und munterte ihn zum Trinken auf. Als er zahlen wollte, steckte sie ihm das Geld heimlich wieder zu. Nur so nebenbei erwähnte Meier am Tisch, daß es in Simpering bald zu einer Rauferei gekommen wäre, und Loderer raunte der Ursula zu, die nicht von seiner Seite wich: „Mein Kommandant kommt ganz bestimmt einmal in den Himmel. Ich könnte mir keinen besseren wünschen."

Indessen jammerte die alte Dachsbergerin um die zerrissene Feiertagsjoppe und fragte vergeblich, was denn vorgefallen sei. Blutunterlaufene Stellen im Gesicht ihres Sohnes verrieten ihr wohl, daß er in eine Schlägerei verwickelt war. Er saß, düster vor sich hinbrütend, auf der Bank und schien über etwas nachzudenken. Und plötzlich fragte er:

„Was hat der Bergbauer gegen uns? Hast mir doch einmal gesagt, der Bauer wäre ein guter Freund vom Vater gewesen?"

Erblassend antwortete sie: „Florian, ich weiß es net, hab mir selber schon oft darüber Gedanken gemacht, und von deinem Vater konnte ich nix erfahren. Er ist fuchsteufelswild geworden, wenn ich fragen wollte, und vom Bergbauern und seinen Leuten durfte ich überhaupt net reden. Sind alleweil die dicksten Freunde gewesen, und wir waren auch noch auf seiner Hochzeit. Damals ist dein Vater schon so eigenartig gewesen und wollte net dort bleiben. Hat der Bergbäuerin net einmal gratuliert. Er hat net getanzt und kein Wort gesprochen, und kaum eine halbe Stunde sind wir dort gewesen. Daheim hat er gesagt: die Bergbauern sind für uns gestorben, merk dir das. Von da ab sind wir ihnen ausgewichen, und auch sie haben es so gehalten. Dein Vater hat im Wirtshaus das Bier stehenlassen und ist gegangen, wenn der Bergbauer gekommen ist. Ich weiß net, warum, und ich hab es nie erfahren. Ist bald zwanzig Jahre her, und die Bergbauernleute haben sich im Dorf auch nimmer sehen lassen. Beim Kirchgang sind wir ihnen ausgewichen."

„Ich muß wissen, was dahinter ist, und ich geb keine Ruhe, bis ich es herausgebracht habe", murrte der Florian störrisch. Bittend jammerte seine Mutter:

„Was willst du denn? Was hast du auf einmal mit dem Bergbauern zu tun? Schau doch, daß du ein Dirndl findest und die Mühle übernehmen kannst! Hier in dem Kellerloch halte ich es nimmer lange aus."

„Hast recht!" lachte er bitter. „Ich muß ja heiraten. In ein paar Tagen hab ich eine gefunden, das garantier' ich dir — und wenn ich sie von der Straße weg nehmen muß. Ist ja alles egal. Auf die Mühle verzichte ich net!"

Er zog sein Werktagsgewand an, nahm das Gewehr und ging am späten Nachmittag dem Berg zu. Er kam in der Nacht nicht zurück.

Die Holzhauer, die im grauenden Montagmorgen zur Arbeit in den Schlag unterm Frauenwald gingen, trafen ihn dort an. Er saß auf einem gefällten Stamm und war kalkweiß im Gesicht. Ihre Frage, ob ihm etwas fehle, beantwortete er nicht. Er fragte nur, ob ihm einer ein Stück Brot geben könne, verschlang es mit Heißhunger und wollte wissen, ob ihnen jemand begegnet sei. Sie verneinten es. Dann warf sich der Jäger auf einen Haufen Tannenäste und schlief sofort ein. Das Pochen der Äste und das Schnarren der Baumsägen vermochte ihn nicht zu wecken.

„Hast sein Gesicht gesehen? Ganz blaufleckig — da hat es was gegeben", vermutete einer, und ein anderer meinte:

„Ganz fremd ist er. Hat sich den Bart und die Haare schneiden lassen, aber die Augen — hast die gesehen? Als hätte er die ganze Nacht geweint."

„Geht uns nix an", fuhr der Partieführer, ein älterer Mann, den beiden in die Rede: „Mit dem Florian nimmt es so oder so kein gutes Ende."

Bis in die Nacht hinein war der Jäger unterm Keitersberg gestreift, und es war, als triebe ihn eine Ahnung. Er hatte gegen Morgen einen Felsen erstiegen, von dem aus er eine Waldschneise und einen Flecken Jungholz übersehen konnte, und hatte abwechselnd gedöst und beobachtet, sich in seinem Zorn über den vergangenen Tag gehenlassen und über die Unterhaltung mit der Mutter nachgedacht. Dann war ein Schatten über die Waldschneise gewischt, er hatte den Felsen verlassen, um ihm zu folgen, war über eine Wurzel gestolpert und dann wie angeschossen aufgesprungen: Ganz in seiner Nähe war der Warnschrei erklungen, der ihm das Blut in die Schläfen trieb:

„Hohoho-huii!"

Er war auf die Stelle zugestürmt, hatte noch eilige Schritte gehört, die sich in zwei Richtungen entfernten, war ins Leere hineingerannt, war stehengeblieben, um zu horchen, und hatte dann getrachtet, vor den Fliehenden aus dem Wald zu kommen, um sie abfangen zu können.

Der Wald hatte die Schatten verschluckt, und der anbrechende Tag hellte die tauglänzenden Wiesen auf und verriet eine Spur, die durch das Gras zum Weg führte. Und weitum war nichts mehr zu sehen. Wie ein Irrer streifte er die Waldhänge ab, hastete wieder gegen den Berg. Es waren zwei Menschen gewesen, und er hatte ihre Schritte genau gehört. Zwei, mit denen er immer zu tun hatte, dem unheimlichen Wilderer und seinem Warner.

So nahe war er den beiden noch nie gewesen.

Diese Stimme! Wo hatte er sie schon gehört? Es war zum Verrücktwerden! Die Wut preßte ihm Tränen in die Augen, und auf dem Holzplatz angelangt, setzte er sich erschöpft auf einen Stamm; er spürte, wie alles in ihm kalt und starr wurde, wie ihn der Hunger plagte und die Bäume ringsum zu wanken begannen.

Dann waren die Holzhauer da. Er sah ihre Gesichter nur verschwommen und verstand nicht, was sie sagten, fragte, ob sie jemanden gesehen hätten, aß das Stück Brot, das sie ihm gaben, und wußte dann nichts mehr. Ein Frösteln weckte ihn gegen Mittag, und frierend machte er sich auf den Heimweg. Die Füße wollten ihm den Dienst versagen, und in die Jägerwohnung taumelte er wie ein Betrunkener, glotzte seine Mutter aus verschwollenen Augen an, fiel auf das Kanapee und hörte fiebernd noch das unheimliche „Hohoho-huii“, ehe ihm die Sinne schwanden.

Als die alte Jägersfrau den Bader holte, tröstete dieser sie: „Kein Wunder! Wenn der Florian das Essen vergißt, dann reißt es ihn um. Gestern ist er bei der Rauferei in Simpering dabei gewesen, siehst ja, wie sie ihn zusammengeschlagen haben. Der hält das leicht aus, und wenn er sich tüchtig ausgeschlafen hat, wird ihm schon nix mehr fehlen.“

Am Nachmittag ging die Jägerin mit ihrem Kummer zum Herrn. In seinem Arbeitszimmer saß sie ihm gegenüber und erzählte ihm mit tränenerstickter Stimme von ihrer Not und dem Kummer, den sie mit dem Florian habe.

„Er ist ein Wirrkopf!“ zürnte der Schloßbräu. „Wer weiß, was er sich alles einbildet und hinter wem er eigentlich her ist. Das sagt er ja net einmal mir. Wenn es net wegen dir und deinem Mann wär, dann hätte ich ihn schon als Jäger entlassen. Ich gebe ihm ja die Haselmühle zur Pacht, er soll halt endlich zusehen, daß er zum Heiraten kommt.“

„Mit mir redet er ja kaum. Er wird net nachlassen, bis er den gefunden hat, der seinen Vater auf dem Gewissen hat, und wenn Ihr ihn als Jäger nimmer wollt, so wird er trotzdem net nachlassen, dafür kenne ich ihn zu gut.“

„So kann es auch net weitergehen!“ grollte der Herr.

Die Jägersfrau wischte sich die Augen.

„Ich tue ja alles — hab ihm net gesagt, was der Vater noch auf dem Sterbebett und im Wundfieber geäußert hat, das hätte ihn vielleicht noch mehr durcheinander gebracht.“

Der Schloßbräu horchte auf. „Was hat dein Mann noch gesagt? Mir kannst du es ja sagen.“

„Ganz wirr und irr hat er daher geredet — halt im Fieber — hat immer wieder geschrien: Tu den Stutzen weg, auf dich schieß ich net. Dir hab ich zuviel Unrecht getan, auf dich kann ich net schießen. Warum tragst du mir das alleweil noch nach — mich reut es sowieso bis ins Grab hinein.“

„Wen hat er denn da gemeint?“

„Ich weiß es net. Hab mir schon viel Gedanken drüber gemacht, aber ich weiß es net“, schluchzte die Dachsbergerin und fuhr fort: „Ehvor er gestorben ist, hat er noch einen lichten Augenblick gehabt, da wollte er auch mich um Verzeihung bitten, und dann hat er sich aufgebäumt und gerufen: Sag dem Alois, daß wir jetzt quitt sind. Nachher hat er sich gestreckt, und ich hab ihn vergeblich noch fragen wollen, welchen Alois er meint. Allemal, wenn er für einen Augenblick bei sich gewesen ist, hab ich ihn gedrängt, daß er mir sagen soll, wer auf ihn geschossen hat. Ich glaube, er wollte es net sagen."

„Alois — Alois?" murmelte der Schloßherr. „Welcher Alois, und warum?" Er trommelte nervös mit den Fingern auf der Schreibtischplatte. „Mich kann er doch net gemeint haben! Zwischen uns ist nie was gewesen."

„Das glaube ich auch net. Er hat an Euch gehangen und Euch alleweil als einen guten Herrn gelobt."

Eindringlich forderte der Herr: „Dachsbergerin, sag niemandem etwas von dem, was dein Mann im Fieber gesagt hat. Auf keinen Fall redest du mit dem Florian darüber."

Die Jägerin sagte im Gehen: „Ich dank Euch, Herr. Redet, bittschön, dem Florian zu und laßt ihn Jäger sein, er ist es mit Leib und Seele."

„Sorg dich net zuviel, Dachsbergerin — er sollte halt heiraten. An seinem Hochzeitstag gebe ich ihm die Mühle, und Jäger kann er bleiben, solange er will. Ich kann mich ja auch sonst über ihn net beklagen."

Als die Dachsbergerin gegangen war, ließ der Schloßbräu den Gendarmen Meier holen. Sie besprachen sich lange im Kontor des Herrn, und am Ende dieser Unterredung versicherte Meier:

„Das bring ich heraus, und vielleicht kriegen wir damit den Burschen, der den Dachsberger auf dem Gewissen hat, und auch den, der heute noch in deinem Wald herumschießt."

Ein goldener Herbst kam in das Regental und den Lamerwinkel. Auf den Kartoffelfeldern rauchten die Feuer. Die Schatten wurden länger, die Birken und Buchen färbten sich, und auf den gilbenden Wiesen weideten die Hütbuben das Vieh. Über die Arbeit gerieten die Vorgänge des Sommers fast in Vergessenheit. Nur eines fiel den Leuten von Hohenwarth auf: So viel wie in diesen Wochen waren die Gendarmen noch nie unterwegs gewesen, und ihre Dienstgänge führten sie oft Tag und

Nacht in die Wälder. Wer dabei von ihnen angetroffen wurde, mußte sich Fragen über das Woher und Wohin gefallen lassen. Sie tauchten immer zu zweit, plötzlich bei Einödhöfen auf und kamen zur Mittagszeit zu den Bauern und Häuslern, schnupperten und sahen in die Bratröhren, taten, als stünde jeder Bewohner von Hohenwarth und Umgebung im Verdacht, nur noch vom Wildbret zu leben.

Oft trafen sie bei ihren Waldgängen auf den Herrschaftsjäger, der ihnen im übrigen sichtlich aus dem Wege ging. Ihre Gespräche waren kurz und knapp, seine Reden bissig und feindselig. Sein Haar und Bart verwilderten wieder, seine Wangen waren eingefallen und bleich und die Augen rotgerändert und unruhig.

Und kaum eine Woche verging, ohne daß es unterm Keitersberg knallte. Streiften die Gendarmen im Hudlacher Revier, fiel der Schuß drüben im Frauenwald oder in der Rosenau, pirschten sie dort, dann krachte es drunten im Hohenwarther Wald. Zweimal hatten sie schon den huschenden Schatten des mysteriösen Wildschützen zu sehen vermeint, hatten das Brechen von Ästen und den Tritt eilender Füße gehört, waren gelaufen, bis ihnen die Zunge aus dem Hals hing, und konnten doch niemanden stellen.

„Das ist wie verhext!“ ärgerte sich Meier. „Ich wette um meinen Kopf, daß der Lump alleweil genau weiß, wo wir sind.“

Sie fanden den Aufbruch und konnten feststellen, daß der Wilderer sein Geschäft verstand und das erlegte Wild sachgerecht ausweidete. Des öfteren trafen sie den alten Umgeher Dirrigl, der Birkenreisig schnitt, aus dem er im Stadel des Schlosses Reisigbesen band. Von dem alten Mann, der schon halbblind war, konnten sie nichts erfahren, was ihnen nützlich gewesen wäre.

Den Hilfsgendarmen Alfons Loderer wunderte in dieser Zeit das Verhalten seines Vorgesetzten. Dieser befahl ihm eines Tages, alle Burschen und Männer in Hohenwarth und der Umgebung aufzuschreiben, die den Taufnamen Alois trugen. Sogar in den Friedhof mußte er gehen und dort alle Alois notieren, die im letzten Jahr gestorben waren.

Als Loderer sich die Frage erlaubte, warum sein Vorgesetzter sich plötzlich für alle Träger dieses Vornamens interessiere, blinzelte dieser nur verschmitzt und meinte:

„Sei net neugierig, Alfons, das wirst du schon noch merken, wenn es soweit ist.“

Dann gab es für die Hohenwarther doch wieder eine Überraschung und einen Anlaß für das Dorfgerede. An der Kirchentür war als Aufgebot angeschlagen, daß der Jäger Florian Dachsberger und die Maria vom Peterschneider heiraten wollten. Daß es so kam, daran waren die Reifnächte des November schuld. Wenn der Reif tagsüber auch wieder von den freien Flächen verschwand, so blieb er doch auf den geschatteten Waldwegen, und das wurde der flachshaarigen Tochter des Peterschneiders zum Verhängnis, als sie in Holzschuhen und mit einem Buckelkorb voll dürren Klaubholzes aus dem Hohenwarther Wald niederstieg. Sie rutschte aus und blieb hilflos mit verrenktem Knöchel liegen.

Der Florian kam dazu. Kurzerhand lud er sich den Holzkorb auf den Buckel und trug die Maria mehr, als er sie führte, heimwärts. Auf diesem mühsamen Weg vom Wald zum Peterschneider, gerührt von der Hilflosigkeit des Mädchens und ihrem Dank, faßte der Florian einen festen Entschluß. Jeden Tag kam er nun in das Peterschneiderhaus, um sich nach dem Befinden der Maria zu erkundigen, und nach einer Woche suchte er seinen Herrn auf, um ihm zu sagen, daß er nun heiraten könne und die Haselmühle so bald wie möglich übernehmen möchte.

Sichtlich erleichtert gab der Schloßbräu seine Zustimmung.

„Grad heut ist der Mühlbursch von der Großmühle dagewesen. Möcht sich verändern. Ist ein fertiger Müller, und er wird dich einweisen können. Ich laß ihm gleich sagen, daß wir ihn nehmen.“

„Herr, ich sage Vergelt's Gott, — aber — ich möcht doch auch Euer Jäger bleiben“, brachte der Florian vor, und der Bräu nickte.

„Das kann sein. Wirst dich aber erst richtig um die Mühle annehmen müssen. Im Winter ist net soviel Aufsicht im Wald, nötig, denn die Spitzbuben wissen, daß sie Spuren machen und mehr riskieren. Um den Holzzug kann sich der Partieführer kümmern, und die Gendarmen sind ja auch noch da.“

Zögernd gab der Florian zu bedenken: „Aber wo die Böcke stehen und wo sie herausgehen, weiß nur ich."

„Und wahrscheinlich auch noch ein anderer", erwiderte der Bräu sarkastisch. „Es bleibt, wie ich gesagt habe, die Mühle geht mir jetzt vor. Wirst ja alle Tag einmal Zeit für einen Reviergang haben."

Acht Tage vor Weihnachten ließ sich das Paar trauen und fand sich anschließend mit den engsten Verwandten im Schloßbräustübl zusammen. Der Bräu war dabei, wenn auch die kalten Böden des alten Baus, trotz der mächtigen warmen Schuhe, sein Zipperlein immer schmerzhafter werden ließen. Ein weiterer Gast war der Herr Expositus, der zwischen dem Brautpaar saß und gute Ratschläge für die Ehe gab. Später drückte sich noch der Haderer von Hundzell in die Stube, nachdem er sich mit einem Blick durch das Fenster vergewissert hatte, daß der Gendarm Meier nicht zu den Gästen zählte. Er suchte sich seinen Platz in seiner Ecke und bedankte sich für das Bier, das ihm der zufriedene Bräutigam hatte hinstellen lassen. Und als sich einmal die Gelegenheit ergab, flüsterte er ihm zu:

„Dachsberger, ich glaube, daß ich dir einmal einen Gefallen tun kann."

Der Jäger stutzte und fragte zurück: „Weißt du was? Oder hast du einen Verdacht? Dann sag es mir gleich!"

„Ist noch net so weit. Hab mir was zusammengereimt und werde jetzt gut aufpassen. Ich sage es dir rechtzeitig."

Der Jäger wurde abgelenkt, und der Haderer empfahl sich stillschweigend.

Am Nachmittag löste sich die kleine Gesellschaft auf. Die junge Frau äußerte den Wunsch, ihre künftige Wohnung in der Mühle zu sehen, und so machten sich das junge Paar und die Eltern auf.

Einige Monate hatten genügt, das leerstehende Haus noch verwahrloster erscheinen zu lassen. Als der Jäger die Haustür aufschloß, schlug ihnen dumpfe Kälte entgegen.

„Hab noch nix richten können, der Herr hat mir heute erst die Schlüssel gegeben", entschuldigte er sich. „Vom Mobiliar sollen wir behalten, was wir brauchen können."

Die Wohnstube war so verblieben, wie sie war, als man den

toten Haselmüller hinaustrug. Mäuse huschten über den Boden und verschwanden in den Mauerlöchern. Das Türl zu dem Wandschränkchen, in dem der Haselmüller sein Geld aufbewahrt hatte, stand noch offen. Altes Geschirr war auf dem gemauerten Ofen, und in die Ecken hatten Spinnen große Netze gespannt. Moderig war die Luft, die junge Frau riß ein Fenster auf. Auf dem Tisch lag ein leeres ledernes Geldsäckchen.

Auch in den Kammern des Oberstocks hatte sich nichts geändert. Die Betten waren von den Mäusen angenagt, und auf allem lag eine Schicht Staub.

Dann standen sie wieder in der Stube, und der Peterschneider stellte fest:

„Alles heruntergekommen. Da muß ein neuer Anfang sein, und wenn ihr zusammenhaltet, dann geht es auch."

„Dazu möge der Herrgott seinen Segen geben", sagte die alte Dachsbergerin und bekreuzte sich.

„Morgen ziehen wir um. Der Mühlknecht fängt auch morgen an. Der Mühlenbauer von Gotzendorf kommt auch, und ich möchte, daß die Mühle noch vor Weihnachten umgeht", versicherte der Florian.

Kalt und unheimlich war es auch im Mühlengebäude, die Wasser im Mühlkanal gluckerten, es tropfte von den feuchten Wänden der Radstube. Korn und Mehl hatten die Bauern abgefahren. Grüngrauer Schimmel wuchs an den Wänden hoch.

„Wir werden es schon schaffen, ich habe ja ein tüchtiges Weibl gefunden", tat der Florian überzeugt, und die Maria hauchte überglücklich:

„Das hätte ich nie vermeint, daß ich einmal Müllerin sein würde."

Nach vielen wohlmeinenden Ratschlägen der alten Dachsbergerin und der Eltern der Maria gingen sie heim. Das junge Paar verbrachte die erste Nacht noch getrennt bei den Eltern, und am nächsten Tag erfolgte der Umzug in die Mühle. Sie richteten sich dort ein, und die alte Dachsbergerin verwünschte die feuchte Kellerwohnung im Schloß, die ihr das Reißen gebracht hatte.

Zwei Tage vor Weihnachten leitete der Mühlknecht das Wasser zum Rad und füllte das erste Korn auf. Noch in diesen beiden Tagen brachten die Bauern aus der Umgebung mehr Mahlgut zur Haselmühle, als sie je dort hingefahren hatten. Nun gehörte die Mühle ja zum Schloß, und mit dem Schloßbräu wollte man sich gut stehen. In der Nacht verzehrte ein riesiger Feuerstoß auf der oberen Mühlwiese das, was die jungen Müllersleute aus dem Haus haben wollten, und im Schein der züngelnden Flammen tanzten die Schneeflocken.

Der Jäger Florian Dachsberger lachte wieder und glaubte an eine friedliche Zukunft, drängte den Haß in sich zurück. Es war ja Weihnachten, und die liebevollen Vorbereitungen, die die Müllerin für den Heiligen Abend traf, machten ihn wieder froh wie in den Kindertagen.

Zur Weihnacht war endgültig der Winter über die Berge gekommen und hatte Tal und Wald mit Schnee zugedeckt. Der böhmische Wind brauste über den Hohenbogen und hielt die Menschen in ihren Häusern fest. Er fegte den Schnee zu kleinen Wehen vor Fenster und Türen, sang um den spitzen Kirchturm von Hohenwarth, riß den Rauch von den Kaminen und bohrte den Frost in die Windseiten der Häuser.

Am Nachmittag des Heiligen Abends wanderte fröstelnd ein strammer Soldat auf der Straße von Kötzting dem Dorf Hohenwarth zu, pfiff mit dem Böhmwind um die Wette und sah sich im verschneiten Tal um, als sähe er die winterliche Pracht zum ersten Mal. Die Freude über den Weihnachtsurlaub ließ ihn die Unbilden des Waldwinters vergessen. Ab und zu stäubte er die Schneeflocken von der dunkelblauen Uniform des Artilleristen und drückte die Mütze mit dem roten Rand gegen den Wind, wischte mit der Hand Flocken und Nässe aus dem rötlichen Vollbart und musterte gelegentlich seine blankgeputzten Stiefel. Dann steckte er die Hände tief in die Hosentaschen, zog das Genick ein, wenn ihn der Sturm gar zu arg anfauchte. In Hohenwarth beschleunigte er seine Schritte, wunderte sich, daß eine alte Frau, die aus dem Kramerladen im Unterdorf kam, ihn anstarrte, als sähe sie einen Geist, überlegte beim Schloß, ob er einkehren und sich mit einem Schnaps aufwärmen sollte, gab sich dann aber doch einen Ruck und setzte seinen Weg durch das Dorf in die Weite der weißen Hänge fort. Die letzten Fußstapfen verloren sich im Gestöber, bis nur noch eine Spur blieb, die gegen Hudlach hinaufführte. Der Weg hinüber in die Mulde, in der der Hof des Bergbauern lag, war zugeweht, und keine Schritte verrieten, daß die Leute dort an diesem Tag das Haus schon einmal verlassen hätten. Tot und still lag der Hof, daß es den Wanderer schier bedrückte und die Erwartung ihn ernst stimmte.

Das Knarren des Hoftors trug der Wind fort, und kein fröhliches Hundegebell begrüßte wie sonst immer den Heimkehrer. Er stampfte auf der steinernen Hausgret den Schnee von den Stiefeln, rückte die Uniform zurecht und betrat das Haus.

Als er die Stubentür aufmachte, sah er schneegeblendet erst nur die Schatten, sagte ein freudiges „Grüß euch!" und wunderte sich, daß es lange dauerte, bis sich im Herrgottswinkel der Bauer erhob und einen Gruß murmelte. Der Bäuerin, die auf der Wandbank saß, war das Flickzeug entfallen, und sie flüsterte nur:

„O mein Gott, der Alois!"

Die Monika, die auf einem Fußschemel beim Ofen kauerte, sagte belustigt: „He, wie schaust denn du aus!"

„Bis zum Neujahr hab ich Urlaub! Hab es euch net geschrieben, weil ich euch überraschen wollte." Der Sohn des Hofes legte Mütze und Rock ab und setzte sich neben seine Mutter. „Bin recht neugierig gewesen, ob ihr mich gleich wiedererkennt."

Ratlos sah er von einem zum anderen, als nun seine Mutter hellauf weinte und die Hände an die Augen preßte:

„Den Bart — tu den Bart ab! Ich kann dich so net sehen!" Sie sprang auf und rannte in die Kammer.

„Was hat sie denn?" fragte der Alois verwirrt. „Warum kann sie meinen Bart net sehen? Ist denn etwas daran?"

Die Monika musterte ihn mit einem schiefen Lächeln:

„Ich weiß auch net, was sie auf einmal hat. Mir gefällt der Bart, aber du weißt ja — und erkannt hätte ich dich auch bald net. Wenn du net in der Uniform gekommen wärst, dann hätte ich gemeint, der Dachsberger Florian kommt bei der Tür herein."

Die Faust des Bergbauern fiel auf den Tisch, und er grollte: „Hast du dir diesen Bart wachsen lassen müssen?"

Betroffen vom Zorn des Vaters, wagte der Alois zu fragen: „Jetzt sagt mir endlich, was euch an meinem Bart stört."

„Nix sag ich!" brauste der Bauer auf. „So hättest du net kommen dürfen!"

Immer noch im unklaren, regte sich nun auch im Bergbauernsohn der Ärger.

„Ein schöner Empfang! Hab mich auf den Urlaub gefreut, aber in euch kenne ich mich net mehr aus. Gut, wenn es wegen dem Bart ist — den kann ich mir abschneiden lassen, und wenn man mich daheim net haben will, dann kann ich auch wieder gehen."

Der Bergbauer faßte sich. „Du bleibst da! Kein Wörtl wird mehr darüber geredet. Ihr wißt nix und versteht die Mutter net, die hat genug ausgestanden. Mit einem Bart hättest du net kommen brauchen. Du net!"

Kurz überlegte der Alois: „Gut, dann weg damit!"

Er nahm die Mütze, stand auf und verließ das Haus. Das Hoftor quietschte wie ein höhnisches Gelächter, als er es hinter sich zuzog. Mit langen Schritten ging er nach Hohenwarth zurück.

Wenn er das gewußt hätte! So stolz war er auf seinen Bart gewesen und hatte sich doch dabei nichts gedacht! Hatte nicht daran gedacht, daß die Mutter selber von einem unnatürlichen Bartwuchs geplagt war und daß sie sich ganz von der Umwelt zurückzog, weil man sie die bärtige Bergbäuerin nannte. Sie hätte sich doch nicht so zu erregen brauchen. Wie einen Geist hatte sie ihn angestarrt.

Der Böhmwind hatte indessen den Himmel freigeblasen, und nur noch ein rötlichgelber Gewölkstreifen stand im Westen unter dem tiefblauen Himmel. Dennoch waren im Dorf nur wenige Menschen unterwegs. Der Gendarm Meier begegnete ihm, stand nach seinem Gruß wie erstarrt, fragte, ob er gewiß der Bergbauernsohn sei, wünschte frohe Weihnachten und ließ ihn, kopfschüttelnd, weitergehen.

Vor dem Schloß stand er plötzlich vor dem Herrschaftsjäger, der ihn sprachlos anglotzte und dann im Hofeingang verschwand.

Diesmal war der Alois selber betroffen. Ihm war, als hätte er sein Spiegelbild gesehen. Wenn er mit dem Florian die Uniform tauschen würde, dann müßten sich die Leute den Kopf darüber zerbrechen, wer nun der eine oder der andere war.

„Na, so was!" redete er mit sich selber und suchte den Bader auf. Nur einen Augenblick stutzte dieser:

„Den schönen Bart, warum soll der weg?"

Geschwätzig wartete er die Antwort nicht ab, erkundigte sich, wie es beim Militär wäre und wie lange der Urlaub dauere, fragte, wie es Vater und Mutter gehe und haspelte das Geschehen des ganzen Sommers im Dorf ab.

„Und der Florian ist jetzt Müller in der Haselmühle —."

„Dein Dorftratsch interessiert mich net, schau, daß du fertig wirst", forderte der Alois ihn auf, und beleidigt beendete der Bader seine Arbeit, meinte aber wieder versöhnt, weil sein Kunde einen Nickel als Trinkgeld zulegte:

„Jetzt bist du wieder der Bergbauern-Alois, zuvor hätte ich dich bald mit einem andern verwechselt."

„Weiß schon mit wem, aber gerade den hab ich nie mögen", wurde der Soldat barsch und hatte es eilig, aus der Baderstube zu kommen.

„Sind denn jetzt alle verrückt geworden!" schimpfte er vor sich hin. Er hatte keine Lust, noch ein wenig im Ort zu bleiben und in der Schloßbräustube einzukehren; er machte sich sofort wieder auf den Heimweg. Es dunkelte schon. In der Wohnstube des elterlichen Hofes brannte bereits Licht, und wie aus den Wolken gefallen, stand er an der Tür.

Nun war der Tisch mit weißem Leinen gedeckt, unter dem Muttergottesbild brannte eine Kerze, es roch nach duftendem Braten, und die Mutter stand am Ofen und legte die Küchel in die brutzelnde Schmalzpfanne. Die Monika lachte:

„Jetzt bist du wieder sauber, Alois."

Der Bauer rieb sich das lange Kinn, legte die Pfeife hin und drängelte heiter: „Na also. Jetzt können wir ja anfangen, mich hungert schon."

Die Bergbäuerin wischte sich die Hände an der Schürze ab und begrüßte ihren Sohn, als wäre er eben erst gekommen und nicht schon zuvor dagewesen. Mit feuchten Augen preßte sie seinen Arm: „Nix für ungut, Alois, mich überkommt oft so ein Elend, und dann kann ich mir nimmer helfen."

Sie war rührend um ihn bemüht, half ihm aus der Uniform, zog ihm die Stiefel aus und ließ nicht nach, bis er in Hausschuhen am Tisch saß. Geräuchertes und Knödel trug die Monika auf, und nun war es der Bergbauer, der viel zu fragen hatte und zum Schluß meinte:

„Wir möchten uns mit dir sehen lassen. Komm mit in die Christmette. Die Mutter wird das Haus schon allein hüten."

So kamen sie sich wieder näher, zündeten die Kerzen am kleinen Christbäuml in der Stubenecke an und freuten sich über die bescheidenen Geschenke. Dann rauchten die Männer von den Zigarren, die der Alois mitgebracht hatte, und die Bergbäuerin kochte noch einen Kaffee, bis es Zeit zum Mettengang wurde.

Die Meierin hatte schon früh am Abend für ihre Mannsbilder einen Kranz aus Tannenzweigen gerichtet und mit Kerzen besteckt, hatte die beiden aus der Stube in den Hausflur geschickt, die Lichter angebrannt und dann die kleinen Gaben zugelegt. Es war nichts Besonderes, und sie hatten auch nicht darauf gewartet, sondern auf die Leber- und Blutwürste, die in dem Topf auf dem Herd im Kraut schmorten. Im Hausgang standen zwei große Krüge Bier, und es war also alles getan für einen gemütlichen Abend.

Der Meier aber war nicht ganz bei der Sache, und nach dem Grund seiner Zerstreutheit von seiner Frau befragt, meinte er:

„Ich habe heut was gesehen, und das geht mir net aus dem Kopf."

Auf das weitere Drängen seiner Frau verriet er auch: „Dem Bergbauern seinen Buben."

„Den Alois?"

„Ja, richtig — den Alois", strubbelte er und herrschte seinen Gehilfen an: „Hast du den auch auf der Liste?"

„Nein", gestand Alfons Loderer, „der ist ja eingerückt."

„Macht nix." Er wurde unruhig und beeilte sich mit der Mahlzeit, forderte auch seinen Gehilfen auf, sich mehr umzutun.

„Wir gehen zum Bräu und dann in die Mette, damit die jungen Leute in der Kirche keinen Unfug machen", entschied er.

Die Wege im Dorf waren menschenleer, Lichter in allen Häusern kündeten die Weihnacht. Im großen Tor, das in den Schloßhof führte, stand verfroren und klappernd vor Kälte ein Mann und trat den beiden Gendarmen entgegen: der Haderer von Hundzell.

„Herr Kommandant", nuschelte er, „hab mir net zu Euch gehen getraut. Weihnachten ist, und da möchte ich gerne wieder einmal unter die Leute gehen. Hab mich recht zurückgehalten in der letzten Zeit, und da tät ich bitten, daß Ihr das Wirtshausverbot aufheben wolltet, wenigstens für die Feiertage."

Meier setzte eine ernste Miene auf. „Wie geht es der Familie? Warum bist du net daheim und treibst dich da herum?"

„Wir haben das Weihnachten schon gefeiert. Gibt keinen Streit mehr zwischen mir und meinem Weib, und sonst ist alles wieder im guten. Die Erdäpfel sind heuer gut geraten und auch das Korn. Aber ich bin ein Mensch, den nix mehr freut, wenn er nimmer unter die Leut gehen darf. Bitt gar schön."

„Zwei Maß an den Feiertagen, aber unter der Woche darf ich dich in keinem Wirtshaus erwischen, sonst spukt es gewaltig!" schnauzte Meier ihn an, und der Haderer rannte der Bräustube zu.

Dort war gerade die Christfeier für die Hausleute zu Ende gegangen und die Kerzen am Weihnachtsbaum in der Ecke gelöscht. Wärme und Wachsgeruch erfüllten die Bierstube, in der die Knechte und Mägde, der Jäger Dachsberger und seine junge Frau, die Wirtschafterin und die Tochter des Hauses um den Schloßbräu versammelt waren und gemeinsam die üblichen Bratwürste zum Kraut aßen. Man machte den Gendarmen am Ofentisch Platz, und der Herr bestellte persönlich für sie das Bier, was bedeutete, daß er sie dazu einlud. Sein rundes und feistes Gesicht strahlte in Zufriedenheit, und auch die Ursula war froh, daß sie Gesellschaft bekommen hatten, obwohl man in der Schloßbräustube an den heiligen Abenden keine Gäste erwartete. Man beachtete auch den Haderer nicht weiter, der sich zu den Knechten gesellt hatte. Schweigend saß der Florian mit seiner Frau am Herrentisch, und da er sich zu wenig angesprochen fühlte, gingen die beiden bald.

Dann rückte die Ursula damit heraus, daß sie auch an die

Gendarmen gedacht habe, überreichte Meier eine Bartbinde und ein Büchslein Bartwichse, worüber alle herzlich lachten. Verschämt gab sie dann dem Alfons Loderer ein Paar selbstgestrickte Handschuhe. Die freudige Erregung machte sie hübsch, und Loderer betrachtete sie erstaunt.

Der Schloßherr erzählte, daß er seinem Jäger als Christgeschenk ein Paar von den neuen Schneebrettern gekauft habe, wie man sie in Norwegen habe, und mit denen man schneller vorwärts komme als mit den alten Schneereifen.

„Ski nennt man sie, und ich bin neugierig, wie er damit zurechtkommt. Der Förster am Arber hatte sie schon im vorigen Winter, und er hat sie mir besorgt."

So rückte die Zeit zum Mettengang heran, und das Gesinde verließ die Bräustube. Der Haderer schloß sich an und bedankte sich fleißig, als der Schloßherr ihm das getrunkene Bier schenkte.

„Bin also ich heute der Haushüter", meinte der Herr, aber der Meier erklärte seinem Gehilfen:

„Alfons, sag dem Herrn Expositus, ich wäre dienstlich verhindert, und paß gut auf, daß die Burschen keinen Blödsinn machen."

Als letzte verließen die Ursula und der Loderer das Haus, und in der Bräustube blieben nur noch die beiden Männer zurück. Es blieb eine Weile still, und sie horchten auf das mitternächtliche Glockengeläut. Dann stand Meier auf und legte einige Holzscheite in den großen Kachelofen, während der Herr zum Schankkasten humpelte und eine Flasche Wacholderschnaps und Gläser herbeiholte.

„Ist so was Eigenes um die Weihnacht", meinte er besinnlich. „Man muß alleweil daran denken, ob man das nächste Fest noch erlebt."

„Ja, und was sich alles ereignen kann bis zur nächsten Weihnacht", bröselte Meier. „Mir ist da heut was untergekommen, was mir keine Ruhe läßt. Gibt es das, daß sich zwei Menschen, die net miteinander verwandt sind, so gleichsehen, als wären sie Zwillingsbrüder?"

„Wie meinst du das?"

„Den Bergbauernsohn hab ich gesehen und hab gemeint, es wär der Dachsberger. Das gleiche Gesicht, der gleiche Bart, dieselben Augen."

„Hm, das kann es schon geben."

„Das muß einen Grund haben. Hätte große Lust, mich einmal mit der alten Dachsbergerin darüber zu unterhalten."

„Willst du sie etwa fragen, ob vielleicht der Bergbauer der Vater von ihrem Florian ist? Die wird dir gehörig Bescheid geben!" lachte der Bräu. „Kann sein, daß es einiges im Dorf gibt, was wir net wissen. Geht uns aber auch nix an."

Sie prosteten sich mit den Schnapsgläsern zu, und dann begann der Meier wieder zu erzählen von einer Weihnacht im Siebziger Krieg, und er erzählte noch, als der Schloßherr von Hohenwarth schon längst am Tisch eingenickt war.

Als der Meier das endlich merkte, zog er die Wacholderflasche zu sich heran und bediente sich selbst.

Steif und gehemmt war der Alfons Loderer neben der Ursula hergegangen und hatte sich vergeblich angestrengt, einen Gesprächsstoff zu finden. Um wenigstens etwas zu sagen, bedankte er sich noch einmal für das Geschenk und gestand, daß er sowieso keine Handschuhe besessen habe und sich schon deswegen darüber freue.

„Solltest öfter bei uns vorbeikommen, oder hast du gar keine Freizeit?" tat sie etwas verschämt, und er stotterte:

„Wenn es erlaubt ist — dann — komme ich ja gerne."

„Freut dich eigentlich dein Beruf? Würdest du unter Umständen den Gendarmen aufgeben?"

„Das käme natürlich nur auf die Umstände an."

Nun ging sie schon mehr aus sich heraus.

„Angenommen, du fändest einmal eine Braut, die Haus und Hof hat, heiratest sie und müßtest dich dann selber um den Besitz annehmen, was dann?"

Verlegen druckste er herum: „So eine finde ich kaum. Darüber brauche ich mir keine Gedanken zu machen. Für eine, die Haus und Hof hat, bin ich zuwenig. Also werde ich Gendarm bleiben."

Das letzte Wegstück zur Kirche hängte sie sich bei ihm ein.

„Die Leute werden reden, wenn sie uns so sehen, aber es ist so glatt, und meine Schuhe sind neu und noch recht rutschig."

Sie ließ ihn auch in der Kirche nicht los, sondern zog ihn mit in die Herrenbank. Während der Mette fehlte ihm die Andacht, und zerstreut dachte er über die eigenen Probleme nach und kam zu dem Entschluß, sich die Ursula warmzuhalten, sich aber vorsichtig zu benehmen, solange er nicht mit Gewißheit inne wurde, was der Schloßherr mit seiner Tochter vorhatte. Und mit seinem Vorgesetzten und der Frau Meier wollte er auch einmal darüber reden, die zwei guten Leute würden ihm keinen schlechten Rat geben.

Gar so unrecht war diese Ursula nicht. Sie war gebildet und wußte sich zu benehmen, und wenn ihr ein wenig Freude oder Eifer die Strenge aus dem Gesicht nahmen, dann war sie sogar hübsch. Und wenn sie lachte hatte sie viel Frauliches und Mütterliches.

Daß es aber mit ihnen keinen richtigen Zusammenstand geben könne, das wollte sie wohl nicht einsehen. Seinen Posten wollte er auch nicht verlieren. Ein Wort vom Schloßbräu von Hohenwarth an den Landrichter in Kötzting, und die Versetzung des Alfons Loderer nach irgendwohin war fällig. Einen Vorgesetzten wie den Meier würde er aber nie wieder finden.

Als nun zum Abschluß der Mette das Lied von der stillen heiligen Nacht aus rauhen Männerkehlen, übertönt von guten Frauenstimmen, so innig zur Kirchendecke enmporklang, holte er seine Gedanken zurück in die Wirklichkeit und versuchte mitzusingen.

Auf dem Rückweg eilte es der Ursula gar nicht. Sie wollte wissen, was Loderer an den beiden Feiertagen vorhabe und ob er Lust hätte, auch einmal die langen neumodischen Schneeschuhe zu probieren. Als er es bejahte, war sie begeistert und sicherte ihm zu, so bald wie möglich für jedes von ihnen ein Paar zu bestellen.

„Das gehört dir dann noch als zusätzliches Weihnachtsgeschenk. Du mußt es annehmen. Allein traue ich mich nämlich nicht, mit diesen Dingern zu fahren."

Und wieder hakte sie sich bei ihm ein und stellte mit einem Lächeln fest, daß die Mettenbesucher es zur Kenntnis nahmen.

Sollten sie auch, denn man würde das bald vor ihrem Vater zur Sprache bringen. Und das wollte sie.

In der wacherlwarmen Schloßbräustube fanden sie den Herrn schlafend, während der Gendarm Meier den letzten Zug aus der Wacholderschnapsflasche nahm und sich schwankend erhob:

„Ist was vorgefallen in der Metten?" fragte er lallend seinen Gehilfen, und die Ursula lachte:

„Ich glaube schon, aber es hat niemanden gestört. Bring ihn gut heim, Alfons."

Wäre der Loderer nicht gewesen, hätte in dieser Nacht der Meier die Tür kaum gefunden. Gestützt auf seinen Begleiter taumelte er räsonierend nach Hause. Er wiederholte immer wieder:

„Loderer, das bring ich noch heraus — das bringt der Meier noch an das Tageslicht, und dann weiß ich auch, wer es gewesen ist."

„Was meint Ihr damit?" versuchte der Loderer zu erfahren, was seinen Kommandanten so aus dem Häuschen brachte, dieser aber verriet nichts. Mit Hilfe der jammernden und schimpfenden Meierin fand der Gendarm von Hohenwarth schließlich sein Bett.

Der erste Weihnachtsfeiertag verging ruhig, denn im Waldland gehört dieser Tag den Familien. Die Wirtshäuser hatten nur wenige Besucher. Am zweiten Feiertag feierte man dann gerne in der geselligen Dorfgemeinschaft, und es war ein altes Herkommen, daß man an diesem Tag wenigstens für ein paar Stunden ausging.

Davon ließ sich auch der Bergbauernsohn Alois nicht abbringen, denn er wollte sich in seiner Uniform sehen lassen und die Schulkameraden treffen. Waren seine Eltern davon auch nicht besonders angetan, so wollten sie ihm doch nicht dawider reden, drangen aber darauf, daß er seine Schwester Monika mitnahm, damit auch sie ein wenig unter die Leute komme.

In der Bräustube war ein Zitherspieler aus Lam angesagt, und diese Kunde füllte die gemütliche holzgetäfelte Schloßwirtschaft schon nach dem Mittag bis zum letzten Platz.

Als der Alois und die Monika eintraten, rief man sie gleich

an einen Tisch in der Ecke, wo sich eine enge Runde von Burschen und Mädchen ihres Alters zusammengetan hatte. Bald war der stramme Soldat der Mittelpunkt dieses Kreises und der heiteren Unterhaltung, an der seine Schwester sich anfänglich kaum beteiligte. Sie hatte sich so gesetzt, daß sie die ganze Stube übersehen konnte, und es entging ihr nichts.

Am Herrentisch saß der Bräu auf seinem angestammten Platz, bei ihm waren der Gendarm Meier und sein Gehilfe, an dessen Seite, sichtlich in bester Laune, die Ursula Platz genommen hatte. Am unteren Ende des Tisches, an dem auch noch der Bürgermeister sein Bier trank, hatte sich der Jäger Florian Dachsberger niedergelassen. Er beteiligte sich kaum an den Gesprächen und schien ein besonderes Interesse an der lustigen Gesellschaft in der Ecke zu haben. So auch der Gendarm Meier, der sie schon bei ihrem Eintritt so fragend angestarrt hatte und der sie nun kaum noch aus den Augen ließ. Er redete mit dem Schloßherrn, und nun sah auch dieser herüber.

„Da drüben reden sie von uns", flüsterte die Monika ihrem Bruder zu. Und dieser raunte zurück. „Laß sie nur, die wundern sich vielleicht darüber, daß ich heute ganz anders aussehe als am Heiligen Abend, da hat der Meier mich noch mit dem Bart gesehen."

Draußen lag die Sonne auf dem Schnee, und drinnen stieg die Stimmung, so daß das Klimpern der Zither sich oftmals kaum durchsetzen konnte. Ein Schulkamerad vom Alois brachte mit seinen spaßigen Einfällen die Tischrunde immer wieder zum Lachen und schlug schließlich vor, gemeinsam ein Lied zu singen. Er stimmte auch gleich an, und die anderen fielen ein:

Hohoho hui, lustig im grünen Wald,
hohoho hui, wenn unser Stutzerl knallt
und wenn ein Böckerl fallt
draußen im Wald.

Hohoho hui, i bin a Wildbretschütz,
hohoho hui, wenn i aufs Böckerl spitz
fürcht i kein Jager halt
draußen im Wald.

Schon nach der ersten Strophe war es still geworden, und der Florian hatte aufgehorcht. Bei der zweiten Strophe sangen auch die Mädchen mit, und der Zitherspieler schloß sich mit seinem Instrument an. Das Lied war noch nicht zu Ende, als der Jäger sich durch die dichtbesetzte Bräustube zu den Sängern in der Ecke drängte. Als der letzte Ton verklungen war, stand er bei ihnen, starrte sie mit aufgerissenen Augen an und rief heiser und herrisch:

„Wer hat da übergesungen — wer hat die hohe Stimme gesungen?"

Eine Weile war es still am Tisch, dann ging es durcheinander:

„Was will er denn? Will er uns das Singen verbieten? Der spinnt ja!"

„Ich möchte wissen, wer da die Oberstimme gesungen hat!" forderte der Florian noch einmal.

Da stand der Alois auf und antwortete verärgert: „Was willst du denn eigentlich? Wir singen, wie wir wollen, das geht dich wohl nix an!"

Da riß der Jäger einen Taler aus der Tasche und warf ihn auf den Tisch: „Singt es noch einmal, aber alle!"

Der Bergbauernsohn nahm das Geldstück und steckte es dem Florian wieder in die Rocktasche:

„Wir singen, wann wir wollen, und jetzt wollen wir nimmer!"

Die Unterhaltung verebbte, und am Herrentisch zwirbelte der Gendarm Meier seinen Schnurrbart. Da rief der Schloßherr seinen Jäger zurück, und dieser folgte nur zögernd. Grimmig wies er ihn zurecht:

„Was scherst du dich denn um ein Wildschützenlied?"

„Das Lied mein ich net, Herr", stammelte der Florian, und seine Stimme zitterte vor Aufregung.

„Dann gib nach und belästige meine Gäste net."

Noch eine Weile blieb der Jäger, achtete nicht mehr auf die Gespräche und verschwand dann unauffällig.

Die Dorfleute und auch die Burschen und Mädchen in der Ecke übergingen den Vorfall, den sie sich ohnehin nicht erklären konnten, und die Unterhaltung ging weiter. Draußen ging der kurze Tag zu Ende, und die Monika, die sehr schweigsam geworden war, fragte ihren Bruder, ob er nicht heimgehen wolle. Der Alois war damit einverstanden, da das Verhalten des Jägers auch ihm die Stimmung genommen hatte.

„Wenn ich net die Uniform angehabt hätte, dann hätte ich es dem Florian anders gegeben!" grantelte er auf dem Heimweg. „Ich verstehe net, warum der sich so aufgeregt hat."

Die Monika erwiderte nichts mehr, bat aber vor dem Hoftor eindringlich: „Sag daheim nix, ich bitte dich."

Die Woche verging friedlich und einträchtig auf dem Bergbauernhof, und am Morgen des letzten Tages im alten Jahr kehrte der Alois wieder in seine Garnison zurück.

Im neuen Jahr wurde der Winter hart und streng. Klirrender Frost schlug in blanken Nächten das Tal in seinen Bann.

Die Holzhauer zogen mit Ziehschlitten das im Sommer geschlagene Stammholz vom Berg. Das Schellengeläute der Pferdegespanne, die das Holz zu den Sägen transportierten, war in der klaren Luft weithin hörbar. Das Eis schob sich in die Bäche, das Wasser wurde weniger, und schließlich vermochte das große Rad in der Haselmühle den Mühlgang nicht mehr zu bewegen und stand still. Der gefrorene Schnee sang und quietschte unter den Schuhen. Auf den langen Schneebrettern fuhr der Jäger Dachsberger nun die Hänge und die Waldwege ab, bewehrt mit zwei Stöcken, fluchend sich im Schnee wälzend oder sich hinfallen lassend, wenn die Schneeschuhe zu schnell wurden oder recht eigenwillig eine andere Richtung nahmen, als er wollte. Im Februar schon tummelten sich auf dieselbe Weise die Ursula und der Hilfsgendarm Loderer auf den Wiesen und Buckeln, fanden viel Spaß daran und kamen sich dabei immer näher. Als sie sich einmal in die Quere kamen und miteinander im Schnee lagen, fand Loderer das vom Frost gerötete und lachende Gesicht seiner Begleiterin so reizend, daß er sie küßte, und damit war das heimliche Verhältnis besiegelt.

„Jetzt werde ich mich halt nimmer ins Schloß trauen dürfen", meinte er ernüchtert, doch die Ursula kicherte:

„Jetzt erst recht! Aber dem Vater müssen wir es schonend beibringen. Der glaubt alleweil noch, ich heirate irgendeinen übertragenen Mann, der Geld hat und gerne Schloßbräu wäre. Aber ich will nur einen wie dich."

Am Abend nach diesem Erlebnis gestand der Loderer seinem Vorgesetzten, wie es zwischen ihm und der Ursula stand, und dieser sagte zuerst stirnrunzelnd und seinen Schnauzer sträubend:

„Das ist eine böse Geschichte, mein Lieber! Wenn das der Bräu erfährt, bist du geliefert! Was bildest du dir eigentlich ein, du armes Würstl, du Nixhaber!" Dann grinste er und klopfte ihm auf die Schulter: „Grad recht ist es! Halte dich dran. Muß net alleweil der Geldhaufen zum Geldhaufen heiraten. Ich werde den Herrn langsam einweihen und dir auf jeden Fall ein gutes Wörtl reden. Lieber ein Herr auf Grund und Boden als ein Gendarm, der auf die Spitzbuben aufpassen muß."

Der Meier setzte also dem Schloßherrn den ersten Floh ins Ohr. Er suchte in diesen eiskalten Tagen die warme Bräustube lieber und öfter auf als sonst, und der Bräu war froh, in ihm einen guten Unterhalter zu haben, der ihn von den Schmerzen in den gichtigen Beinen ablenkte.

Mit angereiftem Bart und blaugefrorenem Gesicht suchte der Meier nach einem Dienstgang wieder einmal Zuflucht in der Bräustube, und da er den Herrn gerade in guter Laune antraf, begann er hintersinnig:

„Mit meinem Alfons Loderer bin ich gar nimmer zufrieden. Am liebsten tät er den ganzen Tag mit deiner Ursula auf diesen Schneebretteln herumrutschen."

„Laß ihm den Spaß", greinte der Bräu. Ich bin froh, wenn die Ursel ein bißchen Vergnügen hat, sonst wird sie mir noch sauer."

Bedenklich wiegte Meier den Kopf und schürte weiter: „Ich tät da nix weiter denken, aber zwei junge Leute — wenn die dauernd beinander stecken —"

„Da gibt es bei meiner Ursel nix, und der Loderer wird auch wissen, was sich gehört."

Der Meier ließ nicht locker: „Tut sich denn gar nix mit einer Heirat? Die wird sich halt ihren Zukünftigen auch selber aussuchen wollen und net jeden nehmen, der darauf spekuliert,

Hohenwarther Schloßherr zu werden. Und da hat sie auch recht."

Nun wurde der Bräu doch mißtrauisch: „Die bleibt net übrig, da brauchst du dir keine Sorgen zu machen."

„Das glaub ich ja auch. Muß ja net einer mit Geld sein, Hauptsache, er ist ein anständiger Kerl, und sie will ihn."

„Was willst du eigentlich? Rede gleich deutsch, wenn du mir was hinterbringen willst!" forderte der Bräu ihn nun mißlaunig auf, und Meier zog es vor, bei seinem ersten Vorstoß nicht weiterzugehen.

„Hab nur so gemeint, wie man halt redet."

Über das Waldland zog das Schneegewölk und schüttete seine Last nach Lichtmeß über dem Regental aus. Fast jeden Tag mußte die Schneelast von den Dächern geschaufelt werden. Dann schlug in einer Nacht das Wetter um, und die Bäche befreiten sich vom Eis. Die Haselmühle ging wieder, und der Florian merkte in diesen Tagen erst, welch tüchtige Frau er mit der Maria ins Haus bekommen hatte. Sie war überall, tat ihre Hausarbeit und half in der Mühle mit, sorgte sich um ihren Mann und die alte Schwiegermutter, die behauptete, daß ihr Lebensabend nun schöner wäre, als sie sich je vorgestellt hatte.

Der Schnee sackte zusammen und drückte an einem Abend die Hälfte des Daches am Haus des Haderer in Hundzell ein, in dem die Kleinbäuerin die Niederkunft ihres zwölften Kindes erwartete. Der Haderer hatte es unterlassen, sein Dach abzuschaufeln, und die morschen Sparren waren unter dem Gewicht der feuchten Massen zusammengebrochen. Ein Knecht brachte die Nachricht von dem Unglück noch am Abend nach Hohenwarth, und der Gendarm Meier brach mit seinem Hilfsgendarmen sofort auf, um in Hundzell nachzusehen. Er veranlaßte, daß die hochschwangere Frau und die Kinder von einem Bauern aufgenommen wurden, trieb die Nachbarn zusammen zur Hilfeleistung, und am Morgen war der Schaden soweit behoben und die Einbruchstelle mit Brettern abgedeckt, daß die Familie zurückkehren konnte. Mit gespreizten Beinen hatte der Meier die ganze Nacht vor dem Haus gestanden und Befehle gegeben und sogar den Loderer zur Mitarbeit angehalten. So viel wie in dieser Nacht hatte auch der Haderer in seinem Leben nicht gearbeitet und mußte vom Meier immer wieder hören, was für ein liederliches und faules Mannsbild er sei, der sich so wenig um Haus und Familie kümmere, daß er längst ein paar Monate strenger Haft im Gerichtshaus in Kötzting verdient hätte.

Als es gegen Mittag ging und im Ofen des Hauses wieder Feuer brannte, saßen die Familie und die helfenden Nachbarn zusammen. Der Haderer holte vom Wirt ein Fäßlein. Die Einladung zu einem Freitrunk lehnten die Gendarmen ab. Ehe sie den Ort verließen, nahm sich Meier den Kleinbauern beiseite:

„Haderer, du bist doch ein Gauner, und ich werde dich einmal einsperren müssen. Ich brauche von dir keinen Dank, aber einen Gefallen. Du bist ein besserer Schnüffler als ich und kennst dich überall aus. Das Wirtshausverbot heb ich auf. Besauf dich nimmer, sondern paß gut auf, was geredet wird. Wenn du etwas herausbringst, was uns auf die Spur des Wildschützen vom Keitersberg bringt, soll es dein Schaden net sein. Was sagt man unter den Leuten, rück einmal heraus damit!"

Überzeugend versicherte der Haderer: „Niemand weiß was, Herr Kommandant. Den Wilderer kennt keiner. Der hat keinen Komplicen. Ich meine, daß es keiner von den kleinen Leuten ist, kein Häuslmann oder Tagwerker, es muß einer von den Großen sein. Wenn ich nach ihm suchen müßte, dann tät ich bei den Bauern anfangen. Es ist auch keiner von der herüberen Seite, und er kann net weit weg sein vom Hohenwarther Wald, vom Frauenwald und der Rosenau."

„Also hast du doch einen Verdacht!"

„Einer von den Höfen muß es sein", tuschelte der Kleinbauer, „da gibt es nur eine Handvoll —"

Und als er flüsternd aufzählte, bekam Meier große Augen und drehte nervös an seinem Schnauzer:

„Also, dann horch ein wenig herum, und wenn du was hörst, dann sag es mir. Aber sag kein Wort dem Dachsberger!"

„Kein Wort, das verspreche ich!"

Auf dem Heimweg wollte Loderer von seinem Vorgesetzten erfahren, was er noch mit dem Haderer verhandelt habe, doch dieser blieb stumm und nachdenklich. Um seinen Kollegen abzulenken, meinte er schließlich:

„Kannst dich jetzt ausschlafen, mir fallen nach dieser Nacht auch die Augen schon zu."

Der Nachwinter verging, und der Schnee verschwand aus dem Regental. Vom Berg kam das Schmelzwasser, trieb kräftig die Mühlen an, und das Mahlgeschäft blühte. Zur Haselmühle kamen nun täglich die Bauern mit ihrem Korn, und die Mühlgänge klapperten Tag und Nacht. Der Mühlknecht war tüchtig und bescheiden, hatte sich sogar sein Bett in die Mahlstube gestellt, um zu jeder Zeit bereit zu sein, wenn das Klingeln anzeigte, daß aufgeschüttet werden mußte. Dann und wann löste der Florian ihn ab.

Die junge Ehe und die Arbeit hatten dem Jäger das Unstete genommen. Er kümmerte sich um die Beendigung des Holzzuges und die Holzverkäufe, rechnete mit seinem Herrn ab, und dieser war mit ihm zufrieden. Doch mit den ersten milden Nächten und sonnigen Tagen packte den Florian die Unruhe wieder. Er war zerstreut und mißlaunig, verlor das Interesse am Mühlengeschäft. Oft noch am späten Abend, meist aber in der Dunkelheit vor dem Morgen, nahm er das Gewehr und ging auf den Berg.

In diesen Tagen gab es die erste Auseinandersetzung in der jungen Ehe. Die Marie hatte die Veränderung im Wesen ihres Mannes bemerkt, und sie kannte auch den Grund dafür, denn in den langen Winterabenden war zwischen ihnen oft die Rede vom Wildschützen auf dem Keitersberg gewesen.

„Was mußt du denn so hinter dem Lumpen herrennen? Einmal kommt er dir ja doch in den Weg! Ich habe Angst vor dieser Stunde."

„Misch dich da net drein, Marie!" wurde er grob. „Davon kannst du mich net abbringen. Mögen sie mich für verrückt halten und mich meinetwegen auch den Wilden Jäger nennen, ich hab am Grabe meines Vaters geschworen, und ich halte meinen Schwur!"

Bekümmert hörte die alte Jägersfrau zu und tröstete ihre Schwiegertochter: „Laß ihn, kannst ihn doch net aufhalten."

Auch den Gendarmen Meier trieb es herum. Er überließ die kleinen Streitereien und nichtigen Anzeigen der Dörfler seinem Gehilfen und ging seine eigenen Wege. Gemächlich marschierte er seinen Bezirk ab, kehrte bei den Bauern zu und unterhielt sich mit ihnen und tat, als hätte er sonst kein Anliegen, als sich auf diese Weise über den Tag zu bringen. Leutselig sprach er mit allen, die ihm begegneten. Dann stiefelte er wieder auf den Waldsteigen herum. Öfter war er nun auf dem Weg nach Hudlach zu sehen, suchte dort die Häuser auf und hörte sich geduldig die Klagen über den vergangenen strengen Winter, das ausgefrorene Winterkorn, die Viehkränke und andere Sorgen der Leute an. An einem Nachmittag im März begegnete ihm der Umgeher Dirrigl. Er ließ ihn vorbeigehen, rief ihn jedoch dann zurück.

„Dirrigl, du hast doch den alten Dachsberger gut gekannt?"

„Freilich hab ich den gekannt."

„Traurig, daß der so hat enden müssen."

„Ja, ist kein schöner Tod gewesen."

„Hast du dir wohl auch schon Gedanken darüber gemacht, wer ihn angeschossen hat?"

Der Alte stutzte und schüttelte den Kopf: „So viel denke ich net."

Meier wurde nun strenger: „Ich könnte dir ein wenig nachhelfen. Ich glaube aber, daß wir im guten auch zusammenkommen. Du treibst dich in der Gegend herum, und da wird dir schon etwas aufgefallen sein, was mich interessiert. Also erzähl mal."

Lange überlegte der Umgeher, dann schien ihm etwas einzufallen, und listig bröselte er:

„Kann sein, daß ich was weiß, ob es Euch aber wichtig ist? Für ein kleines Flaschl Schnaps könnt ich es schon sagen."

Mit wehleidigem Gesicht zog Meier einige Zehnernickel aus der Tasche und wog sie in der Hand. „Also, heraus damit!"

Der Alte sah sich nach allen Seiten um und erzählte dann wichtigtuerisch:

„Heut hab ich was gefunden. Da droben bei der großen Ahorn ist im Dickicht eine Rehschlinge. Ich hab sie net angerührt, aber wenn Ihr da droben in aller Früh aufpassen tätet, dann kann sein, daß der Schlingenleger kommt und nachschaut, ob etwas drinnen hängt."

Grimmig schnauzend gab Meier dem Alten das Geld: „Wenn es net stimmt, dann hau ich dir den Buckel voll und sperre dich wegen Landbettel ein."

Der Dirrigl hatte es eilig, fortzukommen, und Meier schlenderte dem Wald zu. Vorsichtig Ausschau haltend, näherte er sich dem Ahornbaum, durchstöberte das Gebüsch und fand die Drahtschlinge, die zwischen zwei jungen Tännlingen über einen sichtbaren Wildpfad gezogen war.

Genau merkte er sich die Stelle und schimpfte im leisen Selbstgespräch über den Wildfrevler, der auf so gemeine Weise dem vom langen Winter ausgezehrten Rehwild diese Falle gelegt hatte.

„Bürscherl", drohte er, „dich fang ich! Wenn du auch wahrscheinlich net der bist, den ich suche, aber das Handwerk lege ich dir."

Die Meierin wunderte sich, als ihr Mann in der Nacht leise das Ehebett verließ, obwohl es noch finster war. Sie hörte, wie er sich in der Stube nebenan ächzend und brummend anzog und das Haus von außen abschloß.

Was wird er denn wieder haben, dachte sie nur und drehte sich um. Es wäre doch vergeblich gewesen, ihn aufhalten zu wollen.

Es dämmerte über dem Osser der neue Tag, als der Meier sich unterhalb Hudlach in den Wald schlich und hinter dem Ahornbaum postierte. Es war kalt, und fröstelnd drückte er sich an den Stamm. Es wurde heller, und schon begann er über den alten Umgeher zu fluchen, als ihm ein Geräusch verriet, daß sich in seiner Nähe jemand bewegte. Kaum einige Meter von ihm entfernt, drückte sich ein Mann in das Gebüsch, verharrte dort einige Zeit, den Ort beobachtend, an dem die Rehschlinge aufgemacht war, und folgte schließlich dem Wildpfad, der talwärts aus dem Wald führte. Es war schon hell genug, so daß ihn Meier erkennen konnte. Es war der Krippl Sepp, der gar nicht weit, am Wege nach Hudlach, ein verwahrlostes hölzernes Haus bewohnte und eine kleine Landwirtschaft betrieb.

Vor kurzem war sein Weib verstorben, und er hauste mit einer Stalldirn und zwei Kindern.

Na warte, Freunderl, das treib ich dir gründlich aus, wetterte Meier bei sich und stapfte hinter dem Söldner her, sah noch, wie er hinter der Tür seines Holzhauses verschwand, und trat einen Augenblick später in die niedere verrauchte Stube. Prüfend sah er sich um. Zwei halberwachsene Kinder, ein Bub und ein Mädel, zankten sich, ohne den Gendarmen zu beachten, an einer Wiege saß eine untersetzte, kräftige Dirn, und der Krippl selbst entledigte sich gerade seiner Joppe und hängte sie an einen Nagel. Es sah unordentlich aus in dem kleinen Raum. Ein Haufen Birkenreisig zeigte an, daß sich der Krippl Sepp mit Besenbinden beschäftigte, alte Kleidungsstücke lagen herum, und auf dem Ofen brodelte Milch in einem irdenen Hafen, und der Kochdampf verstärkte die muffige Luft, die dem Gendarmen fast den Atem nahm.

Mit blassem Gesicht sah ihn die Dirn an, hielt die Wiege an und greinte: „Was will denn der Herr Gendarm?"

Dieser wandte sich an den Krippl, dem der Schreck die Sprache genommen hatte.

„Hat sich heut nix in der Schlinge gefangen? He? Ist nix mit dem Rehbraten, wie?"

„Weiß net, von was der Herr Kommandant redet", tat der Krippl scheinheilig.

„Das wird dir gleich einfallen! Hättest besser aufgepaßt, dann hättest mich droben hinter dem Ahorn stehen sehen. Also: Du bist verhaftet! Zieh deine Schuhe wieder an! Dich suchen wir schon lange!"

Trotzend maulte der Krippl: „Alleweil reitet man auf den armen Leuten herum! Ich bin heut noch net außer Haus gewesen."

Mit rauher und scheltender Stimme meldete sich da die Dirn: „Ich hab es ihm alleweil schon gesagt, daß er einmal erwischt wird!"

„Halt dein Maul!" schrie der Krippl sie an und gestand dann: „Herr Kommandant, ich hab es nur einmal probiert. Ist das erste Mal gewesen, das schwör ich. Von was sollen wir denn leben? Haben nix zu nagen und zu beißen. Das Weib ist mir vor einem Vierteljahr gestorben, und jetzt sitz ich mit den Kindern da. Mit zwei Kühen und dem Besenbinden kann man net leben, das bringt nix ein."

„Das kannst du alles dem Gericht erzählen, du lausiger Wilddieb! Hopp! Mach dich fertig!"

Nun versuchte es der Krippl anders. Er fiel auf die Knie und bettelte mit aufgehobenen Händen:

„Herr Oberkommandant, das könnt Ihr einem armen Mann net antun! Es ist das erste Mal gewesen, und ich tu es nimmer! Meine Kinder hungern, und das hab ich nimmer mit ansehen können — und wenn ich eingesperrt werde, dann müssen sie verhungern. Ich schwör es bei der heiligen Mutter von Neukirchen, ich tu es nimmer!" Dabei zog er die beiden Kinder heran und drückte sie in die Knie. „Bittet den Herrn recht schön", befahl er, und sie fingen zu weinen an und bettelten:

„Tu unserm Vater nix, haben eh keine Mutter mehr."

„Aufstehen!" brüllte Meier. „Ich mag das Theater nicht!"

Da auch die Dirn bei der Wiege laut zu heulen begann und versicherte, daß sie den Sepp immer wieder gewarnt habe, wurde Meier noch lauter und drohte, sie alle mitzunehmen. In die plötzliche Stille hinein fragte er den Krippl streng:

„Wie oft hast du schon Schlingen gelegt? He?"

Wieder kam die Dirn dem Krippl mit der Antwort zuvor: „Der lügt Euch ja doch nur an. Sechs oder siebenmal weiß ich es bestimmt. Die Not ist net so groß, wie er Euch weismachen möchte, aber das Biergeld ist ihm alleweil zu wenig!"

Giftig fuhr der Krippl auf: „Dir stopf ich das Maul noch!"

Das hatte zur Folge, daß die Dirn noch mehr in Fahrt kam: „Vom ausgemachten Dinggeld hab ich noch keinen Pfennig bekommen, aus dem Haus möchte er mich haben, aber ich gehe net, und ich weiß warum!"

„Ich bin ein armer Hund", winselte der Krippl, „und ich kann net auch noch dieses Weibsbild mit ihrem Bankert ernähren. Ich hänge mich noch auf!"

Die Kinder fingen nun wieder zu weinen und zu betteln an, und sie erreichten, daß der gespielte Zorn aus dem Gesicht des Gendarmen schwand. Er setzte sich auf die Bank und zog sie zu sich heran:

„Siehst du, du Gauner, was du deinen Kindern antust? Ich hätte gute Lust, dich einmal richtig durchzuhauen! Es geht dir net gut, das sieht man, aber ein Schlingenleger ist ein gemeiner Tropf, und da bist du dran!“

Kleinlaut versuchte es der Söldner noch einmal: „Was habt Ihr davon, wenn ich eingesperrt werde und die Kinder Waisen werden? Das Gericht fragt nix danach, aber Ihr. Wenn Ihr selber Kinder hättet, dann —“

„Ruhe!“ donnerte Meier. „Hast du auch einen Stutzen? Heraus jetzt mit der Sprache! Bist du etwa gar der, der unterm Keitersberg herumschießt?“

Der Krippl wurde kreidebleich. „Wollt Ihr mir das auch noch anhängen? Dann bin ich verloren, weil mir kein Mensch glauben wird, daß ich kein Wildschütz bin!“

„Aber du kennst ihn, den Wildschützen!“

„Nein, um Gottes willen, nein!“

Meier streichelte den Kindern über die Haare, und seine Blauaugen bekamen einen feuchten Glanz. Nach einigem Überlegen stand er auf.

„Also, Krippl, ich will dich einstweilen noch da lassen. Du weißt aber mehr, als du sagen willst. Ich geb dir eine Woche Zeit, dann reden wir wieder miteinander.“

Alles hoch und heilig versprechend und sich bedankend, hudelte der kleine Mann hervor: „Ihr habt ein Herz, das sagen alle Leute, Ihr habt ein Herz für die Armen . . .“

„Das verdankst du deinen Kindern, du Gauner!“ brummte Meier und verließ das Haus. Draußen hörte er noch die Dirn belfern:

„Einsperren sollt er dich, das hätte ich dir vergönnt!“

Noch aus einiger Entfernung vernahm er den Streit der beiden.

Es war ihm nicht ganz wohl, wenn er an diese Hütte der Armut, an die keifende Hausdirn des Krippl und dessen Kinder dachte. Hätte er ihn nicht doch mitnehmen sollen? Er hatte es der Kinder wegen einfach nicht fertiggebracht!

Kinder! Er beneidete jede Familie. Seine Ehe war kinderlos geblieben.

Die Sonne hob sich über die Berge, und im Vorfrühling atmete der Wald auf. Er bückte sich um das erste Buschwindröschen, das am Waldrand seinen weißen Stern geöffnet hatte.

„Wäre so schön auf der Welt, wenn es keine Gauner gäbe."

Noch einmal legte er den Weg hinauf zum großen Ahorn zurück, um die Rehschlinge zu holen. Er wollte sie durch den Loderer dem Herrschaftsjäger überbringen lassen und auch die Stelle angeben, wo er sie gefunden hatte. Sollte sich doch der Dachsberger darum kümmern und da heroben aufpassen.

Es war nur ein kurzes Stück zu gehen, trotzdem geriet der beleibte Gendarm in Schweiß, fluchte, weil sein Gewehrriemen sich im Gesträuch verfing, und sprang in das dichte Unterholz, als er im Tageslicht an der Stelle, an der die Schlinge aufgemacht war, etwas Braunes sah. Dann stand er vor einer Rehgeiß, die sich verfangen hatte, sah in die gebrochenen Lichter des Tieres.

„Ja, Himmel und Hölle — verflucht, hätte ich denn die Falle net gleich wegtun können!" ärgerte er sich laut, legte das Gewehr weg und machte sich daran, das verendete Reh aus der Schlinge zu ziehen.

Wie von einer Natter gestochen rumpelte er auf und starrte in die Mündung eines Büchsenlaufes und das hämisch grinsende Gesicht des Florian Dachsberger.

„So, so, ist der Herrn Gendarm auch aus auf ein Rehbratl?"

Mit offenem Mund und gesträubtem Schnurrbart stand Meier, bis er die Überraschung verwunden hatte. Dann kam der Zorn über ihn:

„Du Depp, wärst du eher gekommen, dann wär das net passiert! Jetzt kannst du dich darum kümmern, wie das Vieh da wegkommt, und wer diese Schlinge gelegt hat."

„Das werden wir schön miteinander tun! Du nimmst das Zeug auf den Buckel und gehst vor mir her. Beim Schloßherrn werden wir dann weiterreden!" Und als Meier sich nach seinem Gewehr bücken wollte, schrie ihn der Jäger scharf und befehlend an:

„Liegenlassen! Das nehme ich mit."

„Könnte dir so passen!" sagte Meier grimmig. „Aber wenn du es net anders haben willst, dann —" Mit einem Sprung war er bei seinem Gegner und entriß ihm die Flinte. Ein Schuß dröhnte hallend im Wald, und scheltend belehrte Meier den Entwaffneten:

„Dir sollte man keine Büchse in die Hand geben! Wenn dir nix Dümmeres einfällt, als mich für einen Schlingenleger zu halten, dann ist dir sowieso nimmer zu helfen. Eigentlich müßte ich dich jetzt wegen Bedrohung der Staatsgewalt verhaften. Wenn ich dich anzeige, dann bist du deinen Posten los!"

„Ich habe dich auf frischer Tat ertappt!" schäumte der Rotbart.

„Du spinnst ja!" lachte Meier spöttisch. „Jetzt machen wir es aber umgekehrt, mein Lieber. Du trägst die Rehgeiß und gehst voran, und wenn du einen Muckser machst, jag ich dir eine Kugel ins Knie!"

„Ich gehe net von der Stelle ohne meine Flinte!" begehrte der Florian auf.

Meier lenkte ein, warf ihm die Büchse zu: „Diesen Blödsinn hättest du dir sparen können. Du bist ein Querkopf, und wir wären schon ein Stück weiter, wenn man mit dir zusammenarbeiten könnte. Also hopp, weiterreden können wir auch drunten noch."

„Das ist noch net aus, das stecke ich net ein!" drohte der Jäger, nahm aber doch die Rehgeiß auf die Schulter und fing zu gehen an. Einige Schritte hinter ihm folgte der Gendarm. Kurz vor Hohenwarth wandte sich der Florian um:

„Ich gehe keinen Schritt mehr, wenn du net neben mir gehst. Oder soll es so aussehen, als hättest du mich verhaftet? Da mache ich net mit!"

Meier tat ihm den Gefallen und schmunzelte: „Du bist halt noch jung und kannst von einem alten Gendarm noch allerhand lernen."

„Brauchst ja auch dem Herrn net zu erzählen, wie es gewesen ist", mäkelte der Jäger. „Man kann sich ja auch einmal irren."

„Werden ja sehen", ließ Meier den Jäger im ungewissen.

Im Schloß angelangt, taten sie vor dem Schloßbräu, als hätten sie das Reh in der Schlinge gemeinsam entdeckt, und erleichtert zog der Florian ab, um in der Wirtschaftsküche das Tier auszuweiden, während sich der Gendarm gerne zu einer

Maß Bier einladen ließ. Die Ursula brachte den Krug, begrüßte Meier freundlich und verließ die Bräustube wieder. Vom Hausgang herein hörten sie das Mädchen trällern, und verschmitzt meinte der Gendarm:

„Deine Ursula ist aber in der letzten Zeit alleweil recht gut aufgelegt."

Zufrieden nickte der Bräu: „Singt und pfeift, was sie früher nie getan hat."

„Wird schon einen Grund haben. Meistens steckt ein Mannsbild dahinter."

„So? Wer denn?"

„Könnte dir das schon verraten, aber der, den ich meine, der hat kein Geld. Danach fragen aber die jungen Leute nimmer. Das ist heute ganz anders. Sie nennen das Liebe."

„Hm, kannst du mir net mehr sagen?" bohrte der Herr.

„Ich sehe die Ursula halt öfter mit dem Loderer zusammen."

Der Bräu schnippte ein Brotbrösl vom Tisch und sagte ruhig und bestimmt: „Dann kannst du deinem Loderer sagen, daß er sich bei uns nimmer sehen lassen soll!"

„Ja, ja", meinte der Meier träumerisch. „Geld wenn er halt hätte, dann gäbe es keinen besseren Mann für deine Ursula. Er ist tüchtig, und ich wollte, ich hätte einen solchen Sohn."

„Da wird nix draus!"

Damit war das Gespräch beendet, und listig beobachtete der Gendarm, wie sein Tischnachbar mit den dicken Fingern auf den Tisch trommelte und nachdachte. Er störte ihn nicht, und da man zum Mittag läutete, empfahl er sich.

Als am nächsten Tag die Bötin nach Kötzting unterwegs war, hatte sie den Auftrag, dem Postwirt zu bestellen, daß der Schloßbräu von Hohenwarth ihn so bald wie möglich zu einer ernsten Unterredung brauche, und er möge seinen Sohn gleich mitbringen. Da der Postwirt sich an den Fingern abzählen konnte, worum es sich bei dieser Aussprache handelte, bestieg er schon am Mittag mit seinem Sohn das Laufwägerl und kutschierte los.

Es war kein heiteres Gespräch, das die beiden auf dem holpernden Gefährt führten.

„So, Freunderl", meinte der Postwirt schadenfroh, „jetzt sind die lumpigen Zeiten vorbei! Mußt dir das Herumsaufen und das Herumweibern abgewöhnen. Als Schloßbräu von Hohenwarth kannst du dir das nimmer leisten."

„Mir paßt das gar net recht. Die hochnäsige Ursula wenn ich sehe, dann kommt mir das Fürchten."

Der Postwirt spöttelte: „Das macht nix. Wirst dich daran gewöhnen. Auch an die Arbeit. Das Gut ist sowieso etwas heruntergekommen, seit der Bräu das Zipperlein hat."

„Ob die Ursula überhaupt damit einverstanden ist? Wir kennen uns ja kaum."

„Da wird der Bräu net lang fragen, und du wirst auch net gefragt. Wo käme man da hin? Da gäbe es ja überhaupt keine vernünftige Heirat mehr!"

Da zog es der Postwirtssohn vor zu schweigen, und er trieb verdrossen das Rößl an.

Der Schloßherr von Hohenwarth wunderte sich, als das polternde Gefährt vor dem Hofeingang hielt.

„Sind sie schon da? Die haben es aber eilig!"

Die Neugierde hatte auch die Ursula herbeigeführt. Mit unbewegtem Gesicht und höflichem Gruß geleitete sie die Gäste in die Bräustube, stellte ihnen schweigend das Bier hin und sah ihren Vater mit einem fragenden Blick an. Dieser meinte:

„Kannst einstweilen wieder gehen, ich sag es dir schon, wenn wir dich brauchen."

Mit einem Seitenblick musterte sie noch den Freier und ging. Ehe die beiden Besucher noch etwas sagen konnten, redete der Bräu:

„Wir brauchen ja net lang herumzudiskutieren. Was wir wollen, wissen wir ja. Also!"

„Deine Botschaft hat mich gefreut", begann der Postwirt, während sein Sohn sich gelangweilt in der Stube umsah. „Da sind wir einer Meinung. Es gibt halt noch so Kleinigkeiten, die man wissen muß. Heiraten ist kein Kappentausch, man muß auch an die Zukunft denken. Ich meine, das alte Gebäude wird das Geld fressen wie die Kuh das Heu. Wird man allerhand hineinstecken müssen. Ich sag es gleich: Zwanzigtausend wird mein Bub mitbringen. Das ist eine schöne Summe."

Der Bräu hörte gut zu und blinzelte: „Gar so viel ist das net, aber darauf kommt es mir auch net an."

Nun mischte sich der Postwirtsohn ein: „Und wie ist das? Wird mir nach der Hochzeit gleich alles übergeben? Das möchte ich schon sicher wissen."

Stirnrunzelnd und sich zurücklehnend fixierte der Schloßherr den Freier, überlegte und antwortete dann ruhig und gemessen: „Das pressiert mir allerdings net. Solange ich lebe, bleibe ich der Herr. Ich muß ja erst wissen, wie du dich anstellst. Mußt ja erst beweisen, was du von der Sache verstehst, von der Landwirtschaft, vom Wald und vom Holzhandel, vom Bierbrauen und so weiter."

Patzig und angeberisch auflachend brüstete sich der junge Mann: „So viel als es da braucht, verstehe ich schon. Schließlich hat man ja für die Arbeit seine Leute."

„Dumm ist er net", ergänzte sein Vater. „Aber daß du net übergeben willst, das habe ich net gedacht. Das paßt uns gar net."

Der Bräu ärgerte sich, und hitzig erklärte er:

„Ja, habt ihr denn gemeint, daß der Bursche sich einfach da hereinsetzen kann, weil er zwanzigtausend Mark mitbringt? Und ich soll wohl in die Ofenhöhle kriechen und zuwarten, was man mir zum Futtern gibt? Gar so tüchtig ist er net, ich habe mich schon erkundigt. Hab net viel Schönes gehört."

„Wenn das so ist, dann kann ich da kein Geld hereinstecken, wo man sowieso net weiß, wie es um dich steht!" erwiderte der Postwirt patzig.

Der Bräu lachte. „Das möchtest wohl wissen, he? Aber das streiche ich net jedem auf die Zunge!"

„Dann ist das kein ehrlicher Handel!"

Der Jüngere besänftigte seinen Vater und erklärte stolz: „Letzten Endes sind wir der Postwirt und brauchen uns net anbieten. Ich glaube, wir können wieder gehen."

Mit rotem Gesicht antwortete der Bräu: „Scheint mir auch so."

Ohne vom vorgesetzten Bier getrunken zu haben, erhoben sich die zwei und beendeten ihren Besuch mit einem unverständlichen Brummen, machten die Tür etwas hart zu und bestiegen wieder das Laufwägerl. Als sie auf dem steinigen Weg davonklapperten, erschien die Ursula bei ihrem Vater:

„Sind sie wieder weg? Das ist aber schnell gegangen. Ich weiß schon, warum du sie herbestellt hast. Daraus wäre doch nix geworden. Ich suche mir meinen Mann selber, oder ich heirate gar net."

„Also, dann reden wir gleich deutsch miteinander", murrte der Bräu. „Such dir nur selber einen, aber mir muß er recht sein. Mit dem Loderer wird es jedenfalls nix!"

Sie wurde blaß: „Woher weißt du — wie meinst du das?"

„Ich hab Augen und Ohren. Der Bursche ist jünger als du, und das tut net gut. Der möchte sich nur ein warmes Nest suchen, weil ihn sein Beruf net freut."

Ohne noch etwas darauf zu sagen, verließ die Ursula ihren Vater. Sein täglicher Gast, der Gendarm Meier, horchte erstaunt auf, als ihn am Tag nach dem Freiersbesuch der Bräu so nebenbei fragte, wo denn eigentlich der Alfons Loderer her sei. Er berichtete ihm, daß seine Leute in der nahen Oberpfalz ein kleines Anwesen und ihren Zweiten in eine gute Schule gegeben hätten, damit etwas Richtiges aus ihm werde. Damit war das Gespräch auch schon wieder beendet, und der Schloßherr wechselte rasch das Thema.

Über Nacht kam der Frühling, wurden die Wiesen grün, setzten die Birken junges Laub an und blühten die Butterblumen an den Bächen in sonnengelben Flecken.

Am Keitersberg war es seit dem Winter ruhig geblieben, und kein Schuß zeigte mehr an, daß der Wildschütz noch in der Gegend wäre. Trotzdem ließen die Gendarmen in ihrer Wachsamkeit nicht nach, und auch der Florian Dachsberger machte seine Waldgänge zu Tag- und Nachtzeiten.

Der Gendarm Meier ließ kaum einen Tag vorbeigehen, an dem er seinen Dienstgang nicht auch auf Hudlach ausgedehnt hätte. Der Weg führte ihn am Wald entlang mit der Aussicht über die verstreut liegenden Bauernhöfe in das Regental, am alten Haus des Krippl Sepp vorbei zu den unteren und oberen Hudlacher Höfen, die vom Hochwald eingeschlossen unter dem Kamm des Keitersberges lagen.

Es tat sich kaum etwas, worauf ein Gendarm hätte achten müssen. Die Leute waren freundlich und zurückhaltend, und wenn es vermeidbar war, gingen sie ihm erst gar nicht in den Weg.

Der Krippl jedenfalls verschwand eiligst, wenn er den Hüter des Gesetzes nur von weitem sah. Und doch hatte er schon bald wieder mit ihm zu tun, denn an einem Vormittag kam ihm auf dem Weg nach Hudlach eine Frau mit einem Kind auf dem Arm entgegengelaufen, die, als sie den Gendarmen sah, gleich lautmäulig zu heulen und zu schimpfen anhub.

„Herr Kommandant", plärrte sie, „jetzt ist es aus! Alles sag ich — eingesperrt gehört er!"

„Halt dein Maul und schrei net so in der Gegend umeinand! Was ist denn los?"

„Ausgejagt hat er mich, der Schuft! Auf der Stelle hab ich gehen müssen! Wo soll ich jetzt mit meinem Kind hin?" werkte die Dirn. „Er hat mir den Schrazen angehängt, und jetzt will er nix mehr davon wissen! Heiraten tut er mich, hat er mir versprochen, und jetzt hätte er sich eine andere gefunden."

„Ruhe!" herrschte Meier sie an. „Jetzt rede einmal vernünftig: Was ist mit dem Kind?"

„Er ist der Vater, und das will er jetzt ableugnen. Alles sag ich euch, und kann es auch beschwören. Ich weiß genau, wie oft er Schlingen gelegt hat und wie oft ihm etwas eingegangen ist!"

Sie heulte, daß es vom Wald herüber hallte, und dann fing auch das Kind zu schreien an.

„Kruzitürken, halt jetzt endlich dein Maul!"

„Sofort müßt Ihr ihn verhaften! Der gehört verräumt!" zeterte die Dirn, und plötzlich fand sie selber den Ausweg: „Nehmt ihn mit, Herr Kommandant, dann kann ich im Häusl bleiben und mich um die Kinder kümmern."

Angestrengt überlegte Meier und befahl dann energisch: „Kehr um!"

Die Dirn sträubte sich: „Solange der im Haus ist, geh ich nimmer zurück!"

„Kehr um, sag ich dir, oder ich sperr dich ein!"

Er brüllte so laut, daß Mutter und Kind erschrocken verstummten und die Dirn folgsam vor ihm her zum Haus des

Krippl Sepp zurückwanderte. Aus dem Stubenfenster sah ihnen der kleine Mann mit der hellen Glatze entgegen, verschwand und tauchte in der Haustür auf, keifend und mit den Armen fuchtelnd:

„Das Weibsbild kommt mir nimmer ins Haus!"

„Geh weg!" meinte Meier geringschätzig, schob ihn zur Seite und zog die Dirn in die Stube.

„Die Pfanne hat sie mir auf den Schädel geschlagen, und mit dem Besenstiel ist sie auf mich los!" belferte der Krippl, doch Meier bedeutete ihm nur mit einer strengen Geste, daß er sich hinsetzen solle.

„Ist das Kind von dir oder net?"

„Sie behauptet es, aber es kann auch anders sein", maulte der Krippl und forderte damit wieder einen langen Wortschwall der Dirn heraus, den auch der Gendarm kaum abbremsen konnte.

„Also hast du es mit der Dirn schon gehabt, als dein Weib noch lebte! Dafür gibt es nur eine gerechte Strafe: Du heiratest sie, und zwar so schnell, als es nur geht."

Entgeistert starrte der Krippl den Gendarmen an: „Das — nein — das tu ich net! Da hätte ich die Hölle schon auf Erden!"

„Eine andere möchte er!" wollte sich die Dirn wieder einmischen.

„Du bist still!" verwies Meier sie, und als der Krippl Sepp beteuerte, daß er sich lieber aufhängen würde, als dieses Fegfeuer noch länger im Hause zu haben, setzte er sich an den Tisch, zog Notizbuch und Bleistift heraus und begann im dienstlichen Ton:

„Also, dann reden wir von was anderem: Wie oft hast du Schlingen gelegt, und wieviel Stück sind dir eingegangen?"

„Nix, gar nix!" winselte der Sepp. „Ein einziges Mal hab ich es probiert, und dabei habt Ihr mich erwischt."

Wieder griff Meier in die Tasche holte die Schließkette hervor und legte sie klirrend auf den Tisch.

„Das wird das Gericht schon herausbringen, und die Dirn ist ja eine gute Zeugin. Also, mach dich fertig. Ich denke, daß du ein Jährlein oder auch zwei nimmer heimkommen wirst.

Kann sich ja die Dirn einstweilen um deine Kinder und die Wirtschaft kümmern."

Der Krippl verlor nun völlig die Fassung.

„Herr Kommandant, das dürft Ihr mir net antun! Ich bin ein ordentlicher Mensch, und in der Not, da tut mancher etwas, was er net gern tut."

„Ein ordentlicher Mensch weiß, was er zu tun hat, wenn er ein Kind in die Welt gesetzt hat. Ein ordentlicher Mensch kümmert sich um die Mutter und das Kind und jagt sie net aus dem Haus. Also, auf geht's! Kannst noch ein besseres Gewand anziehen, wenn du eins hast, und kannst dich auch noch von deinen Kindern verabschieden ..."

Das Gesicht des kleinen Söldners verriet, welch inneren Kampf er in dieser Minute durchzustehen hatte. Geduckt saß er auf dem Stuhl und wischte sich die Augen. Er bettelte: „Geht es denn gar net anders, Herr Kommandant — und wenn ich sie doch heirate?"

Meier klappte sein Notizbuch zu, steckte die Schließkette wieder ein und stand auf.

„Eine Woche gebe ich dir Zeit. Wenn dann das Aufgebot net an der Kirchentür hängt, dann hole ich dich, darauf kannst du dich verlassen."

„Das ist mein Unglück", lamentierte der Krippl, und im Gehen grinste Meier: „Dein Glück soll es sowieso net sein, aber du mußt auslöffeln, was du dir eingebrockt hast. Die Dirn bleibt da und das Kind auch, und wenn ich eine Klage höre, dann kenne ich keine Gnade mehr!"

Draußen tummelten sich die Kinder des Krippl, und das kleine Mädel rannte herbei und reichte ihm mit einem drolligen Knicks das Händchen.

Er verzichtete auf die Fortsetzung seines Dienstganges und ging auf einem Umweg nach Hohenwarth zurück. Niedergeschlagen und mutlos schlenderte er auf einem Feldweg dahin. Er war mit sich nicht zufrieden, und irgend etwas an diesem Vorfall bedrückte ihn. Wäre es nicht seine Pflicht gewesen, den Krippl Sepp anzuzeigen und mitzunehmen? Hatte er nun einen üblen Wilddieb laufen lassen? Was kümmerten ihn diese Dirn und ihr Kind! Hätte sie sich nicht mit ihrem Brotgeber eingelassen, dann könnte sie sich einfach um eine andere Stelle umsehen! Warum handelte er immer wieder anders, als das Gesetz es verlangte? Wo war eigentlich die Gerechtigkeit?

Wenn das so weiterging, dann zerstritt er sich noch mit der Welt und mit seinem Gewissen. Er spuckte ins Gras und ärgerte sich.

War ein Gendarm nur ein blinder Büttel, der kein Herz und keinen Verstand haben durfte? Was konnte er dafür, daß in diesem Waldwinkel mehr Armut und Seelennot war als Glück und Frieden! Wenn man alle einsperren wollte, die aus der Not heraus zu kleinen Sündern wurden, dann wären viele Familien ohne Ernährer, und das Elend wäre noch größer.

Ob er darüber einmal mit dem Herrn Expositus reden sollte? Waren denn nicht oftmals die himmlische und die irdische Gerechtigkeit zweierlei Dinge?

Ach, wäre er doch Schuster oder Schneider geworden, wie es die Eltern hatten haben wollen! Dieser unselige Franzosenkrieg hatte es anders gebracht und den tapferen Unteroffizier in eine Laufbahn gedrängt, die ihn erst einmal stolz und dann nicht glücklich machte.

Auf der Wiese über dem Bergbauernhof zerstreuten der Bauer, sein Weib und die Monika den ausgefahrenen Mist, und da sie gerade in der Nähe des Weges waren, sprach er sie an. Der Bauer hatte auf die Frage, wie es denn gehe, nur eine unverständliche und brummige Antwort und wandte sich ab. Die Bergbäuerin hatte ihm schon den Rücken zugekehrt, als sie ihn kommen sah, und er hatte aber trotzdem bemerkt, daß um ihr Kinn der braune Bart wieder sproßte. Nur die Monika war bereit, sich auf eine kurze Unterhaltung einzulassen.

„Haben halt viel Arbeit, aber in einem Monat kommt der Alois vom Militär los, dann geht es wieder besser."

„Dann wird er wohl bald heiraten und eine Bäuerin ins Haus bringen."

„Kann sein."

„Und wie steht es mit dir?"

Die Monika lachte unbekümmert. „Hab mir noch keinen gefunden."

„So ein sauberes Dirndl und keinen Schatz?" spaßte Meier.

„Das glaub ich net. Jung wenn ich noch wäre, dann wäre ich hinter dir her wie der Geier hinter der Henne!"

„Einen Gendarmen hätte ich net genommen", quittierte sie.

„Wär dir ein Jäger lieber gewesen?" Es entging ihm nicht, wie ihr das Lachen im Gesicht gefror.

„Schon gar nicht!" Sie sagte es heftig, wandte sich ab und fing wieder das Miststreuen an und arbeitete ihren Eltern nach.

Verschrobene Leute, dachte Meier im Weitergehen. Schlossen sich ab, als wären sie am liebsten allein auf der Welt. Kam das daher, weil die Hofmutter das Unglück mit ihrem Bartwuchs hatte? Das waren doch die Menschen hier herum schon gewohnt, und niemand redete mehr davon. Es gab ja mehr Frauen, die einen Anflug auf der Oberlippe hatten.

Mit der Anspielung auf einen Jäger war er bei der Monika schlecht angekommen. Sonderbar.

Nun fiel ihm ein, was der Haderer ihm geflüstert hatte. Wie hatte er doch gesagt? Wenn ich den Wildschützen vom Keitersberg suchen müßte, dann tät ich das bei den Höfen unterm Hohenwarther Wald. Die sind dem Wald am nächsten. Und wenn geschossen wurde, dann ist es alleweil auf dieser Seite gewesen.

Es gab drei in Waldnähe liegende Höfe.

Hieß der Bergbauer nicht Alois?

War er der Mann, von dem der alte Dachsberger im Wundfieber gesprochen hatte? Es war nicht das erste Mal, daß der Gendarm Meier solche Gedanken wälzte, doch er hatte sie immer wieder von sich gewiesen. War dieser Bauer auch eigenwillig und leutscheu, so hatte er im Tal doch einen guten Leumund und genoß Ansehen.

Er mochte es wenden, wie er wollte, es blieb etwas zurück, das wie ein kleiner Stachel schmerzte. Er konnte und wollte mit niemandem darüber reden, sein besonderes Augenmerk aber sollte trotzdem auch künftig auf die drei Höfe am Wald gerichtet sein. Vielleicht half ihm einmal der Zufall. Vorläufig war er darüber froh, daß er an das Bezirksamt berichten konnte: Keine Wilddiebereien mehr festzustellen.

So ging es in den Sommer hinein, ohne daß sich im Dienstbezirk der Gendarmerie Hohenwarth etwas Besonderes ereignete.

Um den Keitersberg war es ruhig geblieben. Kein Schuß fiel mehr in den Wäldern, und nichts deutete darauf hin, daß jemand der verbotenen Jagd nachging.

Wo war der Wildschütz geblieben? Hatte er aufgegeben? War er verstorben oder abgewandert? Vielleicht war er doch von der anderen Seite des Berges gekommen.

Zwei Männer waren es, die diesem Frieden nicht trauten, der Gendarm Meier und der Jäger und Müller Florian Dachsberger.

In der Haselmühle wartete man auf den Nachwuchs, und die Marie und ihre Schwiegermutter hatten sich zusammengewöhnt wie Mutter und Tochter. Der Florian war ein anderer geworden. Wohl machte er noch seine Reviergänge, kümmerte sich um den Holzeinschlag und die Holzabfuhr und arbeitete in der Mühle mit. Dort hatte sich vieles getan, was besonders den Schloßherren befriedigte und dem Dachsberger die Anerkennung der Bauern einbrachte. Das Wohnhaus hatte einen neuen Außenputz erhalten, und die Fensterläden waren grün gestrichen. Das Mühlengebäude war ausgebessert, Hofraum und Mühlwiesen sauber gehalten, und im Stall standen wieder zwei Kühe.

Zeitig im Frühjahr hatte man die Mühle versteigert. Da der Schloßbräu von Hohenwarth als Hauptgläubiger und Alleinbieter auftrat, war der endgültige Besitzwechsel bald reibungslos vollzogen und der Pachtvertrag mit dem Jäger Dachsberger umgehend geregelt.

Friedlich sonnte sich in diesem Sommer das Dorf Hohenwarth auf der Höhe unter den Wäldern des Keitersberges, überragt vom spitzen Kirchturm, um den sich die Giebel der Häuser bauten.

Mit dem Schloßbräu auf Hohenwarth hatte der Sommer es gut gemeint und ihm das plagende Zipperlein genommen. Dafür war ihm aber die Sorge um die Zukunft seiner Tochter geblieben, die einfach wegging, wenn er vom Heiraten reden wollte, und die sich nun wie die Verwalterin betätigte, den

Haushalt der Wirtschafterin überließ, sich um die Landwirtschaft kümmerte und bei allen Handelsgeschäften anwesend war. Eines Tages kam sie ihrem Vater sogar mit dem Vorschlag, die aufgelassene Brauerei wieder in Schwung zu bringen, und er war sofort bereit, selber einen guten Braumeister zu suchen. Dabei dachte er an die heiratsfähigen Brauersöhne der Umgebung und war nun oft mit der kleinen Kutsche unterwegs, um im Lamerwinkel und im Zellertal bei den Landbrauern Besuch zu machen. Wenn er auch nichts von seiner eigentlichen Absicht verriet, so ahnte die Ursula doch, daß er diese Fahrten mit einer Ausschau nach einem Bräutigam für sie verband. Bei einem seiner Bekannten, dem Brauerei- und Gutsbesitzer in Lohberg, glaubte er schließlich den geeigneten Nachfolger und den passenden Ehemann gefunden zu haben. Es war der zweite, recht stramme und tüchtige Sohn des Lohberger Brauers. Wenn er auch nicht gleich mit seinen Anliegen herausrückte, so erkannte man dort doch bald, was er wollte, und er versprach, bald wieder vorbeizukommen und seine Tochter mitzubringen. Als er am späten Nachmittag gutgelaunt heimkam, ahnte die Ursula, daß nun wieder ein Freier gefunden war.

„Wir fangen wieder zu brauen an", erklärte er händereibend. „Einen Braumeister weiß ich schon, und das Bier, das er braut, ist ganz vorzüglich. Er macht ein Braunbier, wie es in der ganzen Gegend kein besseres gibt."

Die Ursula zeigte wenig Interesse und fragte nicht einmal, wer dieser Braumeister sei. Das ärgerte den Vater, und seine gute Laune war wie weggeblasen. Sie sollte an diesem Tag noch schlechter werden, denn am Abend erschien der Jäger im Schloß, um sich Weisungen für die Waldarbeit zu holen, und als er diese erhalten hatte, machte er keine Anstalten zu gehen, sondern druckste heraus:

„Da wäre noch was, Herr, was ich Euch schon lange sagen wollte. Möchte mich net in Eure Angelegenheiten einmischen, aber ich glaube, daß Ihr das wissen müßt, und deswegen möchte ich net länger schweigen."

Der Schloßbräu horchte auf: „Was ist es?"

Der Florian trat von einem Bein auf das andere und strich sich den fuchsigen Bart:

„Herr, es betrifft Eure Tochter, die Ursula. — Sie kommt nun schon fast alle Tage mit dem Loderer da droben bei der Bärenhöhl zusammen — hm ja — und da tun sie wie ein Liebespaar."

Erst wurde das feiste Gesicht des Herrn blaß, dann zornrot, und er krächzte: „Was tun sie? Was sagst du da?"

„Sie halsen und knutschen sich — hab gemeint, daß ich das nun doch melden müßte."

Der Herr faßte sich wieder: „Ist das alles, oder hast du noch was gesehen? Heraus damit!"

„Nein, mehr hab ich net gesehen, aber zugehört hab ich ihnen. Sie will keinen andern heiraten, und wenn sie ledig bleiben muß, bis – na ja – bis der Herr nimmer lebt und sie selber tun kann, was sie will."

Schnaubend vor Ärger schnauzte der Herr: „Ist recht, daß du mir das gesagt hast! Hättest es schon eher tun sollen. Du bist aber net bei mir angestellt, um – hä – Liebespaare zu belauschen! Geht dich einen Dreck an, was meine Ursula treibt! Hast du das anderen Leuten auch schon erzählt? Der Teufel soll dich holen, wenn du meine Tochter in die Dorfmäuler bringst!"

„Hab noch nix gesagt, das kann ich schwören", versicherte der Florian und wollte gehen.

„Halt! Weil du schon so tüchtig bist, kannst du gleich zum Meier gehen. Er soll mir den Loderer herschicken, sofort!"

Schleunigst entfernte sich der Jäger und murmelte in den Bart: „Das hat man davon, aber dem Loderer vergönne ich es."

Er hatte mit dem jungen Gendarmen nicht gern etwas zu tun. Schon als er hinter der Haselmüller Leni her war, hatte er im Loderer einen Rivalen gesehen, und wenn dieser nun etwa meinte, einmal den Schloßherrn von Hohenwarth spielen zu können ... Es wurmte ihn, wenn er daran dachte, daß er dann der Jäger und Müller des Herrn Loderer wäre. So einen aber würde der Schloßbräu sich nicht ins Haus kommen lassen.

Er war froh darüber, daß er den Meier vor seinem Haus antraf, und mit einem schadenfrohen Grinsen entledigte er sich seines Auftrags.

„Um was handelt es sich?" wollte Meier wissen, und der Jäger antwortete:

„Ich glaube, daß es sich um etwas Privates dreht."

„Aha, dann kenne ich mich aus! Und du freust dich wohl darüber?"

„Mich geht es nix an."

Meier beachtete den Florian nicht mehr und ging ins Haus, wo der Loderer am Tisch saß und an einem Bericht herumtüftelte.

„Sofort zum Bräu! Dort raucht der Ofen. Kann mir denken, warum. Wenn du die Ursula haben willst, dann stelle jetzt wenigstens deinen Mann! Fressen kann er dich net, und du brauchst dir auch nix gefallen zu lassen. Ich komme in einer Viertelstunde nach."

Der Hilfsgendarm erschrak und stotterte betroffen: „Muß ich — da hingehen?"

Meier bellte ihn an: „Jawohl! Mach, daß du weiterkommst!"

Mit klopfendem Herzen marschierte Loderer zum Schloß, redete sich Mut zu, dachte fest an die Ursula und überlegte, ob er nicht am besten gleich mit den Worten ins Haus fallen sollte: Ich bitte um die Hand Eurer Tochter. Er hätte es vielleicht schon längst tun sollen, aber die Ursula wäre damit nicht einverstanden gewesen.

Das alte Gebäude, mehr Gutshaus als Schloß, flößte ihm ein banges Gefühl ein. In dem aufgelassenen Bräuhaus wurde gehämmert, und aus der offenen Tür der Wirtschaftsküche klang das Klappern von Geschirr. Er sah sich im Hofraum um, hoffte, die Urula zu sehen, atmete tief ein und reckte sich, ging leise den ziegelgepflasterten Hausgang entlang und öffnete spaltweit die Tür zur Bräustube. Erleichtert stellte er fest, daß der Schloßherr allein im Raum war und an seinem Stammplatz am Ofentisch saß. Er gab sich einen Ruck, trat ein und blieb salutierend stehen:

„Haben mich holen lassen!"

Unfreundlich sah der Bräu ihm entgegen und knurrte: „Setz dich her da, haben miteinander ein Wörtl zu reden!"

Steif setzte sich der Hilfsgendarm, legte die Mütze auf den Tisch und sah erwartungsvoll den Herrn an. Dieser räusperte sich und begann ruhig und jedes Wort betonend:

„Hab da etwas gehört, Loderer, was mir gar net recht gefallen will, du wirst ja wissen, was ich meine. Erstens hab ich es gar net gern, wenn jemand hinter meinem Rücken mit meiner Tochter anbandelt, und zweitens bin ich der Meinung, daß jeder dort bleiben soll, wo er hingehört, und sich net Dinge einbildet, die für ihn net da sind. Und um es gleich deutlich zu sagen: Wenn jemand drauf spekuliert, nach mir Schloßbräu zu werden, dann muß es schon einer sein, der mir paßt, verstanden!"

Grau war das Gesicht des jungen Gendarmen geworden, dann lief es ihm rot auf, und, seine Erregung unterdrückend, fragte er:

„Bin damit ich gemeint?"

„Wer denn sonst?" schnaufte der Bräu. „Wer hat sich denn an meine Ursula herangemacht? Herr Loderer, damit muß jetzt Schluß sein! Ich kann mir solche Dummheiten net leisten!"

Loderer riß sich zusammen. „So einfach, meine ich, ist das net. Die Ursula ist alt genug, um zu wissen, was sie will, und auch ich bin Manns genug, um mir etwas überlegen zu können. Wir haben uns gern."

Der Bräu hob die Augenbrauen, als wunderte er sich über die Dreistigkeit des jungen Mannes, dann entgegnete er ihm mit einer wegwerfenden Handbewegung:

„Gernhaben? Diesen Krampf kenne ich schon! Da fehlt der Verstand!"

„Einmal wäre ich ja doch gekommen, um mit Euch darüber zu reden. Ich habe nix als meinen Posten, das ist wahr, aber irgendein Hergelaufener bin ich auch net. Wenn ich eine heirate, dann brauche ich auf keine Mitgift zu spekulieren, das mag in Euren Kreisen üblich sein. Ich kann mich bald auf einen selbständigen Posten versetzen lassen und kann dann auch eine Frau ernähren."

Nun wurde der Schloßherr laut und hitzig: „Das ist alles nur ein Gerede! Das interessiert mich net! Und den neuen Posten, möglichst weit weg, den werde ich dir schon besorgen, darauf kannst du dich verlassen! Meinst du, ich wäre einverstanden, daß die Ursula mit dir geht? Und was soll dann mit meinem Besitz werden? Meine einzige Tochter und Erbin braucht keinen lumpigen Gendarmen, sondern einen Mann, der diesen Besitz erhalten und verwalten kann!"

Loderer nahm seine Mütze vom Tisch und stand auf: „Geht das so einfach? Kann die Ursula wenigstens net gleich gefragt werden? Was Ihr mit Eurer Tochter im Sinn habt, das ist ja der reinste Menschenhandel! Wollt Ihr sie verschachern?"

Nun war die Geduld des Herrn zu Ende. Er schlug mit der Faust auf den Tisch und zürnte, heiser vor Erregung:

„Jetzt reicht mir das Theater! Ich verbiete dir, mein Haus je wieder zu betreten, mit meiner Tochter auch nur ein Wort zu reden und dich mit ihr zu treffen! Raus!"

Loderer stülpte die Mütze auf den Kopf, streckte sich stolz und erklärte: „Vorschriften nehme ich nur von meinen Vorgesetzten entgegen. Ich rede, mit wem ich will, und gehe hin, wo ich will."

An der Tür prallte er mit Meier zusammen. Dieser ließ ihn passieren, sah prüfend auf den Schloßbräu und nahm dann am Tisch Platz. Eine lange Weile herrschte zwischen den beiden ein betretenes Schweigen. Dann ermannte sich der Bräu und klopfte an seinen Krug, um die Hausmagd herbeizurufen.

Meier tat gemütlich, nahm einen festen Trunk vom vorgesetzten Bier, wischte sich umständlich den Schaum aus dem Schnurrbart und blinzelte mit seinen harmlosen blauen Kinderaugen den Schloßherrn an.

„Schönes Wetter haben wir."

Der Bräu brauste auf. „Tu net so scheinheilig! Du weißt genau, was ich mit deinem Loderer zu reden hatte! Du hättest mir das schon eher sagen können, daß die zwei was miteinander haben."

„Das gehört net zu meinem Dienst", schmunzelte Meier. „Wäre ja aus, wenn ich auf alle Liebespaare aufpassen müßte! Und jetzt weißt du es ja sowieso."

„Du mußt ein Wirtshausverbot ausschreiben für den Loderer, ich will ihn hier nimmer sehen!"

„Das ist schlecht", feixte Meier. „Das kann ich net, weil es dafür keinen Grund gibt. Er sauft net und rauft net, belästigt niemanden, und ein Gendarm mit Wirtshausverbot? Das hat es noch nie gegeben."

„Dann kannst auch du mir auf den Buckel steigen!" schimpfte der Bräu und verließ die Stube.

Aus der Küche nebenan schlüpfte die Ursula, blaß und bekümmert, setzte sich zum Gendarmen und legte ihm bittend die Hand auf den Arm:

„Meier, du mußt uns helfen. Ich hab gehört, wie mein Vater mit dem Alfons verfahren ist. Weg haben will er ihn. Das darfst du net zulassen. Schreibe an das Bezirksamt, wie es ist, und lege ein gutes Wort für den Alfons ein. Wenn der fortgeht, dann gehe ich auch. Das sag ich dem Vater noch. Ich lasse mir keinen aufzwingen!"

„Dirndl, da hast du auch recht. Wird mir schon was einfallen, und ich stehe alleweil auf eurer Seite."

Das Gesicht der Ursula hellte sich auf.

„Trinkst du noch ein Bier? Das geht auf meine Kosten. Heute bist du mir ein paar Maß wert."

Diese Einladung lehnte Meier nicht ab, zumal auch noch einige Gäste kamen, und so kam er erst spät nach Hause.

Nun versagte sich Meier selber für einige Zeit den täglichen Gang zum Schloßbräu. Seinen Gehilfen tröstete er damit, daß gut Ding lange Weile brauche, und über die Vorgänge im Schloß ließ er sich vom alten Dirrigl berichten. Danach hatte es dort einen großen Krach zwischen Vater und Tochter gegeben, und sie wichen sich seither aus. Die Ursula hatte es abgelehnt, mit nach Lohberg zu fahren, also fuhr der Herr allein und brachte gleich den neuen Braumeister, den zweiten Sohn vom Lohberger Bräu mit, einen strammen Mann. Anfang der Dreißiger, der nun im Schloß wohnte, am Familientisch aß und den Neuaufbau der Schloßbrauerei leitete. Man hatte das Brauen vor Jahren aufgegeben, da das Bier nicht mehr gelingen wollte und einen so herben Geschmack vom alten Holzgeschirr hatte, daß es niemand mehr trinken wollte. Der Schloßbräu hatte damals dem Wasser die Schuld gegeben.

Nun wartete man neugierig auf das neue Gebräu aus der Hohenwarther Schloßbrauerei, die bisher Kötztinger Bier ausgeschenkt hatte.

So verging der Nachsommer, und der Gendarm Meier wurde, wenn er an den einmal gewohnten Frühtrunk im Schloßbräustübl dachte, unruhig und reizbar. Immer wieder überlegte er, ob er nicht doch wieder hingehen sollte, wünschte dem Schloßherrn Diebe und Raufer ins Haus, damit er einen dienstlichen Grund zum Erscheinen hätte, und kehrte nun bei den Wirten in Simpering und der Umgebung ein. Seinem heimlichen Groll bekamen schließlich auch die Leute von Hohenwarth und von den Dörfern zu spüren.

Eines Morgens erschien der Krippl Sepp mit blaugeschlagenem Gesicht bei der Gendarmerie und wollte anzeigen, daß sein Weib gegen ihn gewalttätig geworden sei.

„Wirst es verdient haben!“ schnauzte Meier den kleinen Mann an. „Du hast genug abzubüßen! Mach, daß du rauskommst! In Ehestreitigkeiten mische ich mich net ein!“

„Dann stell ich was an, denn lieber will ich eingesperrt sein, als mit diesem Weibsteufel zusammenleben!“

Diese Drohung hatte nur zur Folge, daß Meier den Krippl Sepp beim Kragen nahm und auf die Dorfstraße hinausstieß.

Einen anderen Bauern erwischte der gestrenge Gendarm, als er unbarmherzig auf sein Paar Ochsen einschlug, denen er zu schwer aufgeladen hatte. Er entriß dem Tierquäler die Peitsche, verdrosch ihn damit und zwang ihn, die Hälfte des geladenen Holzes herunter zu tun.

Seinen Gehilfen Alfons Loderer erwischte er, wie er sich heimlich mit der Ursula traf, hielt den beiden eine Standpauke und endete damit:

„Könnt ihr denn gar net warten, bis der Alte tot ist? Dann kann doch die Ursula tun, was sie will — wenn sie dann überhaupt noch einen kleinen Beamten mag!“

Er konnte es sich auch nicht versagen, in der Haselmühle vorzusprechen, um den Florian zu frotzeln:

„Wieviel Silberlinge hat der Schloßbräu dir denn dafür gegeben, daß du ihm erzählt hast, die Ursula und der Loderer hätten oft ein kleines Stelldichein? Gestern haben sie sich schon wieder getroffen, falls du das ins Schloß tragen willst. Ich hab es selber gesehen. Wenn aber die zwei doch heiraten, he? Wie soll denn das mit der Mühlenpacht werden?“

Er legte freundlich lächelnd die Hand an die Mütze und ließ den verblüfften Jäger stehen.

Er tauchte auch von Zeit zu Zeit beim Haderer in Hundzell auf, um sich zu vergewissern, daß dieser sich nun wirklich um seine Arbeit und seine Familie kümmerte und die Sucht nach dem Bier überwunden hatte.

Mitte September, nachdem Malz und Hopfen angefahren waren, rauchte endlich der Schloßbrauereikamin wieder, und zwei Wochen später lud der Schloßherr von Hohenwarth zum ersten Bier ein. Dieser Einladung vermochte auch der Gendarm Meier nicht zu widerstehen, und damit war der Honoratiorentisch bei diesem Biereinstand wieder vollzählig. Bis auf den Hilfsgendarmen Loderer, der sich währenddessen mit der Ursula zu einem Waldspaziergang traf. Von den beiden war aber am Ofentisch im Schloßbräustübl keine Rede, und das wärmte die alte Freundschaft zwischen dem Bräu und dem Gendarmen wieder auf, der fleißig an seinem Schnauzbart zwirbelte und nach der fünften Maß den Ablauf der Schlacht bei Sedan schilderte, daneben immer wieder das gute Bier lobte und dem jungen Braumeister aus Lohberg zuprostete, während er den Herrschaftsjäger Florian Dachsberger völlig übersah. Er hörte nur interessiert auf dessen Antwort, als er vom Bürgermeister gefragt wurde, ob von dem Keitersberger Wildschützen noch etwas zu spüren sei.

„Der ist wie vom Erdboden verschwunden", sagte der Florian, „aber ich trau dem Frieden net. Ich hab es alleweil noch in der Nase, daß er mir trotzdem einmal vor die Flinte kommt."

Der Bergbauern Alois sei nun auch schon längere Zeit vom Militär entlassen, ging später die Rede, und der Jäger vermerkte grinsend dazu:

„Und seine Mutter hat wieder einen Bart wie ein Holzhauer. Hab sie neulich gesehen."

„Man soll das arme Leut in Ruhe lassen", meinte der Herr Expositus und erinnerte sich: „Ich stamme aus der Rodinger Gegend, da hatten wir auch eine Häuslerin mit einem mächtigen Vollbart. Die hat dazu noch geschnupft und Pfeife geraucht. Aber die Leute haben gar nimmer drauf geachtet. Sieben Kinder hat sie gehabt."

So träufelte das Gespräch über die dörflichen Angelegenheiten dahin, bis sich die Stube allmählich leerte und auch die Herren am Ofentisch heimgingen, nicht ohne das gute braune Bier noch einmal besonders gelobt zu haben.

Es herbstelte, und auf den Äckern rauchten die Kartoffelfeuer. Kurz nach dem Mittag eines der letzten Septembertage wanderte eine junge Frau von Gotzendorf gegen Hohenwarth und zweigte zur Haselmühle ab. In den Armen trug sie, in ein altes Wolltuch eingewickelt, ein Kind. Der zugige Wind aus dem Lamerwinkel ließ ihr braunes strähniges Haar flattern und trieb ihr den Staub der Landstraße entgegen. Eine graue Leinenbluse und ein dunkelblauer verschlampter Kittel schlotterten um ihren mageren Leib, und barfüßig wich sie den rauhen Schottersteinen aus, bis sie den Wiesenweg zur Mühle erreicht hatte. Als sie, nach einer Wegbiegung, die Mühle vor sich sah, blieb sie stehen.

„Lieber Himmel, wer mag nun da wohnen? Und wer hat das Haus wieder so hergerichtet?"

Das Kind in ihrem Arm fing zu weinen an, und sie redete ihm zu: „Sei still, bald werden wir eine Milch bekommen und wohl auch ein Bettlein für dich. Alles ist anders geworden, aber da sind wir daheim, und man wird uns schon aufnehmen. Es ist nimmer die alte Mühl, und ich hab Angst. Gell, aber wir zwei haben Hunger und brauchen ein Dach über dem Kopf."

Je näher sie der Mühle kam, um so langsamer wurden ihre Schritte.

„Fremde Leute – aber es ist mein Vaterhaus." Nun hörte sie auch schon die Mühlgänge klappern, und es klang so vertraut über das Rauschen des Baches hinweg, daß sie sich die Augen wischen mußte. Auf der Mühlwiese weideten zwei Kühe, und Hühner liefen vor dem Haus herum und flatterten weg, als sie sich näherte. Ein Hund bellte in der Wohnstube, und am Fenster erschien das Gesicht einer jungen Frau.

„Mein Gott, laß es gutgehen!" seufzte die Fremde und trat ein, klopfte an die Stubentür, öffnete sie und stand wie vom

Blitz getroffen. Von seinem Platz am Tisch hatte sich der Florian erhoben und starrte sie ungläubig an. Eine Weile blieb es still, dann fragte der Florian überrascht:

„Die Leni? Du bist doch die Leni? Was willst du denn hier?"

„Ich – kann nimmer weiter." Erschöpft ließ sie sich auf die Wandbank sinken und legte das Bündel mit dem Kind neben sich.

Sie fanden keine Worte, bis die Leni zögernd fragte:

„Wie kommst du hierher — auf die Mühl? Wohnst du hier?" Und zur Müllerin gewandt: „Du bist doch die Maria vom Peterschneider? Ist — seid ihr —?"

„Wir sind verheiratet und haben die Mühl gepachtet", antwortete der Florian.

„Und der Vater? Der muß doch noch dasein!" wollte sie bangend wissen. Der Florian bedeutete seiner Frau, daß sie dazu nichts sagen solle, und meinte hart:

„Das kannst du dir von der Gemeinde und der Gendarmerie erzählen lassen. Jedenfalls bin ich der Müller, und ich weiß net, was du hier willst!"

Ihr Gesicht war grau und ledern, ihre Wangen waren eingefallen. Nichts zeugte mehr von der frischen und hübschen Haselmüller Leni.

„Du kannst hier net bleiben!" empörte sich die Maria.

„Warum? Ist doch mein Elternhaus, und da hab ich ein Heimatrecht. Wo soll ich denn hin?"

„Glaub net, daß du da noch ein Wohnrecht hast", wurde der Florian grob. „Die Mühle gehört dem Herrn, er hat sie ersteigert."

Und die Maria meinte energisch: „Wir wollen dich net und können dich auch net brauchen. Du hast dir das selber eingebrockt."

Das Kind fing wieder zu weinen an, und der große Hofhund, den die Müllerin am Halsband festhielt, wollte bellend auf die Leni los. In ihren Augen brannten Ratlosigkeit und Verzweiflung, und Tränen erstickten ihre Stimme:

„Das kann doch net sein! Ich gehöre doch hierher! Der Bub hat Hunger, gebt mir wenigstens für ihn ein Tröpfl Milch! Für mich selber verlange ich nix."

Der Florian nahm seiner Frau den Hund ab und band ihn am Tischfuß fest: „Gib ihr, was sie verlangt. Und dann soll sie gehn. Uns geht das nix an, da muß sich schon die Gemeinde kümmern."

„Zur Gemeinde gehe ich net!" äußerte sich die Leni nun störrisch. „Ich will mein Recht haben. Ich gehe zur Gendarmerie."

Die Müllerin hatte Milch in eine Tasse getan und reichte sie der Leni.

„Vom Recht solltest du net reden! Du net. Hast du Hunger?"

Abweisend und niedergeschlagen sagte die Leni: „Von dir will ich nix und nehm ich nix. Du gehörst net in dieses Haus. Wenn es gerecht gegangen wär, dann müßte jetzt ich hier sein!"

„Jetzt reicht es mir aber!" entrüstete sich die Maria. „Sie soll gehen, sonst laß ich den Hund los!"

Da stellte die Leni die Milchtasse weg und erhob sich.

„Ich gehe schon, aber umsonst sollst du mich net aus dem Haus gewiesen haben! Das soll dir kein Glück bringen! Der da — der hat mich einmal haben wollen, und ich glaube net, daß er dich so gern hat, wie er mich gern gehabt hat. Der tät mich net hinausweisen."

Nun wurde es auch dem Florian zu dumm: „Geh! Ein so heruntergekommenes Weibsbild kann ich net dulden!"

Ihr Kind aufnehmend, rannte die Leni aus dem Haus und drohte zurück: „Ihr werdet noch an mich denken!"

Dann überfiel sie der Jammer. Sie drückte das Kind an sich und ging weinend weiter. An einem Feldrain setzte sie sich ins Gras: „Ich kann nimmer, nein, ich kann nimmer! Warum hast du auf die Welt kommen müssen! Deinen Vater verfluche ich, er ist ein Lump und soll keine ruhige Stunde mehr haben, solange er lebt! Und was soll ich mit dir? Soll ich dich in den Mühlbach werfen und mich aufhängen? Ich darf net zurückdenken, sonst müßt ich mir alle Haare ausreißen. Aber sie können uns net auf der Straße verrecken lassen. Der Bräu hat die Mühle ersteigert! Ha, um ein billiges Geld! Jetzt werden wir hingehen und unser Recht verlangen."

Sie war so müde, daß ihr die Augen zufielen, und wohltuend verspürte sie die Wärme der Herbstsonne.

Schritte auf dem Feldweg rissen sie aus ihrem Dämmern, sie

sah auf und wurde bleich. Vor ihr stand der Hilfsgendarm Loderer und sah sie erstaunt an:

„Donnerwetter, du bist doch — die Leni?“

„Ja.“

„Wo kommst du denn her? Ist das dein Kind?“

„Ja.“

Der Loderer schüttelte den Kopf. „Und du traust dich wieder her?“ Dann wurde er dienstlich: „Ich muß dich mitnehmen, steh auf und mache keine Geschichten. Ich muß dich auf die Gendarmerie bringen!“

Gelassen erhob sich die Leni: „Warum? Hab ich was verbrochen? Ich hab nix getan. Aber ich gehe mit.“

„Was willst du eigentlich noch hier? Wäre wohl besser gewesen, wenn du nimmer gekommen wärst. Also, gehen wir!“

Sie ging still ein Stück neben ihm her, blieb dann mit einem Ruck stehen und sah ihn offen und bittend an:

„Du willst mich doch net so durch das Dorf führen? Wie eine aufgegriffene Zigeunerin? Laß mich allein gehen. Ich laufe net davon. Das kannst du mir net antun.“

„Da kann ich dir net helfen. Ich bringe dich hin, wo ich dich hinbringen muß!“

„Alfons! Hast du alles vergessen? Hast du vergessen, wie oft du vor der Mühle auf mich gewartet hast? Wir haben uns doch gern gehabt! Hättest du mir damals in die Hand versprochen, daß du mich heiratest, dann wäre doch alles anders gekommen. Ich habe dich heute noch so gern wie damals. Ach, wärst du net alleweil so schüchtern gewesen — hätte alles anders sein können.“

„Laß dieses Geschwätz!“ ärgerte sich Loderer. „Und der Jäger, he, und all die anderen Burschen, die du hingehalten hast? Ich will kein Wort mehr hören! Weiter, und wenn ich es dir deutlicher sagen muß: Du bist verhaftet!“

Sie gab es auf und wurde gehässig: „Ich hätte dich sowieso net mögen! Du warst mir zu langweilig.“

Dann wurde zwischen ihnen kein Wort mehr gesprochen, bis sie das Haus der Gendarmerie erreichten. Es waren ihnen nur wenig Dörfler begegnet, aber wie ein Lauffeuer ging es durch Hohenwarth: Die Haselmüller Leni ist wieder da!

Dem Gendarmen Meier verschlug es fast den Atem, als der Loderer die Leni in die Stube brachte und meldete: „Die hab ich bei der Haselmühle angetroffen. Hab sie gleich mitgenommen."

„Ei, du liebe neune!" schnaufte Meier, und sein Schnurrbart sträubte sich. „Was willst denn du in Hohenwarth?"

„Wo soll ich denn sonst hin?" gab ihm die Leni bissig zur Antwort.

„Wo ist denn der Mühlgirgl? Hast du den auch mitgebracht?"

„Weiß net, wo er ist! Mit einem böhmischen Mensch ist er auf und davon und hat mich sitzen lassen."

„Ist dieses Schrazl da von ihm?" deutete Meier auf das Kind.

„Ja, ist ein Bub und heißt Georg."

„Ei ja, Georg! Und wo habt ihr euch herumgetrieben?"

Nun erzählte die Leni schluchzend von ihrem Elend: „In einer Mühle bei Waldmünchen haben wir gewohnt und gearbeitet und haben uns als Eheleute ausgegeben. Dort hat der Girgl mit einer böhmischen Stalldirn angebandelt, hat mich hintergangen und ist mit dem Luder bei Nacht verschwunden."

Grimmig unterbrach Meier sie: „Ja, ja, bei der Nacht ist er verschwunden. Hier seid ihr ja auch in der Nacht davon! Siehst du, alles rächt sich, schon auf Erden. Deinen Vater haben wir eingegraben wie einen Armenhäusler. Der Schlag hat ihn umgeworfen, als seine einzige Tochter mit dem Mühlburschen durchbrannte und als er sah, daß ihr beide ihm das ganze Geld gestohlen habt!"

„Ich bin es net gewesen, das hat der Girgl getan!" wehrte sie sich.

Meier wurde laut und schnauzte sie an: „Aber gewußt hast du es, und miteinander habt ihr das getan! Heimlich habt ihr das Mehl verschachert, bis dein kranker Vater vor der Gant stand. Diebstahl und Betrug ist das gewesen, das weißt du wohl selber, und ich muß dich ins Gericht einliefern."

Aschfahl wurde die Leni. „Das könnt Ihr net tun, das dürft Ihr net tun! Was soll den mit dem Kind werden?" Und sie schrie auf: „Ich hab nix getan, ich möchte alles wieder gutmachen, ich möchte dableiben, wo ich daheim bin — und jede Arbeit will ich tun!"

Mit rotem Gesicht betrachtete der Meier sie und murrte unsicher: „Bist alleweil so ein geschicktes und lustiges Dirndl gewesen. Hab dich gut leiden können. Hat das sein müssen, daß du dich an den Haderlumpen hingehängt hast? Ich begreife das net."

Lange sahen sie sich schweigend an, bis die Leni ermattet flüsterte:

„Ich kann nimmer. Mich hungert. Seit vorgestern hab ich nix mehr im Magen."

Meier befahl seinem Gehilfen: „Alfons, such, ob du einen Hafen Milch findest und ein Stückl Brot."

Gierig aß die Leni, und nachdenklich schaute der Gendarm ihr zu. Aufsehend bettelte sie mit einem verzweifelten Lächeln:

„Werdet mich doch net einsperren? Ich bin gestraft genug. Die ganze Schuld hat der Girgl. Er hat mir solange zugesetzt, bis ich nachgegeben habe, und er hat alleweil gedroht, daß er aufkündigen will. Der Vater hätte ihm den Lohn von mehr als einem Jahr auszahlen müssen, und so viel ist gar net dagewesen."

„Na ja", überlegte Meier, „wenn das so ist, dann ist dir net viel nachzuweisen, solange wir den Girgl net haben. Also, arbeiten willst du? Könnte sein, daß der Bräu dich nimmt und dir ein Stübl gibt."

„Ich gehe gleich hin", tat sie eifrig.

„Also dann gehen wir!" meinte Meier. „Alfons, schau auf das Kind, bis wir wiederkommen oder bis meine Frau heimkommt."

„Bittschön, laßt mich allein gehen", bat die Leni. „Ich möchte mit dem Herrn allein reden — und die Leute — wenn ich wieder in Eurer Begleitung durch das Dorf gehen muß — das kann ich net. Sie werden mich angaffen und tuscheln — bitte, laßt mich allein gehen!"

Mit aufgehobenen Händen stand sie vor Meier, und ihre Augen brannten.

„Gut, dann geh allein. Kannst dem Herrn sagen, daß ich dich schicke. Rede auch mit der Ursula, Frauen haben oft mehr Verständnis."

„Vergelt's Gott, ich will ja alles tun —"

Sie legte das Kind auf die Bank und verließ das Haus wie eine Flüchtende.

„Soll ich ihr nachgehen? Ist vielleicht gut wenn wir sie net aus den Augen lassen", meinte der Loderer, doch Meier hörte ihm gar nicht zu. Neugierig hatte er sich über das schlafende Kind gebeugt und schlug vorsichtig den Wollschal auf.

„Ei ei, das ist aber ein herziges Bübl! Hat nix an wie ein Hemdl. Der Leni muß es schon recht schlecht gegangen sein. Das Kindl ist zu bedauern."

Als die Meierin wenig später heimkam, fand sie die beiden Männer, wie sie sich um ein weinendes Kind bemühten. Der Meier klärte sie kurz über die Herkunft des Bübleins auf, und dann machten sie sich alle drei daran, den Kleinen zu beruhigen. Die Meierin wärmte Milch und flößte sie ihm ein, suchte Leinenstücke zusammen und legte ihn trocken, und der Meier ließ vor dem kleinen Gesichtchen seinen dicken Finger wakkeln und machte mit einer Fistelstimme: „Dididi, dadada!" Der Loderer hielt ratlos die nassen Windeln in der Hand, bis die Meierin sie ihm abnahm.

„So was Liebes, so was Nettes!" begeisterte sie sich und drückte das versorgte Kindel ihrem Mann in die Arme, der damit in der Stube hin- und herging.

Eine Stunde verging und eine zweite. Der Gendarm wurde unruhig.

„Wo sie nur solange bleibt? Ich muß doch einmal nachschauen. Hat der Herr sie anscheinend doch angenommen."

Das Kind ging nun in die Arme des Alfons Loderer über. Meier griff zur Mütze und verließ das Haus.

Im Schloß sah er zuerst in die Wirtschaftsküche und ging dann in die Bräustube, traf dort den Bräu und den Bürgermeister an und fragte, schon etwas unsicher geworden, ob die Haselmüller Leni da sei.

Der Bräu glaubte nicht recht gehört zu haben: „Wer soll da sein? Die Leni? Bei mir net!"

Vor Schreck ließ sich der Meier auf einen Stuhl nieder und ächzte: „Die muß doch dagewesen sein!"

Der Bräu reichte ihm seinen Krug, und der Gendarm leerte ihn bis zur Neige, sah dann hilflos von einem zum anderen, sprang auf. „So ein Biest!" Schwer atmend erreichte er seine Wohnstätte wieder und stürmte in die Stube.

„Ist sie da?“

Enttäuscht und wütend schimpfte er: „Das Luder hat uns geleimt, hat uns das Kind dagelassen und ist wieder davon! So eine Schweinerei! Loderer, auf geht's! Du suchst oben herum und gegen den Wald, und ich schau im Unterdorf und gegen Simpering. Frag alle Leute, ob sie sie gesehen haben.“

„Wir hätten sie doch net allein gehen lassen sollen“, erlaubte sich Loderer zu bemerken, verduftete aber schnell, als er das wütende Gesicht seines Vorgesetzten sah.

„So ein liebes Kindl sollte man einer solchen Person gar net lassen“, hörte Meier noch seine Frau sagen, dann war auch er zur Tür hinaus.

Sie suchten vergeblich und kamen nach Einbruch der Dunkelheit zurück. Die Meierin hatte inzwischen schon einen großen Wäschekorb herbeigeholt und das Bübl hineingebettet.

„Jetzt haben wir den Bankert da!“ greinte Meier. „Den bring ich morgen zur Gemeinde oder zum Expositus.“

„Wir hätten so gerne ein Kind gehabt und haben keins bekommen, und so ein Weibsstück läßt das ihrige einfach im Stich!“ entrüstete sich auch die Meierin und erklärte dann fest: „Weggeben tu ich es auch nimmer! Was soll die Gemeinde damit? Die wissen ja auch net, wo sie es hintun sollen. Vorläufig bleibt das Kind da!“

„Uje, jetzt haben wir ein Kind!“ Plötzlich war der ganze Ärger verflogen, und Meier lachte. „So was, jetzt haben wir in unseren alten Tagen noch ein Kind! Wenn du meinst und wenn du es haben willst, meinetwegen.“

Und die Meierin entschied: „Dann nehmen wir diesen kleinen Girgl aber auch wirklich an. Sag das dem Bürgermeister, der soll es gleich regeln. Kommen tut ja die Leni doch nimmer. Hast dir das Bübl aufhängen lassen, jetzt mußt du es auch ernähren.“

Am nächsten Tag wußte schon ganz Hohenwarth, daß die Haselmüller Leni im Ort gewesen sei und nach Hinterlassung ihres Kindes das Weite gesucht habe. Als sie gar noch den Gendarmen Meier in voller Uniform auf dem Bankl vor dem alten Holzhaus sitzen und das Kind in seinen Armen wiegen sahen, schmunzelten sie und lachten, und der Meier, wie sie ihn nannten, hatte sich damit alle Herzen gewonnen. Wenn er seinen aufgezwirbelten Schnauzbart so borstig sträuben und seine blauen Augen unter den blondbuschigen Brauen noch so grimmig rollen konnte: der Meier hatte ein Herz. Sie grüßten ihn noch respektvoller. Die Ursula kam, um sich das Kind anzusehen, und am Tisch der Honoratioren im Schloßstübl spaßte man über das späte Kind, das dem kinderlosen Ehepaar ins Haus getragen worden war, aber man achtete den Entschluß, den Kleinen anzunehmen, sehr hoch.

Der Bräu sicherte zu, daß die Meierin täglich einen Liter Milch für den kleinen Girgl aus dem Stall des Schlosses holen könne, und die Ursula besorgte mehr Windeln und Hemdchen, als der kleine Girgl brauchen konnte.

Nun war auch zwischen dem Schloßherrn und dem Meier die kleine Unstimmigkeit vergessen, und der Gendarm war wieder der tägliche Gast zu einem frühen Trunk. Vom Alfons Loderer und der Ursula wurde dabei kein Wort mehr gesprochen.

Das Verhältnis zwischen dem Schloßbräu und seiner Tochter Ursula blieb gespannt. Sie wichen sich aus und redeten nur mehr das Nötigste miteinander. Auch zwischen ihnen kam es zu keiner Aussprache mehr, bis der Vater seine Tochter an einem Oktoberabend in sein Arbeitszimmer kommen ließ.

„Du könntest mit unserem Braumeister ein wenig freundlicher sein“, begann er. „Daß wir wieder ein gutes Bier brauen, das haben wir seiner Tüchtigkeit zu verdanken. Er ist ein ruhiger und guter Mann, um es gleich zu sagen: Ich sähe ihn gerne als Schwiegersohn. Er bringt was mit und versteht was.“

Als sie darauf nichts antwortete, wurde er zornig:

„Was willst du eigentlich? Eine alte Jungfer werden? Oder warten, bis ich dir nix mehr einreden kann? Du heiratest, solange ich noch lebe, verstanden?“

Trotzig erklärte sie: „Das will ich auch! Wenn du verlangst, daß ich dir morgen schon einen Schwiegersohn bringe, aber einen, der mir paßt, dann bringe ich dir einen!“

Da fing der Alte zu brüllen an: „Hast du alleweil noch den milchgesichtigen Gendarm im Kopf? Diesen Habenichts? Dann werde ich dafür sorgen, daß dieser Bursche aus Hohenwarth verschwindet!“

„Und ich heirate dann überhaupt net. Möchte schon sehen, ob du mich dazu zwingen kannst!“ Sie ging, obwohl er ihr befahl, zu bleiben.

An diesem Abend schrieb der Bräu einen Brief an das Bezirksamt und bat dringend um die baldige Versetzung des Hilfsgendarmen Alfons Loderer, weil dieser sich ungebührlicherweise an seine Tochter heranmache und sichtlich darauf aus sei, auf diese Weise einmal Besitzer des Gutes zu werden.

An einem Morgen dieser Herbsttage erschien der Kleinbauer Haderer beim Gendarmen Meier und berichtete, etwas verstört:

„Der Mühlgirgl ist wieder da! Heut nacht hat er bei mir ans Fenster geklopft, und ich hab ihn einlassen müssen, weil er gesagt hat, daß er mir sonst das Haus anzündet. Einen halben Laib Brot hat er auf einem Sitz gefressen und einen Weidel Milch dazu getrunken, Geld hat er haben wollen und hat gesagt, daß er wiederkommt und sich das Geld holt. Wo die Leni ist, wollte er wissen, und wie es in der Haselmühle aussehe, wer da als Müller drauf wäre. Mit dem Florian habe er sowieso eine alte Rechnung zu begleichen, und das wolle er bald tun. Wenn ich zur Gendarmerie ginge, dann brächte er mich um, hat er gesagt. Ich wär auch net gekommen, aber mein Weib —“

Meier war aufgesprungen, und der Loderer griff hastig nach Gürtel und Säbel und nahm das Gewehr vom Haken.

„Und wo ist er jetzt, wo ist er hingegangen?“ forschte Meier.

„Das hab ich in der Dunkelheit net sehen können. Einen Laib Brot und einen Renken Geräuchertes hat er mitgenommen. Mindestens zwanzig Mark soll ich bereithalten, die holt er sich.“

„Geh heim und sag niemandem was davon, wir passen schon auf! Der Bursche soll uns net auskommen!“

Als der Haderer gegangen war, machten sich auch die Gendarmen auf den Weg und steuerten zuerst die Haselmühle an, baten den Jäger heraus und unterrichteten ihn über das Auftauchen des Mühlgirgl.

„Er kann sich untertags nur im Wald herumtreiben“, vermutete Meier. „Wenn wir uns verteilen und alles absuchen, dann könnte er uns in die Hände laufen. In der Nacht wird er sich entweder in der Nähe der Mühle oder bei Hundzell aufhalten.

Der Bursche ist rabiat, und wir müssen ihn haben, bevor er etwas anstellt."

Der Florian holte sein Gewehr, und sie stiegen gegen den Berg.

Im Frauenwald arbeiteten die Holzhauer, und seitlich von Hudlach waren zwei Bauern mit ihren Dienstboten beim Streurechen. Sie hatten niemanden gesehen. Der Wald war herbstlich still und träumte im fahlen Sonnenlicht unter dem seidigblauen Himmel. Müde und hungrig wurde die Suche abgebrochen, denn ungezählt waren die Möglichkeiten, sich tagsüber im Wald versteckt zu halten, tausendfach die Felslöcher und die Dickichte.

In der Nacht postierten sich die Gendarmen bei der Haselmühle und beim Anwesen des Haderer in Hundzell — ohne Erfolg, und am Morgen meinte Loderer, daß der Haderer sich möglicherweise einen groben Scherz mit der Gendarmerie erlaubt haben könnte.

So suchten und warteten sie drei Tage und drei Nächte, ohne daß der Mühlgirgl auftauchte.

Da in dieser Zeit der Jäger einen Auftrag bekam, für den herrschaftlichen Tisch einen Rehbock zu schießen, nahm er sich vor, einen Bock zu erlegen, dessen Einstand im Hohenwarther Wald er wußte und dessen Austritt auf eine Waldschneise er in den letzten Wochen öfter beobachtet hatte.

Nach einer kalten Nacht stiegen die Morgennebel aus dem Regental und wanderten gegen den Keitersberg, und ihre Feuchtigkeit tropfte vom Geäst der Fichten, Tannen und Buchen. Im Niederwald raschelten die Schritte des Jägers im gefallenen Laub, und in den Fichtenbeständen lagen die dürren Nadeln dicht wie ein Teppich und knisterten unter dem Tritt. Im ersten Tagesschein geisterten die Nebelfetzen zwischen den Stämmen, ließen das verkrüppelte Unterholz wie schleichende Schatten erscheinen und störten die Sicht. In dieser Zeit zwischen Nacht und Tag war der hochgelegene Forst wie ausgestorben. Obwohl den Florian noch der Schlaf der wenigen hinter ihm liegenden Nachtstunden plagte, war sein Ohr gewohnt, alle fremden Geräusche zu vernehmen, und seine Sinne waren wach, wenn er auch in seinen Gedanken dahindämmerte.

Das Wiederauftauchen des Mühlgirgl hatte ihn beunruhigt. Was wollte er hier, wo er doch wissen mußte, daß man ihn einsperren würde, wenn man ihn erwischte. Und was würde er tun, wenn er diesem Gauner hier oben begegnete? Ihn vor dem Gewehr hergehen lassen und den Gendarmen ausliefern? Er hatte keine Rachegefühle gegen den Girgl. Für ihn war es vielleicht ein Glück gewesen, daß der Mühlbursche die Müllerstochter soweit gebracht hatte, mit ihm durchzubrennen! Denn so, wie er sie nun als heruntergekommene Landstreicherin sah und wie sie sich gegeben hatte, zeigte sich vielleicht ihr wahrer Charakter. Das wäre doch kein gutes Zusammenleben gewesen.

Da hatten sich die Gendarmen saudumm angestellt, als sie die Leni entwischen ließen! Sie hätte wohl einiges aussagen können, und da sie nun auf den Girgl sicher nicht gut zu sprechen war, hätte sie vielleicht auch gesagt, ob der Mühlknecht der Wilddieberei nachgegangen war. War es nicht auffällig, daß sich den ganzen Sommer lang nichts gerührt hatte? Kein fremder Schuß war gefallen im Revier. War das, weil der Girgl weg war? Oft hatte er sich das schon überlegt. Und würde es jetzt wieder losgehen, weil der Girgl wieder im Lande war? Er konnte ja irgendwo einen Stutzen versteckt haben, und wenn er sich nicht sehen lassen durfte, dann mußte er etwas unternehmen, um sich durchzubringen. Sicher hatte er früher Abnehmer für das Wildbret, und an diese könnte er sich auch heute halten.

Etwas sträubte sich in ihm bei diesen Überlegungen. Dann wäre eben der Mühlgirgl derjenige, den er suchte, um den Tod seines Vaters zu rächen. Nein, dieser plumpe und vierschrötige Knecht konnte es nicht gewesen sein! Soviel Schläue und Wendigkeit, soviel Geschick, wie es ein Wildschütz brauchte, traute er dem Mühlburschen nicht zu. Trotzdem ...

Ein leichtes Knacken ließ ihn aufhorchen. Er blieb stehen und lauschte angestrengt, doch nur das leise Rauschen eines aufkommenden Morgenwindes war hörbar. Da hatte der Winddruck wohl einen dürren Ast gebrochen und zu Boden sinken lassen.

Er nahm das Gewehr von der Schulter, entsicherte es und pirschte das letzte Stück an die Waldschneise heran, stellte sich hinter einen Stamm, von wo aus er einen guten Blick über braunes Himbeergesträuch hinweg auf den freien Platz hatte, auf den der Bock jeden Morgen austrat, um dann zu einem kleinen Bächlein auf der anderen Waldseite zu wechseln. Ein Blick zum Himmel zeigte ihm, daß der Bergwind nun schon den aufsteigenden Nebel zerteilte, und den blauen Himmel freigab. Das Schußlicht war bereits gut, und der Florian spürte das Jagdfieber. Er sah sich noch einmal rasch nach einem bessern Stand um, hörte vor sich ein dumpfes Geräusch und sprang, bleich bis in die Lippen, hinter den nächststehenden Stamm. Deutlich konnte er, einige Meter entfernt, die Gestalt ausmachen, die sich dort hinter einen Baum drückte und einen kaltblitzenden Büchsenlauf auf ihn richtete.

Da riß auch er die Flinte hoch, und während ihm der erste Schreck das Blut in die Schläfen jagte, rief er in das Zwielicht: „Gewehr runter, Mann!"

Unbewegt stand der andere, und die geschwärzte Hälfte seines Gesichtes zeigte sich vorsichtig über dem Büchsenlauf. Eilende Schritte entfernten sich weiter drunten im Wald, und wie ein Blitz schoß es durch den Kopf des Jägers: Das ist er, und sie waren wieder zu zweit!

„Weg mit der Flinte!"

Nur ein knurrendes Schnauben meldete sich drüben hinter dem Baum, und der blanke Lauf zuckte. Das Aufblitzen und der Knall gingen in eines zusammen und dem Florian Dachsberger flogen die Rindenfetzen ins Gesicht. Nun schoß auch der Jäger einen Lauf ab. Pfeifend schlug die Kugel drüben an den Baum und sauste als sirrender Querschläger in den Wald.

Der Mann war hinter dem dicken Stamm verschwunden, und nach dem verhallenden Echo wurde es unheimlich still.

Das ist nicht der Mühlgirgl, ging es dem Florian durch den Kopf, dort stand ein großer Mann, und obwohl er nur für einen Augenblick das rußgeschwärzte Gesicht hinter dem Büchsenlauf gesehen hatte, kam es ihm bekannt vor.

„Flinte weg und heraus!" knirschte er. „Du kommst mir nimmer aus!"

Wieder tauchte hinter dem Baum der Flintenlauf auf, schob sich das schwarze Gesicht vor. Es war inzwischen heller geworden, und, sich vorschiebend, feuerte der Jäger. Dem Schuß folgte ein unterdrückter Aufschrei, das Gewehr des Wildschützen senkte sich und entlud sich. Gleichzeitig verspürte der Florian einen heftigen Schlag gegen sein rechtes Schienbein und fiel auf den Waldboden nieder. Ein stechender Schmerz zuckte durch seinen Körper. Er warf sich herum, um hinter den schützenden Stamm zu kommen, hörte noch die stampfenden Schritte des davonstürmenden Gegners und wollte sich aufrichten. Mit einem Schrei sank er zurück, sah aus dem zerfetzten Hosenbein das Blut sickern und spürte, wie der tobende Schmerz über das Knie in seinen Leib kroch. Vorsichtig tastete er den zerschmetterten Unterschenkel ab und stellte fest, daß er nur noch an den Sehnen hing.

Seine Gedanken rasten. Hastig zerrte er den Rucksack von der Schulter, riß einen Riemen ab und schnürte ihn über dem Knie um das Bein. Wenn hier sein Blut im Waldboden versikkerte, dann war er verloren. Keuchend mühte er sich, den Riemen so streng anzuziehen, daß der Blutstrom unterbunden wurde, er ächzte und stöhnte unter den Schmerzen.

Hier konnte er nicht liegenbleiben.

Am Stamm sich emporziehend und mit dem Gewehr stützend, versuchte er zu gehen und sank wieder zurück. So ging es nicht. Man mußte doch drunten die Schüsse gehört haben! Jemand könnte doch die Gendarmerie verständigen, und die mußte doch nachsehen! Konnte er sich darauf verlassen?

Wenn er hier liegenblieb, dann erging es ihm wie seinem Vater! Er mußte weiter, wenigstens bis zum Hudlacher Weg hinunter mußte er kommen, dort würde man ihn schon finden, denn da gingen immer einige Leute! Wieder kämpfte er sich hoch, und die Angst ließ ihn alle Kraft einsetzen. Einige Meter sprang er auf einem Bein vorwärts, stolperte über eine Wurzel und stürzte. Verzweifelt rappelte er sich wieder auf und sprang. Der schlenkernde zerschossene Unterschenkel riß und schmerzte, daß er wütend zu fluchen begann und schier um den Verstand kam.

Gellend schrie er um Hilfe und erschrak vor dem jämmerlichen Echo. Zorn und Elend wechselten in seinen Gedanken. Er war ein gutes Stück vorwärtsgekommen und ließ sich erschöpft ins Moos fallen.

Das war nicht der Mühlgirgl gewesen! Das war der Mann, hinter dem er seit mehr als einem Jahr her war! Der Wildschütz vom Keitersberg war wieder da! Der Lump, der seinen Vater auf dem Gewissen hatte! Er mußte ihn getroffen haben! Der Aufschrei des anderen bewies, daß er ihn angeschossen hatte, und nun mußte er zu finden sein. Wenn die Gendarmen alle Männer in der Umgebung kontrollierten, dann mußten sie auf den Verletzten stoßen.

Der rasende Schmerz trieb ihn wieder hoch. Sich auf das Gewehr stützend, hüpfte er weiter, tat bei jedem Sprung einen Schrei und mußte es wieder aufgeben. Er fürchtete, das Bewußtsein zu verlieren. Schwer atmend lag er und spürte etwas erleichtert, wie das Zucken und Reißen im zerschossenen Bein zu einem dumpfen gleichmäßigen Schmerz wurde.

Die Sonne war aufgegangen und der Nebel verschwunden. Sechs Patronen hatte er noch in der Tasche. Dreimal konnte er also seinen Zwilling abschießen. Das mußte drunten gehört werden und mußte jemanden herbeibringen. Auf dem Rücken liegend, lud er und feuerte. Dann versuchte er, sich kriechend fortzubewegen. Er hielt es nicht lange aus. Er bemühte sich die Schmerzen zu vergessen und dachte angestrengt nach. Es waren zwei Personen gewesen, eine hatte sich schon vorher entfernt. Er hatte die Schritte deutlich gehört. Immer waren es zwei gewesen, wenn er mit diesem Wildschütz zu tun hatte! Immer war ein Warner dabei, der diesmal nichts genutzt hatte, weil er diesmal früher am Anstand war als der von ihm so lange gesuchte Wilderer.

Der Durst quälte ihn, und er saugte an feuchten Heidelbeerblättern. Dann drehte sich alles um ihn, die Bäume schwankten und gingen im Kreis und tauchten in sonnendurchstrahltem Nebel unter. Blitze zuckten vor seinen Augen, und dann wurde es dunkel um ihn.

Es war der alte Dirrigl, der an diesem frühen Morgen an die Haustür des Gendarmen Meier pumperte und meldete:

„Im Wald droben hat es eine wilde Schießerei gegeben, das muß oberhalb dem Hudlacher Sträßl gewesen sein. Ich hab eine Weile gewartet, ist aber niemand heruntergekommen.

Kann sein, daß was passiert ist, und wenn ich mich net irre, hat auch jemand geschrien.“

„Komm mit!“ ordnete Meier an, rief auch den Loderer herbei, und dann gingen die drei gegen Hudlach. Der Dirrigl konnte kaum Schritt halten und war froh, als sie an der Stelle angelangt waren, an der er gestanden hatte, als die Schüsse fielen.

„Es muß da droben an der Waldschneise gewesen sein.“

„Warte, bis wir wiederkommen!“

Eilig stiegen die Gendarmen den Weg an, bogen in die Schneise ein und gingen, sich umsehend und horchend, aufwärts. Sie teilten sich und suchten an den Waldrändern, bis der Loderer den zusammengekrümmt liegenden Jäger fand und seinen Vorgesetzten herbeirief.

Meier beugte sich über den Bewußtlosen.

„Den hat es bös erwischt! Müssen zusehen, daß wir ihn schnell hinunterbringen!“

Er rüttelte den Florian und war erleichtert, als dieser die Augen aufschlug.

„Brauchst nix zu sagen, Jäger. Jetzt haben wir keine Zeit.“

Sie setzten ihn auf sein Gewehr, nahmen seine Arme um ihren Hals und trugen so den stöhnenden Florian hinunter zum Weg. Dort legten sie ihn ins Gras, und der Meier befahl:

„Alfons, renne, was du kannst, der Bader soll her und der Nächstbeste soll einspannen, damit wir ihn wegbringen.“

Der Loderer rannte davon, und der Umgeher Dirrigl bekam den Befehl, zum nächstgelegenen Hof des Bergbauern zu gehen und dort nach einer Flasche Schnaps zu fragen.

Meier setzte sich neben den Verwundeten und tröstete: „Wird bald jemand da sein. Mußt schon noch ein bisserl aushalten.“

Der Florian keuchte: „Ich hab ihn gesehen, und ich hab ihn angeschossen. Jetzt muß er zu finden sein. Zwei sind es gewesen — immer zwei, und das eine muß ein halbwüchsiger Bub sein, der nur aufgepaßt hat.“

„Red jetzt net, darüber können wir später sprechen! Tut es recht weh?“

„Net zum Aushalten!“ stöhnte der Jäger.

„Hättest uns längst sagen können, was du beobachtet hast,

was du weißt und auf wen du einen Verdacht hast. Ist es der Mühlgirgl gewesen? Der ist ja wieder im Land."

„Nein, der Mann ist um einen Kopf größer als der Girgl."

„Wenn du ihn angeschossen hast, dann finden wir ihn auch!" Meier kramte in seinen Taschen und zog ein Schächtelchen heraus.

„Da hast du ein Zigarettl. Schaut bös aus mit deinem Haxn."

„Der ist futsch!" Dann packte ihn wieder der Schmerz, und er wälzte sich im Gras.

Der Dirrigl kam zurück und brachte eine Flasche Wacholder. Gierig trank der Florian, und der Gendarm Meier meinte: „Sauf dich nur voll, kann soviel net schaden."

Dann kam schnaufend der Bader an, besah sich das zertrümmerte Bein und stellte schulterzuckend fest:

„Da kann ich net viel machen. Der Florian muß schnellstens nach Kötzting ins Spital, der Unterschenkel muß abgenommen werden. Ich fahr mit, weil der Riemen von Zeit zu Zeit ein wenig gelockert werden muß."

Mit einem Dungwagen, auf dem eine Schütte Stroh lag, kam schließlich der Loderer, und Meier sagte ärgerlich:

„Das geht zu langsam! Ich gehe voraus, der Bräu soll die Kutsche einspannen lassen! Dann gehe ich gleich in die Mühl."

„Sagt meinem Weib net gleich alles", bat der Florian. „Vielleicht gibt es für das Bein doch noch eine Hilfe."

Schwitzend erreichte der Gendarm Meier das Schloß. Das ganze Dorf war schon auf den Beinen, der Gendarm aber gab keine Auskunft. Dem Schloßherrn berichtete er atemlos und verlangte, daß sofort eingespannt werde. Als sie mit dem verletzten Jäger ankamen, stand die Kutsche schon bereit, und sorgsam wurde der Florian umgebettet. Er war nicht mehr fähig, eine Frage seines Herrn zu beantworten, und lag totbleich auf der gepolsterten Sitzbank. Der Bader blieb bei ihm, und rasch rollte das Gefährt davon. Meier sah ihm grimmig nach und sagte zum Schloßbräu:

„Jetzt ist es also soweit, und es ist anders gekommen, als er es sich gedacht hat. Er will ihn erkannt haben und weiß doch net, wer es ist. Will ihm net einfallen. Aber er hat ihn angeschossen, und jetzt können wir die ganzen Dörfer und Höfe absuchen, und wer weiß, ob wir ihn finden. Und ich muß in die Mühle gehen und kann mir das Gejammer von den Weibern anhören. Donnerkeil!"

„Kannst ja sagen, daß es gar net so schlimm wäre. Ist besser, sie erfahren es bröckelweise."

Während Meier den schweren Gang zur Haselmühle machte, füllte sich die Bräustube mit den Männern aus dem Dorf, die Genaueres erfahren wollten. Es war nur noch der alte Dirrigl verblieben, denn der Loderer hatte sich abgesetzt und tüftelte in der Stube der Gendarmerie an einem ersten Bericht.

Die Meierin bereitete das Mittagessen und störte den jungen Mann solange mit ihren Fragen, bis sie eben so viel wußte wie dieser, und vermutete schließlich:

„Ob es net doch der Mühlgirgl gewesen ist?"

Nebenbei hatte sie viel mit dem Kind zu tun, das seit dem Morgen kränkelte und weinte.

Die alte Dachsbergerin und die Maria ahnten nichts Gutes, als der alte Gendarm kam, sich umständlich auf die Bank setzte, nach einigen belanglosen Dingen fragte und dann herausplatzte:

„Na ja, bei diesem Beruf – da kann es eben vorkommen. Der Florian ist heute mit einem Wilderer zusammengestoßen – hm – sie haben aufeinander geschossen, und da hat es den Florian ein wenig erwischt. Der Bräu hat ihn gleich nach Kötzting ins Spital bringen lassen. Und der Florian läßt euch sagen, daß ihr euch keine Sorgen machen sollt. Es hätte schlimmer ausgehen können."

Die Frauen wurden blaß, und die Maria schrie auf: „Das hab ich alleweil schon gefürchtet! Wo hat es ihn erwischt?"

„Am Unterschenkel."

Und die alte Dachsbergerin bangte: „Dann ist er jetzt wieder da, der verdammte Wildschütz! Ich habe schon gemeint, er könnte es aufgegeben haben. Mach dich fertig, Maria, wir gehen ins Spital! Hab keine Ruhe, ehe ich net weiß, wie es ihm geht!"

Dann erst kam ihnen der Jammer, und sie fingen an zu weinen und zu lamentieren.

„Laßt ihm heute noch seine Ruhe“, riet Meier, „und geht erst morgen nach Kötzting. Bis dahin hat der Doktor ihn wieder zusammengeflickt.“

Froh, daß er seine unselige Botschaft so leicht angebracht hatte, verließ Meier die Mühle wieder und kehrte auf dem Heimweg der Schloßbräustube zu. Der Mittag war vorbei, und es kam ja öfter vor, daß daheim das Essen vergeblich auf den Herrn Kommandanten wartete.

Bis er die Neugierde des Schloßherrn befriedigt hatte, ging es schon in den Nachmittag hinein, und abschließend gab er noch seine Meinung dazu:

„Der Florian sagt zwar, daß es der Mühlgirgl net gewesen sein kann, aber im Zwielicht kann man sich auch täuschen.“

Dann kam der Loderer, ging aber nicht ins Haus, sondern sah nur durch das Fenster in die Bräustube und bedeutete seinem Vorgesetzten, daß er dringend gebraucht werde.

„Jetzt ist halt wieder der Teufel los!“ seufzte Meier, trank aus und verabschiedete sich.

„Was gibt es, Alfons?“ fragte er draußen.

„Der Bub ist krank, und die Frau ist ganz ungnädig, weil das Essen kalt geworden ist.“

„Dienst ist Dienst, und der geht vor“, argumentierte Meier, strebte aber doch schnaufend und mit langen Schritten heimzu.

Die Meierin saß über den Kinderkorb gebeugt und begrüßte ihn nur mit einem Wort: „Saufaus!“ Dann kamen ihr die Tränen.

Besorgt sah er auf den kleinen Girgl nieder, der mit fieberrotem Gesicht in dem Bettchen lag.

„Wird so schlimm net sein“, brummte er. „Kinder sind öfter ein bisserl krank.“ Er zog den Uniformrock aus, und als das Kind zu weinen anfing, nahm er es aus dem Korb und trug es in der Stube hin und her. Er summte und sang schließlich, rauh und unmelodisch, bis seine Frau sich die Ohren zuhielt und es ihm untersagte. Sie behauptete, daß er damit den Girgl nur noch kränker mache.

Den Loderer hatte er weggeschickt mit der Bemerkung, daß man nicht herumsitzen und Berichte schreiben könne, wenn draußen die Gauner herumliefen.

„Irgend jemand muß ja was gesehen haben. Vom Erdboden ist der Mühlgirgl net verschwunden, also muß er irgendwo stekken."

Der Tag verging, und der Loderer kam nach Einbruch der Nacht zurück, müde und abgeschlagen, und meldete nur: „Nix!"

Dazu hatte Meier nichts zu sagen, und er war auch zu sehr mit seinem Adoptivsohn beschäftigt. Gegen Abend war das Kind ruhiger geworden und schlief auch eine Weile, dann aber wurde es wieder von Bauchschmerzen geplagt und fing zu weinen an.

„Da haben wir uns was aufgetan!" ärgerte er sich schon. „In unseren alten Tagen noch ein Kind — weiß net, wie wir das schaffen sollen."

Damit kam er bei seiner Frau schlecht an.

„Sag nix über unseren Buben! Ich komme sowieso net aus der Angst heraus, daß wir ihn wieder hergeben müssen. Hoffentlich kommt die Leni nimmer, und wenn sie käme: ich gäbe das Kind um keinen Preis mehr her."

„Ich auch net", beruhigte er sie. „Wir haben es angenommen, und dabei bleibt es."

„Bist doch ein guter Kerl", lobte sie ihn. „Wir werden bei dem Kind aufbleiben und uns abwechseln, und wenn es bis zur Frühe net besser wird, dann holen wir den Bader."

Es wurde eine lange Nacht, und stundenlang trug der Meier sein Kind in der Stube hin und her, gab ihm den Kümmeltee, pfiff und sang leise und ließ sich nicht ablösen. Als die Meierin noch vor dem Morgengrauen nachsah, schlief das Kind im Korb und der Meier sitzend auf der Stubenbank, die Hände vor dem Bauch gefaltet und mit offenem Mund laut schnarchend.

Sie weckte ihn: „Leg dich ins Bett, Mann!"

Verstört wischte er sich die Augen, blinzelte in das trübe Licht der Petroleumlampe, sah nach dem schlafenden Girgl und murrte: „Ich muß wissen, was ihm fehlt, und solange ich das net weiß, gehe ich net schlafen. Hol den Bader!"

„Ist recht." Die Meierin schlang einen Wollschal um Kopf und Schultern und ging. Als sie mit dem Bader zurückkam, trug der Meier schon wieder das schreiende Kind in der Stube herum.

„Ist eine unruhige Nacht gewesen“, erzählte der Bader, sich die kalten Hände reibend. „Grad bin ich erst heimgekommen. Laßt einmal das Bübl sehen.“

Er untersuchte den Kleinen, klopfte ihm das Bäuchlein ab und stellte fest: „Kann so schlimm net sein. Das Bübl plagen die Winde. Ich bring eine Salbe, damit reibt ihr ihm das Bäuchl ein und gebt ihm weiter das Kümmelwasser. Dann wird er schon wieder. Ein wirklich schönes Kind und auch kernig.“

Die Meierin war erleichtert und rückte mit einem Taler heraus. Ihr Mann aber war neugierig:

„Wo bist du denn dann heut nacht gewesen? Ist jemand schwer krank?“

Das verbindliche Lächeln im Gesicht des Baders wurde starr, und ausweichend antwortete er:

„Ist einer in die Heugabel gefallen und hat sich den Arm ganz schön zugerichtet. Hat sich entzündet, drum haben sie mich in der Nacht noch geholt.“

„Wer ist es denn?“ wollte Meier wissen, und es fiel ihm die Verlegenheit auf, mit der der Bader zögernd Bescheid gab:

„Der alte Bergbauer. Gut, daß der Alois vom Militär zurück ist und nimmer so viel Arbeit ist, denn wenn es dumm hergeht, dann kann der Arm steif bleiben.“

„So, aha, der Bergbauer?“

Nun fing der Girgl wieder zu schreien an, und der Bader empfahl sich mit der Versicherung, die Salbe gleich herzuschicken.

„Jetzt lege ich mich aber hin“, gähnte der Meier und zerrte an der Hose, die ihm über den Bauch rutschte.

Da klopfte es am Fenster, und ein Gesicht drückte sich an die Scheibe. Dann ging die Haustür, und der Haderer trat in die Stube, abgehetzt und verängstigt.

„Er ist wieder dagewesen, Herr Kommandant! In der Nacht ist er gekommen, und ich hab ihm mein letztes Geld geben müssen. Wenn ich zur Gendarmerie gehe, dann bringt er mich um, hat er gesagt. Mein Weib ist ganz außer sich und hat net nachgelassen, bis ich doch gegangen bin!“ Und listig fügte er hinzu: „Aber diesmal hab ich ihm nachgespitzt. Er ist gegen Andorf gegangen, und da ist mir eingefallen, daß er dort einen Vetter hat. Dort muß er sein."

„Da soll er uns auch nimmer auskommen!" fauchte Meier, rumpelte aus der Stube in den Hausgang und brüllte zur Bodenstiege hinauf:

„Loderer! Mach schnell, wir holen uns den Mühlgirgl!"

Hastig zog er die Uniform an, zwängte den Säbelgurt um, und als er fertig war, kam auch schon der Loderer, den Uniformrock zuknöpfend und schlaftrunken fragend, was los wäre.

„Marsch, marsch! Es wird schon Tag!" herrschte Meier ihn an und wandte sich an den Haderer:

„Wenn du dich fürchtest, dann bleib nur da, bis wir wiederkommen. Wie heißt der Vetter in Andorf?"

„Aschenbrenner, gleich das erste Haus rechts, ein kleines Anwesen."

Die Gendarmen rissen die Gewehre von der Wand und verließen das Haus, rannten im Eilschritt zum Unterdorf, bis Meier der Atem ausging.

Sie gingen über den Regen, der wieder dampfenden Nebel abgab, und über dem grauen Dunst wurde es schon hell. Vor Hundzell bogen sie rechts ab, gingen einen Feldweg entlang, bis sich vor ihnen aus dem Nebel das erste Haus von Andorf abzeichnete.

„Ich gehe hinein, und du siehst zu, daß er net hintenheraus abhaut!" ordnete Meier an und schlug mit dem Gewehrkolben gegen die Haustür. Dann horchte er. Türen knarrten, und leichte Schritte tappten, Stimmen flüsterten, und unter dem niederen Dach polterte es. Dann öffnete ein untersetzter Mann, sah erstaunt den Gendarm an und räuschpelte:

„Der Herr Gendarm? In aller Frühe schon? Was gibt es denn?"

„Bist du der Aschenbrenner? Dann bin ich schon richtig!" schnarrte Meier, drückte den Mann in den Hausflur zurück und schloß hinter sich die Tür: „So, und jetzt weckst du deinen Vetter Girgl auf, falls er noch schlafen sollte, weil ich mit ihm zu reden habe!"

„Girgl? Kenn keinen Girgl! Wer soll denn das sein? Bei uns ist niemand, der Girgl heißt", greinte der Aschenbrenner.

„Marsch in die Stube! Ich suche mir den Burschen schon selber.“

Im schwachen Licht des Morgens sah er sich in der Wohnstube um, schnupperte den frischen Tabaksrauch, ging in die anliegende Kammer und traf dort ein scheltendes Weib im Bett liegend, riß die Tür des Gewandschrankes auf und sah unter das Bett.

„Weib, wo ist denn der Girgl! Rede, oder ich werfe dich aus deiner Flohfalle raus!“

Erschrocken schwieg sie und fing dann an zu lamentieren: „Ich hab den Girgl net gesehen, schon lange nimmer. Hab es meinem Mann alleweil wieder gesagt, daß ich den Lumpen nimmer im Haus haben will.“

Meier stampfte aber schon wieder davon, die Bodenstiege hinauf und stieß mit schußbereitem Gewehr die Türen zweier Kammern auf. Trat ein und weckte ein junges Dirndl aus dem Schlaf.

„Wo ist der Girgl?“

Die Augen reibend, greinte das Mädel: „Wie soll ich das wissen. Hab geschlafen!“

Auf dem Platz vor den Kammern stand ein bemalter Bauerschrank, und als Meier die Tür aufriß, sprang ihm der Mühlgirgl entgegen, stieß ihn vor die Brust und war mit zwei Sätzen die Stiege hinunter verschwunden.

„Loderer!“ brüllte Meier. „Achtung! Er kommt!“

Zufrieden grinste er, als er drunten hinter dem Haus ein scharfes „Halt! Hände hoch!“ hörte, und rannte die Stiege hinunter und durch die offene Hintertür ins Freie. Dort stand der Mühlgirgl schreckensbleich mit dem Rücken an der Hauswand, und Loderer hatte ihm den Gewehrlauf an die Brust gesetzt.

„Na also! Da haben wir ja den Vogel endlich!“ lachte Meier zornig und riß dem Burschen die Hände herunter, legte ihm die Schließkette an und drohte: „Kommst uns nimmer aus, Freunderl! Auf dich habe ich schon lange gewartet!“

Aus dem dunklen Hausflur lästerte der Aschenbrenner: „Wie kommt denn dieser Bazi in mein Haus? Ich kenne ihn gar net! Der hat sich eingeschlichen!“

Wütend fuhr ihn der Meier an: „Halts Maul! Sonst gebe ich

dir noch eine Tracht Prügel! Ich zeige dich an, weil du deinem würdigen Vetter Unterschlupf gegeben hast, dann wirst du schon klein werden."

Die Gendarmen nahmen den Girgl in die Mitte und führten ihn an der Kette am frühen Vormittag durch das Dorf Hohenwarth. Die Dorfleute standen hinter den Fenstern.

„Ist es also wirklich der Mühlgirgl gewesen?" rätselten sie und wollten herausgefunden haben, daß ja sonst keiner sich so lange in den Wäldern herumgetrieben haben könnte und nun auch noch den Dachsberger Florian angeschossen hatte. Wird wohl auch den alten Dachsberger auf dem Gewissen haben, und das kann ihn für sein ganzes Leben ins Zuchthaus bringen. Und wie er aussah! Stoppelig das Gesicht und zottig das lange Haar, heruntergekommen wie ein Landstreicher, Hose und Joppe verrissen und verschlissen und barfuß in zwei abgetretenen löcherigen Schuhen. Zum Fürchten!

Einige Male hatte der Mühlgirgl auf dem Weg schon beteuern wollen, daß er nichts verbrochen habe und sich keiner Schuld bewußt sei, aber da der Meier ihn mit einem Rippenstoß zum Schweigen gemahnte, gab er es auf. Einmal hatte er sich sperren wollen und hatte erklärt, keinen Schritt mehr gehen zu können, weil er krank sei —, die Püffe der Gendarmen hatten ihn wieder in Trab gebracht.

Nun zerrten sie ihn in das Haus der Gendarmerie und stießen ihn auf die Bank.

„So, Bursche, wir zwei tun net lang herum! Brauchst mir nix zu erzählen, weil ich dich gleich nach Kötzting bringe. Dort kannst du es probieren, ob sich der Herr Richter anlügen läßt!"

Den Loderer forderte er auf, einen kurzen Bericht zu schreiben und diktierte ihm:

„Heute in der Morgenstunde wurde der Mühlbursche Georg Lehner in seinem Unterschlupf beim Aschenbrenner in Andorf verhaftet, weil er verdächtig ist, bei seinem Verlassen der Haselmühle im vorigen Herbst das ganze Geld des Müllers mitgenommen, den Müller laufend betrogen, die Tochter des Müllers zur heimlichen Flucht überredet und in den Wäldern unterm Keitersberg gewildert zu haben. Er ist ferner verdächtig, seinerzeit den Jäger Josef Dachsberger tödlich verwundet und nunmehr auch dessen Sohn, den herrschaftlichen Jäger und Müller, Florian Dachsberger, angeschossen und schwer verwundet zu haben. Der Georg Lehner, alias Mühlgirgl, wird mit dem heutigen dem königlichen Gericht in Kötzting überstellt. Punkt!"

Grau im Gesicht hatte der Mühlgirgl zugehört, und nun begehrte er auf: „Das ist alles net wahr! Die Leni hat das Geld genommen, und sie hat gesagt, daß wir fortgehen sollen, weil — weil sie ein Kind bekomme und sie den Vater und das Dorfgerede fürchte. Ich hab niemals gewildert und schon gar net jemanden angeschossen. Ich hab nie ein Gewehr gehabt."

„Das kannst du dem Gericht sagen, und jetzt will ich kein Wort mehr hören!" herrschte Meier ihn an.

Die Meierin hatte still dabei gesessen und kein Auge von dem Verhafteten gewandt. Nun fing das Kind im Korb zu weinen an, aufgeweckt von dem lauten Gerede, und die Meierin beugte sich über den Korb, um es zu beruhigen.

Plötzlich fragte der Girgl: „Das Kind, seit wann habt ihr denn ein Kind?"

„In unserem Alter kann man auch noch ein Kind kriegen, das siehst du ja!" fuhr die Frau böse auf.

Und der Meier sträubte den Schnauzbart und sah den Girgl an, als ob er ihn verschlingen wollte. „Weiter jetzt, marsch!" Er zog ihn von der Bank und führte ihn am Arm zur Tür, den Bericht, den ihm der Loderer gab, einsteckend. An der Tür drehte sich der Girgl noch einmal um und fragte:

„Ist es ein Bub — oder ein Mädel?"

„Was geht das dich an? Raus!" schrie Meier.

Es war ein arges Spießrutenlaufen für den Mühlgirgl, bis sie aus dem Dorf waren und gegen Grafenwiesen wanderten. Er hatte den Kopf gesenkt und schien über etwas nachzudenken.

Als sie ein Wirtshaus passierten, versuchte er den Gendarmen zu einer Einkehr zu bewegen. Doch dieser blieb hart. Dann begann er zu klagen:

„Herr Kommandant, das mit dem Geld vom Müller, das haben wir gemeinsam gemacht, die Leni und ich, aber mit dem Wildern hab ich nix zu tun, das schwöre ich. Ich habe kein Gewehr und hab auf niemanden geschossen."

„Wird aber an dir hängen bleiben, mein Lieber. Da mußt du erst das Gegenteil beweisen. Den ganzen Sommer ist nix gewesen, und jetzt, wo du wieder da bist, hat es geknallt."

Sie gingen schon gegen Kötzting zu, als der Girgl noch einmal begann:

„Herr Kommandant, laßt Ihr mich laufen, wenn ich Euch sage, wer der Wildschütz vom Keitersberg ist? Ich kenne ihn und hab ihn gesehen!"

„Erzähl mir keine Geschichten! Laufen lassen? Kommt gar net in Frage! Du wirst es schon noch sagen müssen, was du weißt, wenn du den Kopf aus der Schlinge haben willst."

„Ich sag es auch, denn für einen andern halte ich den Kopf net hin."

„Also rede, dann nehme ich heute noch beim Herrn Landrichter die Anzeige wegen des Wilderns gegen dich zurück. Aber stimmen muß es, sonst bist du zweimal geleimt!"

Der Girgl gab sich einen Ruck und sah den Gendarmen offen an. „Ihr werdet es mir net glauben — der Alois, der alte Bergbauer, ist es. Ich habe ihn selber einmal gesehen, und seine Monika ist dabeigewesen. Sie hat das Gewehr getragen und er den Rehbock. Er hat das Gesicht gerußt gehabt, aber die Monika hab ich erkannt. Jetzt ist es mir egal, für den großen Herrenbauern halte ich den Kopf net hin."

Der Meier verfärbte sich und sah den Mühlgirgl mit weit aufgerissenen Augen an.

„Der Bergbauer — Alois — der Alois — ich hätte gute Lust und tät dich jetzt laufen lassen, aber das geht net, das tät mich den Posten kosten. Bist du ganz sicher?"

„Das kann ich beschwören, und ich hab auch gesehen, wie der Bergbauer, wenn er in die Mühle gefahren ist, dem Haselmüller in einem Rupfensack das Wildbret gebracht hat. Dann hat es jedesmal Rehbraten zum Mittag gegeben."

Meier schnaubte und ächzte: „Hättest du das net heute morgen schon sagen können? — Jetzt hab ich den Bericht in der Tasche und kann ihn net brauchen. Marsch! Ich werde für dich ein gutes Wort einlegen!"

Ein alter grauhaariger Wachtmeister nahm im Gericht zu Kötzting den Mühlgirgl in Empfang.

„Ist ein kleiner Spitzbub“, erklärte Meier. „Den größeren werde ich vielleicht heute auch noch bringen.“

Als sich hinter dem Girgl knallend und scheppernd die Zellentür geschlossen hatte, ließ sich Meier beim Landrichter melden.

Knapp und strammstehend berichtete er:

„Gnaden, Herr Landrichter, habe den Georg Lehner, den Mühlgirgl, eingeliefert wegen Diebstahl, Betrug und Landstreicherei. Der Bericht und die Anzeige kommen morgen — und dem Wildschützen vom Keitersberg sind wir auf der Spur. Ich hoffe, daß ich ihn morgen bringen kann!“

„Oho!“ verwunderte sich der Landrichter und strich den schwarzen Knebelbart, der die Blässe seines Gesichtes so sehr betonte. „Endlich einmal was Neues aus Hohenwarth! Hab schon geglaubt, dort gäbe es nur brave Leute, weil keine Anzeigen eingehen. Den Wildschützen vom Keitersberg? Mit dem habe ich auch ein Hühnchen zu rupfen. Also seht zu, daß Ihr ihn erwischt. Eine besondere Belobigung ist dann sicher! Und eine ausführliche Anzeige bitte ich mir aus, mit einer genauen Einvernahme aller Zeugen und von diesen unterschrieben!“

„Zu Befehl, Euer Gnaden!“

„Nun, dann laßt Euch nimmer länger aufhalten, sonst kommt Euch der Wildschütz noch aus!“

„Jawohl, Euer Gnaden!“

Mit geschwellter Brust und stolz über das empfangene Lob salutierte Meier und verließ das Amtszimmer. In seiner Erregung beachtete er den kleinen glatzköpfigen Mann nicht, der wartend auf der Bank im Flur saß.

„Jetzt wird der Teufel los bei uns in Hohenwarth“, prahlte der Gendarm dem alten Wachtmeister gegenüber, ehe er das Gericht verließ. Obwohl ihn der Durst plagte, verzichtete er auf einen Wirtshausbesuch und marschierte, den Kopf voller Gedanken, die sich einmal reimten und dann doch wieder nicht zusammenpassen wollten, nach Hohenwarth zurück. In Grafenwiesen hielt er es nicht mehr aus, blieb vor dem Wirtshaus stehen und redete dann zu sich selber:

„Durstig kann ich net denken. Der Bergbauer rennt mir net davon, und alles muß jetzt genau überlegt werden.“

Grübelnd und nicht ansprechbar versaß er beim Bier und einem Schwartenmagen den halben Nachmittag.

Indessen meldete der alte Wachtmeister dem Herrn Landrichter:

„Gnaden, Herr Landrichter, da ist noch einer aus Hohenwarth."

Dann schob er den kleinen glatzköpfigen Mann in das Zimmer, der verlegen seinen Hut drehte und vor dem Schreibtisch stehenblieb.

„Na, was ist?" fragte der Landrichter, nahm bedächtig eine Prise Schnupftabak und drängte: „Was willst du, und wer bist du?"

Tief räusperte sich der Mann, machte eine tiefe Verbeugung und stotterte: „Euer Gnaden — ich — ich möchte eingesperrt werden. Ich bin der Krippl Sepp."

Der Landrichter zog die Augenbrauen hoch. „Eingesperrt möchtest du werden? Warum?"

„Wegen des Wilderns!"

Die dunklen Augen des Landrichters wurden groß und zwinkerten belustigt. „Das mußt du mir schon näher erklären."

Nun sprudelte es aus dem Krippl Sepp: „Schaut mich an, wie ich ausschau!"

„Hast du gerauft?"

„Nein, das ist mein Weib gewesen. Schlingen hab ich gelegt, Herr, und der Meier hat mich erwischt. Aber er hat mich net angezeigt, sondern mich gezwungen, daß ich meine Stalldirn heirate, und bei der halte ich es nimmer aus. Alle Tage schlägt sie mich grün und blau. Ich halte das nimmer aus, und deswegen zeige ich mich selber an. Lieber bin ich eingesperrt, als daß ich mit diesem Weibsteufel zusammenleben muß."

Aufmerksam musterte der Landrichter seinen Besucher. „Nur immer langsam, alles mit der Ruhe. Setz dich und erzähle alles der Reihe nach."

Die Beichte des Krippl Sepp dauerte lange, und immer wieder mußte sich der Landrichter die Hand vor das Gesicht halten, um sein Schmunzeln zu verbergen.

Und dann beendete der Krippl Sepp seine Klage: „Euer Gnaden, dieser Meier ist ein Waschlappen und kein Gendarm.

Der zeigt nix an, damit er keine Arbeit hat und beim Bräu sitzen kann."

Der Landrichter klingelte und befahl dem eintretenden Wachtmeister: „Der Mann bleibt vorläufig bei uns, und dann schickt mir den Gerichtsschreiber. Da hinten in diesem Hohenwarth muß Ordnung gemacht werden!"

„Tausend Dank, Euer Gnaden!" schnaufte der Krippl erleichtert auf und ließ sich abführen.

Der Landrichter schüttelte den Kopf: „Der bedankt sich dafür, daß er eingesperrt wird. Was doch ein schlimmes Weib anrichten kann!"

Als der Gendarm Meier in Hohenwarth anlangte, war der Tag schon um, die frühe Herbstnacht brach an. Es war ihm viel durch den Kopf gegangen, und es stimmte ihn ein wenig traurig. Was er jetzt zu tun hatte, wußte er. Ernst und entschlossen ging er durch das Dorf und vergaß, die Grüße der ihm Begegnenden zu erwidern.

Schweigend betrat er die heimatliche Stube, überhörte die Fragen seiner Frau und des Loderer, beugte sich über den Kinderkorb und rastete einige Minuten auf der Bank. Dann kommandierte er, tief atemholend:

„Mach dich fertig, Alfons! Jetzt geht es auf zum letzten Tanz! Wir holen uns den Mann, hinter dem wir solange her sind, den Wildschützen vom Keitersberg."

Das klang so barsch, daß sich der Hilfsgendarm keine Frage erlaubte und das Gewehr vom Nagel nahm. Es muß etwas Besonderes vorgefallen sein, dachte er, denn der Meier macht ein Gesicht wie bei einer Beerdigung.

Schweigend gingen sie dorfaufwärts und bogen zum Haus des Baders ab. Dort trommelte Meier an die Haustür und brüllte: „Bader, komm heraus!"

Der Loderer flüsterte ungläubig: „Es ist doch net der Bader?"

„Warte nur ab!" knurrte Meier böse und herrschte den Bader an, als dieser aus dem Haus kam: „Also, wie ist das nun gewesen mit dieser Heugabel, in die der Bergbauer gefallen ist, he? Kannst du einen Heugabelstich von einer Schußverletzung unterscheiden?"

Trotz der Dunkelheit sahen sie, wie der Bader bleich wurde.

„Er hat gesagt, daß er in die Gabel gefallen ist."

„Und was meinst du?"

Der Bader stotterte: „Ich kann nix sagen und will nix gesagt haben, ich hab mein Berufsgeheimnis." Schnell fügte er hinzu, als der Gendarm ihn am Hemdkragen packte: „Kann aber auch von einem Schuß stammen!"

„Mehr wollte ich net wissen!"

Nun wurde der Bader gesprächig: „Bin grad wieder dort gewesen. Der Bergbäuerin geht es net gut. Vor ein paar Minuten ist der Herr Expositus zum Versehen gegangen. Könntet ihn noch einholen."

Grußlos gingen die Gendarmen davon.

Durch den Lamerwinkel zog ein kalter Wind, und die Sterne leuchteten über den Bergen im nachtblauen Himmel, als sie aus dem Dorf kamen und in den Hudlacher Weg einbogen.

Dann tanzte vor ihnen das Licht einer Laterne, und ein feines Glöcklein läutete. Gegen die Dunkelheit zeichnete sich der weiße Chorrock des Expositus ab und die taumelnde Gestalt des Mesners, der die Laterne trug.

Meier verzögerte: „Lassen wir den Herrgott vorangehen. Ist schlimm genug, wenn wir gerade jetzt kommen müssen, aber es muß sein."

„Ist es der Bergbauer?" wollte nun der Loderer wissen.

„Ja, er hat uns lange genug gefoppt, und in seiner Haut möchte ich jetzt net stecken."

Vom Bergbauernhof glühte ihnen ein erleuchtetes Fenster entgegen, und daneben flackerte in einem anderen Fenster eine Kerze.

„Geht mir immer aufs Herz, wenn ich so ein Licht in der Nacht hinter einem Fenster sehe und weiß, daß sich jetzt dort ein Mensch zum Sterben richtet", brummte Meier, und als der Geistliche und sein Begleiter hinter dem knarrenden Hoftor verschwunden waren, meinte er: „Warten wir einen Augenblick."

Sie horchten, hörten an der Haustür leises Reden und nahmen die Gewehre von der Schulter.

„Achtgeben, daß er uns keine Finessen macht", flüsterte Meier. „Dem traue ich alles zu. Los jetzt!"

Wie Diebe schlichen sie sich ins Haus und gingen in die Stube. Am Tisch unter der Lampe saßen der Bergbauer, sein Sohn Alois, die Monika und der Mesner. Die Tür zur Kammer war geschlossen. „Alles sitzenbleiben!" gebot Meier mit gedämpfter Stimme. „Bergbauer, du bist verhaftet! Mach keinen Widerstand, weil wir sonst von der Schußwaffe Gebrauch machen müssen."

Starr und bleich starrten sie die Gendarmen an.

„Leg ihm das Kettl an", befahl Meier. Während er das Gewehr im Anschlag hielt, zerrte Loderer den Bauern von der Tischecke und fesselte ihn. Er ließ es stumm mit sich geschehen, sah sich mit ausdrucksloser Miene nach seinen Kindern um und murmelte dann:

„Muß das jetzt sein? Drinnen liegt mein Weib im Sterben. Ich möchte sie noch einmal sehen."

„O mein Gott!" weinte die Monika leise auf. „Ich hab gewußt, daß es so kommen wird."

„Mit dir rede ich morgen ein Wörtl, oder ich nehme dich gleich mit. Wenn ich dich dalasse, dann nur wegen deiner Mutter. Gut, warten wir, bis der geistliche Herr fertig ist, dann kannst du noch einmal zu ihr hineingehen, Bergbauer. Aber das Kettl nehmen wir dir net ab."

Mit schmerzverzogenem Gesicht ächzte der Bauer: „Mein Gott, das halte ich net aus!" Unter der wollenen Weste war der dicke Verband zu erkennen. Loderer gab auf einen Wink Meiers hin der Schließkette mehr Spielraum, so daß der Bergbauer den verletzten Arm abwinkeln konnte.

Wie versteinert war der junge Bauer gesessen, und nun fuhr er auf:

„Hat das sein müssen, Vater? Hat das sein müssen, daß du uns in die Schande bringst? Ich hab es geahnt . . ."

Der Bergbauer starrte auf den Fußboden. Sein Kinn zitterte, und der Mund bewegte sich, ohne daß ein Laut über seine Lippen kam. Als Meier streng fragte: „Wo ist das Gewehr?" stöhnte er nur unverständlich.

Der Alois übernahm es zu antworten:

„Die Flinten sind droben, ich hole sie."

Er ging aus der Stube und kam mit einer Schrotflinte und einer doppelläufigen Jagdbüchse zurück.

Die Kammertür ging auf, der Expositus trat auf die Schwelle und sah sich erstaunt um.

„Was hat das zu bedeuten?"

Meier erklärte, seine Stimme dämpfend: „Ist mir zuwider, daß wir gerade jetzt kommen mußten. Der Bergbauer ist festgenommen."

„Und warum?"

„Wegen Wilderns!" sagte Meier kurz und bestimmt. „Wir müssen ihn einliefern, aber er kann vorher noch mit seiner Frau sprechen. Allerdings nur in meiner Gegenwart."

Der Geistliche überwand seine Verwirrung. „Wie Gott es will. Ihr seid trotzdem gerade recht gekommen. Die Bäuerin will vor einer Amtsperson und Zeugen etwas sagen, kommt herein." Er winkte auch dem Mesner, und zu dritt gingen sie in die Kammer und schlossen hinter sich die Tür.

Betroffen stand Meier vor dem Krankenlager.

War diese Frau, die da im weißrot gewürfelten Bett lag, die Bergbäuerin? Ihr Haar war grau geworden, und die Nase stand spitz im eingefallenen gelben Gesicht. Tief lagen die dunklen, trüben Augen in den Höhlen. Der Kerzenschein huschte gespenstisch über die Sterbende, und die dumpfe, nach Essig riechende Luft wollte dem Gendarmen den Atem nehmen. Auf einen Wink des Geistlichen zog er sich einen Stuhl an das Bett, und der Mesner stellte sich hinter dem Kopfende auf.

„Bergbäuerin", begann der Expositus milde und begütigend: „Da ist der Herr Kommandant, und du kannst nun sagen, was du vom Herzen haben willst. Soll dein Mann auch dabei sein?"

„Nein", flüsterte die Bäuerin. „Er weiß alles, aber sagt es dem Buben, dem Alois, wenn ich gestorben bin. Ihn geht es an."

Keuchend versuchte sie sich aufzurichten und sank wieder in die Kissen zurück. Ihre knochigen Hände zuckten und suchten auf dem Bett, und ihr Atem ging stoßweise. Erschüttert warteten die Männer, bis sie wieder zu sprechen begann. Die nachtschwarzen Fenstervierecke drohten wie verborgene Lauscher, und die Schatten der Männer schwankten im Kerzenlicht an den Wänden. Sie spürten, daß mit ihnen auch schon der Tod in der Kammer war.

Dann fing die Bergbäuerin zu reden an.

„Der Alois ist net von meinem Mann — der Dachsberger Sepp ist sein Vater. Er hat mir Gewalt angetan — drei Wochen vor der Hochzeit mit dem Bergbauern. Von einer Tanzmusik in Simpering hat er mich in der Nacht heimbegleitet — und meinem Mann war es recht — ist ja sein bester Freund gewesen — aber er ist über mich hergefallen wie ein wilder Stier. Ich hab geweint und gebettelt — hab gesagt, das kann er seinem Freund net antun — drei Wochen vor unserer Hochzeit — aber er ist wie ein Verrückter gewesen — in dieser Nacht bin ich eine andere geworden und hab es selber net begreifen können — alles hat sich in mir umgedreht — hab mich selber nimmer erkannt, das Entsetzen hat mich verwandelt — hab keinen Mann mehr sehen können, ohne daß mir übel geworden ist — auch meinen Mann net und hab es ihm net sagen können. Und dann ist mir ein Bart gewachsen — müßt euch mein Elend denken und meinen Haß, den ich hatte."

Stöhnend schwieg sie und rang nach Luft. Der Geistliche wischte ihr mit einem Tüchlein den Schweiß von der Stirn und sagte gutmeinend:

„Mußt es ja net sagen, Bäuerin, es strengt dich zu sehr an. Der Herrgott wird schon alles recht machen. Alle sind wir in seiner Hand."

„Ich muß alles sagen — wie es gewesen ist — auch ich bin schuldig geworden — hätte schweigen müssen! Zwanzig Jahre habe ich es fertig gebracht. Hab meinen Mann gebeten, daß er die Freundschaft mit dem Jäger aufgeben soll, weil ich ihn net leiden könne — er hat mir den Gefallen getan. Wie der Alois herangewachsen ist, hat er alleweil mehr dem Dachsberger gleichgesehen, und mich hat die Angst fast umgebracht. Dann sind wir in die Not gekommen — der Hagel hat alles zusammengedroschen, das Vieh ist uns verreckt — da hat mein Mann den oberen Wald an den Herrn verkauft und damit das Jagdrecht verloren. — Gespart haben wir und gehungert, weil ausgemacht war, daß wir den Wald wieder auslösen können — und dann hat ihn der Herr nimmer hergegeben — hat den

Dachsberger geschickt, uns das zu sagen, und dieser hat nur Hohn und Spott für uns gehabt. — Da hab ich mir nimmer helfen können und hab meinem Mann nach zwanzig Jahren alles eingestanden — da bin ich schuldig geworden — von da ab ist der Bergbauer auf die heimliche Jagd gegangen — und dann sind sie zusammengetroffen und der Dachsberger hat daran glauben müssen. — Mir hat mein Alois nix nachgetragen, aber er hat nimmer viel geredet mit mir. O Gott . . ."

Beruhigend legte der Expositus seine Hand auf die zuckenden Finger: „Er wird dir gnädig sein, Bergbäuerin, er weiß alles besser als wir."

Mit einem Blick bedeutete er dem Gendarmen, der bewegungslos am Bett gesessen und zugehört hatte, nun die Kranke allein zu lassen. Meier verließ zusammen mit dem Mesner die Kammer. Mit rauher belegter Stimme befahl er dem Loderer: „Nimm ihm das Kettl ab, er kann hineingehen."

Es dauerte nicht lange, bis der Bergbauer und der Geistliche wieder herauskamen, und der Expositus sagte:

„Sie ist nimmer beim Bewußtsein. Bleibt bei ihr, lange wird es nicht mehr dauern."

Während die Monika und der Alois zur Sterbenden gingen, zog der Expositus den weißen Chorrock aus und gab ihn dem Mesner. Dieser zündete die Laterne an, und Meier meinte:

„Wir gehen gleich mit." Er hängte sich die Gewehre des Bergbauern über die Schulter. Loderer legte dem Bauern wieder die Fessel an, und ohne daß dieser sich von seinen Kindern verabschieden konnte, verließen sie den Hof.

Das Versehglöcklein bimmelte voran, als hätte es einen Verurteilten zum Galgen zu geleiten. Stumm folgten sie dem Licht der Laterne, und als sie ins Dorf kamen und sich trennten, bat der Bergbauer:

„Hochwürden, ich tät um den Segen bitten, wenn ich ihn noch wert bin."

Er kniete auf dem Weg nieder, und der Geistliche machte das Kreuzzeichen über ihn. Dann legte er ihm die Hand auf die Schulter:

„Der Mensch muß, solange er lebt, den Mut und den Willen haben zu sühnen für alles, was er an Unrecht getan hat. Vergiß das Beten nicht, Bergbauer! Leb wohl!" Und schon im Gehen wandte er sich noch einmal um: „Wirst drüben eine gute Fürbitterin haben."

Es war schon lange nach Mitternacht geworden, und im Haus der Gendarmerie brannte noch Licht. Die Meierin war wachgeblieben. Beim Eintreten der Gendarmen und ihrem Gefangenen stemmte sie die Fäuste in die Hüften und raunzte:

„Ist er das? Er, der Bergbauer? Solltest dich vor deinem Weib und deinen Kindern schämen! Hab mir schon einmal gedacht, ob net einer der Bauern der Tropf ist."

„Schweig!" herrschte ihr Mann sie an. „Geh ins Bett, und du, Loderer, auch! Du bringst ihn in der Frühe nach Kötzting. Ich mache derweil die Anzeige fertig."

Die Meierin wagte keine Widerrede, denn so hatte sie ihren Mann noch nie gesehen. Um Jahre gealtert erschien er ihr im trüben Lampenlicht, und sein immer aufgezwirbelter Schnurrbart hing nach unten, die gesundroten Wangen waren fahl und schlaff und die blauen Augen glanzlos. Sie nahm den Kinderkorb und ging aus der Stube, gefolgt von dem müden Hilfsgendarm.

Meier nahm Papier und Schreibzeug aus der Schublade und sah halb wütend, halb traurig auf den Bergbauern, der mit geschlossenen Augen auf der Bank saß.

„Name und geboren?" rief er den Bauern so laut an, daß dieser zusammenzuckte und sich aufrichtete. Träge und schleppend kamen seine Antworten in diesem nächtlichen Verhör, und während Meier schrieb, saß er wieder resignierend und wie ein Schlafender da.

Nur einmal fragte er: „Könntest mir einen Dienst tun. Laß die Monika aus dem Spiel. Ich hab sie als Aufpasserin mitgenommen, hab sie dazu gezwungen. Das Dirndl hat nix verbrochen. Schreib nix davon in die Anzeige. Und der Alois hat nix gewußt, er ist beim Militär gewesen."

Meier kaute am Federhalter und dachte nach. „Mann! Bergbauer! Hat das alles sein müssen? Hat dich da dein Weib net erbarmt?"

Der Bauer grollte: „Das Jagdrecht hat mir zugestanden wie meinem Vater und dem Großvater, und von denen her hab ich es im Blut gehabt. Das ist schlimmer als eine Krankheit. Und wenn du wüßtest, was zwischen mir und dem Dachsberger gewesen ist —"

Meier winkte ihm ab: „Das weiß ich, und der Dachsberger hat das Seinige dafür aushalten müssen. Er wollte dir noch sagen lassen, daß es ihn reut, und er hat dich ja auch net angegeben. Wir sind quitt, hat er vor seinem elenden Sterben noch gesagt."

Die Züge des Bauern waren hart geworden, er schwieg. Nur ab und zu verzog er den Mund und versuchte den verletzten Arm in eine erträgliche Lage zu bringen.

Als der Loderer, noch vor dem Tagwerden, aus seiner Kammer herunterkam, fand er seinen Vorgesetzten am Tisch schlafend vor und sah, daß dem Bergbauern die Tränen über die Wangen liefen.

Er erschrak, denn wie leicht hätte der Bauer sich davonschleichen können.

„Die Gerechtigkeit" – murmelte Meier, als Loderer ihn weckte. Er rieb sich die Augen und sah nach der Uhr, gähnte und meinte müde: „Dann ist also das Spiel aus. Weck die Frau, daß sie euch die Frühsuppe macht. Ich gehe derweil ins Schloß. Der Bräu muß die Kutsche einspannen lassen. Nimm die Anzeige mit und bring den Mann gut zum Gericht. Du bist dafür verantwortlich."

Es wurde draußen schon hell, als Meier mit dem Gefährt kam, das von einem Knecht gelenkt wurde. Während sie den Bergbauern in den Wagen schoben und Loderer dazustieg, sagte Meier:

„Kannst auch im Spital nachfragen, wie es dem Florian geht."

Durch das menschenleere Dorf karrte polternd die Kutsche davon. Sich die Augen wischend, sah der Gendarmeriekommandant hinterdrein. Dann ging er kopfschüttelnd ins Haus zurück, setzte sich wieder an den Tisch und schlief weiter. Seine Frau ließ ihn gewähren und weckte ihn erst wieder mitten am Vormittag, als der Postbote zwei amtliche Schreiben brachte.

„Weib, da ist nix Gutes drinnen", maulte er. „Schon seit ein paar Tagen ist mir, als müßte die Welt bald untergehen."

Dann machte er die Briefe auf und las halblaut:

„— wird mitgeteilt, daß der Hilfsgendarm Alfons Loderer zum ersten Dezember zum Wachtmeister der königlich bayerischen Gendarmerie befördert ist und seine Versetzung zur Gendarmerie nach Straubing angeordnet wird. Er hat sich dort pünktlich einzufinden."

Meier legte das Schreiben zur Seite und stützte den Kopf in die Hand.

„Ich vergönne es ihm, aber ich habe mich so an ihn gewöhnt. Wer weiß, was für einen Wichtigtuer man daher versetzt. Wird den Alfons auch net freuen."

Dann riß er den anderen Umschlag auf, las und wurde blaß.

„Was ist denn?" fragte besorgt die Meierin.

„— der Kommandant der Gendarmeriestation Meier hat sich umgehend beim Bezirksamt zu melden."

Er drehte das Blatt um, las noch einmal die wenigen Zeilen und legte es hin.

„Das gefällt mir net, Weib, darin steckt ein Pferdefuß!"

„Vielleicht wirst du auch befördert? Freilich! Und wenn sie jetzt in Kötzting erfahren, daß du den Wildschützen vom Keitersberg gefangen hast, dann kannst du erst recht mit einer Belobigung rechnen. Geh nur gleich am Nachmittag hin, die Herren warten net gern. Ich putze dir den Helm und die Knöpfe, und deine Kriegsauszeichnungen steckst du an. Hättest mit der Kutsche fahren können, wenn wir das eher gewußt hätten", eiferte sie. „Und wenn du nur um ein paar Mark mehr Gehalt bekommst, dann ist das auch schon was. Jetzt sind wir ja drei und können es brauchen."

„Mir ist net gut, wenn ich daran denke", knurrte er.

Seine Überlegungen wurden durch das Klappern von Holzschuhen im Hausflur gestört. Die Frau vom Krippl Sepp trat ein und fing laut zu heulen an:

„Herr Kommandant, mein Mann — ist verschwunden. Gestern ist er noch dagewesen. Ihr müßt ihn wieder herbringen!"

Grantig raunzte Meier: „Verschwunden? So ein Mannsbild wird net gestohlen. Was geht das mich an? Hat er es vielleicht nimmer bei dir ausgehalten? Hast du ihn wieder blaugeschlagen? He!"

„Wenn er sich aber was antut!“ winselte die Frau.

„Dann ist es jetzt auch schon zu spät. Ich hab was anderes zu tun, als dir deinen entlaufenen Mann zu suchen!“

So schnell wie der Tränenstrom bei ihrem Eintritt zu fließen begonnen hatte, so rasch hörte er jetzt auf, und sie belferte:

„Euch hab ich das zu verdanken, nur Euch! Ihr habt mich gezwungen, daß ich diesen Deppen hab heiraten müssen! Hättet Ihr mich damals gehen lassen —“

Da sprang der Meier auf, und ehe sie noch ein Wort herausbrachte, stolperte sie über das Holzstiegl vor der Haustür und kugelte sich auf dem Weg. Behende suchte sie ihre Holzschuhe zusammen und schlurfte davon, keifend und zeternd, während Meier die Haustür wütend ins Schloß warf.

„Jetzt weiß ich bald nimmer, wo mir der Kopf steht! Jetzt brauch ich ein Bier, und dann gehe ich gleich nach Kötzting. Das läßt mir keine Ruhe, das muß ich hinter mich bringen!“

„Hast recht“, stimmte ihm die Meierin zu, und während er sich fertig machte, die gewichsten Sonntagsstiefel und den besten Uniformrock anzog, sich die Kriegsauszeichnungen anheftete und den Schnauzbart mit der Bartwichse hochdrehte, fummelte die Meierin den bayerischen Löwen auf dem Helm blank, überzeugte sich, daß die amtliche Kopfzier auch richtig saß, und rückte ihrem Mann noch den Säbelgurt zurecht, der sich dem runden Bauch so schlecht anpassen wollte. Dann griff sie in den Weihwasserkessel am Türstock, schnippte ihm einige Tropfen ins Gesicht:

„Bleib net zu lange aus, und laß die Wirtshäuser links liegen“, ermahnte sie ihn. Er beugte sich noch über den kleinen Girgl, strich ihm zärtlich über das Köpfchen und verließ das Haus.

Der Schloßbräu legte die Zeitung weg, als der Gendarm Meier eintrat, und fragte verwundert:

„Wohin denn mit der Paradeuniform?“

„Bei uns ist der Teufel los.“ Ohne den Helm abzunehmen, setzte er sich und wartete schweigend, bis die Hausmagd das Bier brachte. Erst nach einem langen Zug bröselte er mißlaunig:

„Der Loderer wird nach Straubing versetzt. So eine Sauerei! Wer weiß, was für ein Schliffel herkommt.“

Der Bräu schmunzelte befriedigt: „Wird auch gut sein. Ist höchste Zeit gewesen."

Mißtrauisch grollte Meier: „Hat wahrscheinlich jemand nachgeholfen."

„Kann schon sein." Der Schloßherr tippte ihm vertraulich auf den Arm. „So wäre das nimmer weitergegangen. Der junge Herr hat sich Flausen in den Kopf gesetzt und meine Ursula dazu. Wenn der Loderer weg ist, dann wird sich bald was ändern. Dann gibt es bei uns eine Hochzeit, so wie ich es will."

„Kann schon sein, daß sich allerhand ändert, aber ob alles so geht, wie du es meinst? Ich glaube es net. Die Zeiten sind schon anders geworden."

Der Bräu tat es mit einer lässigen Handbewegung ab und fing von den letzten Ereignissen zu reden an. Er bekam nur knappe und zerstreute Antworten, und plötzlich stand Meier auf, leerte das Glas und knurrte erbittert:

„Das mit dem Loderer gefällt mir net. Wenn du dahintersteckst, dann wirst du mich eine lange Zeit hier nimmer sehen. Wenn einer meint, er müsse das Schicksal eines andern bestimmen, oder wenn einer einen andern verkaufen will, dann fehlt es am Charakter."

„Oho!" entrüstete sich der Schloßherr und bekam einen roten Kopf.

Meier salutierte vor dem großen Bild des Königs an der Wand, sah sich in der Bräustube um, als müßte er sich die braune Wandvertäfelung, die Rehgehörne, die alten Tische und Stühle besonders einprägen, und stolzierte dann grußlos davon.

Draußen lehnte der alte Umgeher Dirrigl fröstelnd an der Mauer und wärmte sich in der Vormittagssonne.

„Wird bald Winter werden", zahnte er. „Mein letzter Winter. Ist nimmer schön in Hohenwarth, und ich frag nix danach, nix wenn —"

Meier hörte nicht hin, er hatte an anderes zu denken.

Warum mußte er sich so Hals über Kopf melden? Um sich loben zu lassen? So gerne lobten die Herren nicht. Lieber gaben sie den Untergebenen einen Rüffel, um ihnen bewußtzumachen, daß sie nur Wurstel sind. Konnte sein, daß er in den nächsten Stunden viel Mut brauchte, um dem Herrn Landrichter einmal gehörig zu sagen, wie es unter den armen Leuten aussah. Diese Überlegung führte ihn auf dem Weg nach Kötzting noch in zwei Wirtshäuser. Auf halbem Weg begegnete ihm die Schloßkutsche mit dem Loderer, und er hielt das Gefährt auf.

„Für dich liegt ein Schreiben in der Schublade. Bist versetzt und befördert."

„Weiß es schon", tat der Loderer erfreut. „Man hat es mir schon auf dem Gericht gesagt."

„Verflucht noch einmal! Und das freut dich?" wetterte Meier. „Na, dann fahr zu!"

Weitermarschierend überdachte er, was er dem Herrn Landrichter alles zu sagen hatte, über den Bergbauern und was sich alles ereignet hatte. Ob er berichten sollte, was die Bergbäuerin auf ihrem Sterbebett angegeben hatte? Nur wenn es dem Bergbauern etwas nützen konnte. Er mußte gut für den Mann aussagen, denn nicht allein er war daran schuld, daß nun sein mühseliges Bauernleben so verpfuscht war.

Es war Mittagszeit, und das zwang den Gendarmen Meier wieder für eine Weile ins Wirtshaus. Als er dann zum Gericht ging, summte sein Kopf unter dem drückenden Helm.

Ehe der alte Wachtmeister ihn beim Landrichter anmeldete, flüsterte er vertraulich dem Meier ins Ohr:

„Ich gehe auf Allerheiligen in Pension."

Ernst und kalt empfing ihn der Landrichter, und als Meier seine Meldung salutierend herunterschnarren wollte, unterbrach er ihn:

„Schon recht, setzt Euch!"

Während der Gendarm steif auf der Kante des Stuhles saß, wurde ihm unter den forschenden Blicken des Landrichters schwül und bange. Dann begann der Richter:

„Meier, Ihr habt Euren Dienst in Hohenwarth auf recht eigenartige Weise ausgeführt, sehr eigenwillig und sehr dienstwidrig. Es ist uns schon lange aufgefallen, daß aus Hohenwarth so wenig Anzeigen eingegangen sind, und wir haben lange geglaubt, daß dort eben die Leute so brav und ehrlich sind. Es hat uns gewundert, daß es so lange dauerte, diesen Wildschützen dingfest zu machen. Jetzt wissen wir es allerdings besser! Der Herr Meier hat nichts angezeigt, hat die Spitzbuben laufenlassen, hat selber Justitia gespielt und Recht gesprochen, so wie er es gerne haben wollte. Wie war das mit dem Josef Krippl? Habt Ihr ihn beim Schlingenlegen erwischt oder nicht?"

Kreidebleich sank der Gendarm in sich zusammen.

„Euer Gnaden, der Krippl ist ein Lump, hat seiner Hausdirn, wie seine eigene Frau noch gelebt hat, ein Kind angehängt und hat hernach davon nix mehr wissen wollen. Hätte ich ihn angezeigt und wär er eingesperrt worden, dann wär die Familie in die Not gekommen, und die Gemeinde hätte sie unterhalten müssen."

Der Landrichter gebot ihm zu schweigen und zog einige Aufzeichnungen zu sich:

„Habt Ihr diese Müller Leni laufenlassen und ihr Kind zu Euch genommen?"

„Gnaden — die — ist flüchtig gegangen —"

Wieder schnitt ihm der andere das Wort ab:

„Da haben wir noch eine ganze Reihe solcher Dinge: Tierquälerei, nicht angezeigt. Raufereien, nicht angezeigt, Kartoffeldiebstahl, nicht angezeigt und so weiter und so weiter. Was habt Ihr Euch denn dabei gedacht, Meier?"

Der Gendarmeriekommandant von Hohenwarth stand auf und schlug die Haken zusammen:

„Euer Gnaden, wenn man so lange bei den armen und geplagten Leuten in den Walddörfern Dienst tut, dann sieht man so viel Not, daß man am Ende nimmer weiß, was gerecht und was ungerecht ist. Wenn man jede Kleinigkeit gleich anzeigen tät, würde die Not net kleiner! Wenn einer, der Hunger hat, einem Bauern, dem das gar nix ausmacht, ein paar Erdäpfel aus dem Acker nimmt — wohl ist das ein Diebstahl, aber dem einen ist geholfen, und dem andern tut es net weh. Wird der arme Teufel bestraft, wird seine Not nur größer. Der Gendarm draußen muß seine Leute kennen, er muß den echten Spitzbuben auf die Finger sehen und muß wegschauen, wenn einer sich nimmer zu helfen weiß und etwas nimmt, oder er muß ihm helfen. Ist ein Stümpfl Erdäpfel wert, daß man einen noch mehr ins Elend bringt? Es gibt so viele große Gauner, Betrüger, Diebe und Ehebrecher, die man net fassen kann, sollen es da nur immer die Kleinen sein, die man hängt? Soll einer eingesperrt werden, weil er eine Forelle gefischt hat? Soll man ein Weib schikanieren, weil sie einen Buckelkorb voll Gras von einer fremden Wiese geholt hat? Die Gerechtigkeit ist ein hartes Ding, Euer Gnaden."

„Mann!" donnerte der Landrichter. „Ich will mich nicht mit Euch über die Gerechtigkeit unterhalten, dafür fehlt Euch die nötige Einsicht. Was Recht und Unrecht ist, das beschreibt das Gesetz und nicht der Gendarm von Hohenwarth!"

Das genossene Bier gab dem Meier Mut. Er wies auf seine Orden und schnarrte:

„Euer Gnaden, ich bin im Krieg gewesen, und seither hab ich meine eigene Meinung. Unrecht hab ich net getan."

Der Landrichter machte eine beschwichtigende Handbewegung.

„Das weiß ich ja, Meier, und deswegen werde ich auch kein Dienststrafverfahren einleiten, obwohl – na, gut, wir werden uns schon einig werden. Der Dienst auf der Station ist anstrengend, und der Jüngste seid Ihr auch nicht mehr. Unser alter Wachtmeister gibt zu Allerheiligen seinen Dienst auf, und als seinen Nachfolger hätte ich gerne einen verlässigen Beamten. Ihr werdet also zum ersten November nach Kötzting ziehen und diese Stelle antreten. Verstanden? Abtreten!"

Dieses Kommando war so laut, daß Meier die Hand an den Helm legte und blaß aus dem Amtszimmer wankte.

Draußen empfing ihn schmunzelnd der alte Wachtmeister: „Gratuliere, Kollege. Ist ein ruhiger Posten, und wie man es macht, daß man gelegentlich auch zu einem guten Trinkgeld kommt, das sag ich dir schon noch. Ich räume die Amtswohnung rechtzeitig."

Wie ein Träumender verließ Meier das Gericht und trabte auf der staubigen Landstraße heimwärts. Vor dem Wirtshaus in Grafenwiesen holte er sein Geld aus dem Hosensack und zählte es.

„Jetzt ist schon alles wurst, jetzt sauf ich mir einen an!"

Einige Gläser Bier trank er und wanderte weiter, kehrte in Gotzendorf noch einmal zu, und als er den letzten Nickel auf den Tisch legte hörte er schon nicht mehr, was die Gäste um ihn herum redeten. Er überzeugte sich, daß es draußen schon dunkel wurde, und trat seinen Heimmarsch an, der ihn von einer Straßenseite zur anderen führte. Nun sah er die Zukunft nicht mehr so trübe, und mit den Armen fuchtelnd redet er sich selber ein:

„Gar so übel ist der Posten net, die paar Leute einsperren, ha, und aufpassen, daß sie net ausreißen, und die Leute beim Landrichter anmelden und Trinkgeld — der Postwirt hat ein gutes Bier — und eine Wohnung im Gerichtshaus! Bin schon alt genug — brauche nimmer die langen Dienstgänge im Sommer und im Winter —"

Im Unterdorf von Hohenwarth kam ihn die Lust an zu singen. Obwohl er oft schon manchen Betrunkenen handgreiflich darüber belehrt hatte, daß man die Nachtruhe der Bürger nicht durch ungebührliches Geschrei stören dürfe, versuchte er zu jodeln, und die Anstrengung brachte ihn noch mehr aus dem Gleichgewicht. Daß sich die Fenster öffneten und die Leute von Hohenwarth über ihren Gendarm lachten, der sich da schreiend an den Zäunen und Hausmauern entlanghantelte, bemerkte er nicht.

Im Gendarmeriehäusl sorgte sich die Meiern, und als es schon eine Weile finsterte und ihr Mann noch nicht da war, bat sie den Loderer, beim Schloßbräu nachzuschauen, ob er etwa dort, aus Stolz über seine Belobigung, zu tief in den Maßkrug tauche. Sie wollte doch wissen, ob er etwa gar auch befördert worden sei.

Nur ein kurzes Stück brauchte der Loderer zu gehen, dann hörte er schon vom Unterdorf her jemanden greulich jodeln, und entsetzt glaubte er die Stimme seines Vorgesetzten zu erkennen. Er täuschte sich auch nicht, denn als er laufend den Unruhestifter erreicht hatte, wollte dieser gerade auf einem Hausbrunnen eine Rast einlegen.

„Herr Kommandant, was ist denn? Was sollen denn die Leute sagen? Kommen S', ich helfe Euch."

„Alfons!" salferte der Betrunkene. „Lange steht die Welt nimmer. Die Gerechtigkeit ist gestorben! Ich bin auch befördert worden, aber nach unten, und am ersten November bin ich der Gefängniswärtl in Kötzting. Dafür bin ich gerade noch gut genug."

„Ich bitt Euch, seid ruhig!“

Ziehend und schiebend brachte der Loderer seinen Vorgesetzten durch das nächtliche Dorf den Berg hinauf und war heilfroh, als er ihn über das Holzstiegl zur Haustür hinauf und in die Stube geschoben hatte. Mit Hilfe der Meierin zog er ihm die Stiefel und die Uniform aus, und dann brachten sie ihn ins Bett. Dann saßen die Meierin und der junge Gendarm bekümmert in der Stube beisammen und rätselten, was den Meier veranlaßt haben könnte, sich so zu besaufen.

„Wir müssen weg von Hohenwarth, und soweit ich mich auskenne, werdet Ihr nach Kötzting umziehen müssen, und zwar schon auf Allerheiligen“, klagte Loderer. „Ich gehe so ungern, weil der Meier zu mir gewesen ist wie ein Vater. Und wie soll ich das der Ursula beibringen? Wer weiß, wann ich sie wieder treffe, und ins Schloß will ich net gehen. Könnte ihr wohl eine Botschaft zukommen lassen.“

Energisch sagte die Meierin ihre Meinung: „Wenn wir nach Kötzting müssen, dann ist das kein Unglück. Da frag ich nix danach, aber ich kann mir nix anderes denken, als daß der Schloßbräu dahintersteckt. Dich will er weghaben, und wir passen ihm wahrscheinlich auch nimmer. Sag nur das deiner Ursel, und tu endlich was! Wenn ich ein Mannsbild wäre, ich wüßte, was ich täte. Die Ursula hat doch auch ein Kammerfenster! Nimm dir die Schneid und gehe einfach fensterln. Dann kannst du ihr alles sagen.“

„Ich, als Gendarm?“

Die Meierin wurde geschäftig: „Brauchst ja net in der Uniform zu gehen, ich gebe dir eine alte Joppe und einen Hut. Und halte dich dran, eine wie die Ursula bekommst du nicht wieder!“

„Ich muß es ihr sagen von meiner Versetzung“, überlegte er noch, und da die Meierin schon die Ziviljoppe und den Hut brachte, machte er sich auf den Weg, schlich durch das menschenleere Dorf zum Schloß und stellte fest, daß dort kein Licht mehr brannte. Wo die Ursula schlief, wußte er, und wenn auch das Fenster etwas hoch lag, so wollte er es doch riskieren. Wenn er sie weckte, konnte er wenigstens einen Treffpunkt für den nächsten Tag ausmachen. Kleine Steinchen warf er so lange gegen die Scheiben, bis sie wach wurde und leise öffnete. Sie erkannte ihn erst, als er gedämpft hinaufrief:

„Ursel, ich muß mit dir reden! Es gibt so viel Neues."

Sie kicherte: „Was fällt dir denn ein! Wie willst du denn da heraufkommen?"

Da nahm er einen Anlauf, sprang hoch und bekam das Fensterbrett zu fassen, und sie zog ihn mit kräftigen Armen in das Zimmer, schloß leise das Fenster und fiel ihm um den Hals:

„Das hättest du schon lange tun können! Ich halte es auch bald nimmer aus, und fast jeden Tag gibt es nun Streit. Ich soll den Braumeister heiraten. Und bis zu deiner Versetzung soll ich zur Tante nach Straubing gehen. Der wird sich wundern, denn wenn du dort bist, dann bleibe ich auch, und keine zehn Rösser bringen mich nach Hohenwarth zurück!"

In dieser Nacht schwuren sie sich erneut ewige Treue, und es ging schon gegen den Morgen, als Loderer wieder aus dem Fenster sprang.

Mit großer Beteiligung der Leute von Hohenwarth und der weitesten Umgebung trug man die Bergbäuerin zu Grabe, und nach der Beerdigung und dem Gottesdienst nahm sich der Expositus den jungen Bauern beiseite:

„Komm mit, ich habe dir was zu sagen."

Er führte ihn an das verwilderte Grab des Jägers Josef Dachsberger und begann tiefbewegt zu reden:

„Es ist der Wille deiner Mutter gewesen, daß ich dir und nur dir sage, was ich jetzt zu sagen habe. Da, unter diesem Stein, liegt dein Vater, und du sollst auch wissen, wie es gekommen ist, damit du erkennst, was deine Mutter in ihrem Leben durchgestanden hat."

Mit gesenktem Kopf hörte der Alois die Leidensgeschichte der Bergbäuerin, und als der Expositus geendet hatte, rannen dem jungen Mann die Tränen über die Wangen:

„Jetzt verstehe ich alles."

„Wir dürfen nicht rechten und richten. Es ist viel Unglück über euch gekommen, aber hab keinen Zorn auf den, der da in der Erde liegt. Denke nur Gutes von deiner Mutter und verdamme deinen Ziehvater, den Bergbauern, nicht. Wir sind alle sündige Menschen. Jetzt seid ihr nur noch zu zweit, du und deine Schwester. Haltet zusammen und lebt in Frieden."

Dann ließ er den jungen Bauern allein am Grabe, und der Alois stand noch lange, bis er sich bekreuzte und zu den Verwandten ging, die beim Wirt den Leichentrunk nahmen.

Wie ein Lauffeuer war es durch das Dorf gegangen, daß der Loderer nach Straubing und der Meier nach Kötzting versetzt waren.

Vergeblich wurde eine Deputation, der der Expositus und der Bürgermeister angehörten, beim Landrichter vorstellig, um die Rücknahme der Versetzung des Gendarmeriekommandanten Meier zu erreichen. Sie wurden ungnädig abgewiesen.

Der Meier kam nicht mehr ins Schloß, und das bestärkte die Vermutung der Leute, daß der Schloßbräu an den Versetzungen nicht ganz unschuldig sei. Er wartete am darauffolgenden Samstag und Sonntag vergeblich auf die gewohnten Gäste. Ihn selber hatte mit der Gefrier des kommenden Winters wieder das Zipperlein befallen, und greinend und scheltend hinkte er durch das Haus und schikanierte seine Dienstboten. Als die Ursula nach Straubing zu ihrer Tante abreiste und er auf ihrem Bett danach einen Brief fand, in dem sie erklärte, daß sie nicht zurückkomme und den Gendarmen Alfons Loderer heirate, wurde der Schloßherr von Hohenwarth stumm und redete mit niemanden mehr. Alles was zu tun war, überließ er seinem Braumeister und der Wirtschafterin.

In den letzten Oktobertagen war das Dorf in heller Aufregung. Der Meier bereitete seinen Umzug vor. Eines Morgens fuhr ein Bauer mit seinem Pferdefuhrwerk vor, und es fanden sich freiwillige Helfer ein, um beim Umzug mitzuwirken. Es gab nicht allzuviel aufzuladen. Einige Bettstellen, zwei Kästen, Tisch und Stühle, eine Truhe und obendrauf die Betten. Rasch versammelte sich das ganze Dorf, und auch die Honoratioren, der Expositus, der Bürgermeister und der Lehrer und die Gemeinderäte, kamen, um sich zu verabschieden. Die Männer murrten und schimpften auf die Obrigkeit, die ihnen den besten Gendarmen nahm, den sie je gehabt hatten, und die Frauen jammerten und weinten.

Der Meier war in diesen Tagen alt geworden. Sein immer gesundrotes Gesicht hatte keine Farbe mehr, der schneidige Schnauzbart hing ungepflegt nach unten, und Haar und Bart waren grau geworden. Teilnahmslos und trübe verfolgten die blauen Augen das Verladen des ärmlichen Mobiliars. Zuletzt kam die Meierin mit dem Kinderkorb aus dem Haus und setzte sich hinten auf den Leiterwagen, das Kind an sich drückend, als hätte sie Angst, daß man es ihr wegnehmen wollte. Sie achtete nicht auf die Umstehenden, die sich nun herandrängten und sich mit einem Händedruck und einem Durcheinander von Klagen und Wünschen verabschiedeten.

Der Peterschneider versicherte, daß er den Loderer aufnehmen werde, bis auch dieser den Ort verlassen würde. Dann kletterte Meier zum Knecht auf das Sitzbrett, und die Pferde zogen an. Er hatte seine Paradeuniform angezogen und seine Kriegsorden angeheftet, saß steif und still und sah nicht mehr zurück. Bis zum Ende des Unterdorfes folgten die Leute von Hohenwarth dem Auszug ihres Gendarmen, und noch eine lange Strecke des Weges gegen Gotzendorf lief der Kleinbauer Haderer von Hundzell neben dem Wagen her und versicherte dem Scheidenden, daß er es immer danken werde, daß aus ihm nun ein ordentlicher Mann geworden sei.

Aus dem Lamerwinkel blies ein kalter Wind, und die ersten Schneeflocken wirbelten um das Gefährt.

Ein schneereicher Winter kam über das Bergdorf Hohenwarth. Die Dorfleute waren wortkarg geworden und gingen den neuen Gendarmen mißtrauisch aus dem Wege. In die Schloßbräustube kamen so wenig Gäste, daß sich das Heizen nicht mehr lohnte. Was sich in den vergangenen zwei Jahren im kleinen Waldort getan hatte, wirkte bedrückend nach.

Erst als über den Keitersberg wieder der blaue Himmel aufzog und der warme Wind den Schnee fraß, begann im Dorf neues Leben. Die Zeit ging weiter.

Im April hatte man den Bergbauer in Straubing zu sieben Jahren Zuchthaus verurteilt, während zuvor der Mühlgirgl und der Krippl Sepp vom Kötztinger Gericht für ein Jahr ins Gefängnis geschickt wurden.

Im Mai verkaufte der Schloßbräu seinen Besitz und zog als Privatier in eine Wohnung am oberen Markt in Kötzting. In Straubing hatte der Gendarm Alfons Loderer die Ursula geheiratet.

In Hohenwarth ging der Florian Dachsberger mit einem Holzbein seiner Arbeit als Müller nach. Der neue Schloßgutbesitzer brauchte keinen Jäger mehr, er verkaufte den größten Teil der Waldungen.

Der Gerichtswachtmeister Meier hatte sich mit seinem Schicksal abgefunden. Wenn die Leute von Hohenwarth ihn aufsuchten, dann saß er meistens grau und gebeugt auf dem Bankl im Gang des Gerichtshauses, immer freundlich und schmunzelnd, neben sich den Bierkrug. So verging auch der Sommer. Die Haselmüller Leni wurde eingeliefert, völlig heruntergekommen, und dann von den Gendarmen von Hohenwarth abgeholt und in das dortige Armenhaus gebracht.

„Ich weiß, daß es mein Girgl bei Euch gut hat, und ich sage Euch recht herzlich Vergelt's Gott", bedankte sie sich beim Gerichtswachtmeister Meier.

Als wieder der Winter kam, war das Bankl im langen Gang des Gerichts leer. Der Gendarm Meier von Hohenwarth lag steif und stumm, in seiner Paradeuniform, die Orden auf der Brust, in der Leichenkapelle. Zu seiner Beerdigung kamen die Leute aus Hohenwarth und dem Regental in einem mächtigen betenden Wallfahrerzug, und selten hatte der Friedhof von Kötzting ein so großes Leichenbegräbnis erlebt.

Am Grabe sprach der Herr Landrichter:

„Ein guter und gerechter Mensch, ein wackerer Mann, ein tapferer Krieger und ein mit den einfachen Leuten fühlender Beamter ist mit ihm dahingegangen. Er ruhe in Frieden."